O BLOG DE BAGDÁ

SALAM PAX

O BLOG DE BAGDÁ

Tradução
Daniel Galera

Cia. Das Letras

Copyright do texto © 2003 by Salam Pax

Publicado originalmente por Atlantic Books Ltd.

Título original
The Baghdad Blog

Capa e projeto gráfico
João Baptista da Costa Aguiar

Fotos
Capa: retrato de Saddam Hussein destruído após a invasão do Iraque. Corbis / Stock Photos
Quarta capa: soldados da coalizão anglo-americana tomam banho de piscina no palácio de Uday Hussein, em Bagdá. Corbis / Stock Photos

Preparação
Rafael Mantovani

Revisão
Otacílio Nunes
Beatriz de Freitas Moreira

Dados Internacionais de Catalogação na Publicação (CIP)
(Câmara Brasileira do Livro, SP, Brasil)

> Pax, Salam
>   O blog de Bagdá / Salam Pax ; tradução Daniel Galera. — São Paulo : Companhia das Letras, 2003.
>
>   Título original : The Baghdad blog.
>   ISBN 85-359-0450-6
>
>   1. Guerra Estados Unidos - Iraque 2. Internet (Rede de computadores) 3. Pacifistas - Iraque - Diários 4. Salam Pax - Diários I. Título.

03-6696	CDD-956.70443

Índice para catálogo sistemático:
1. Pacifistas iraquianos : Diários pela Internet :
Iraque : História contemporânea 956.70443

2003

Todos os direitos desta edição reservados à
EDITORA SCHWARCZ LTDA.
Rua Bandeira Paulista 702 cj. 32
04532-002 — São Paulo — SP
Telefone (11) 3707-3500
Fax (11) 3707-3501
www.companhiadasletras.com.br

SUMÁRIO

2002

SETEMBRO   9
OUTUBRO   18
NOVEMBRO   41
DEZEMBRO   63

2003

JANEIRO   89
FEVEREIRO   111
MARÇO   135
ABRIL   179
MAIO   199
JUNHO   234

LINKS CITADOS   255

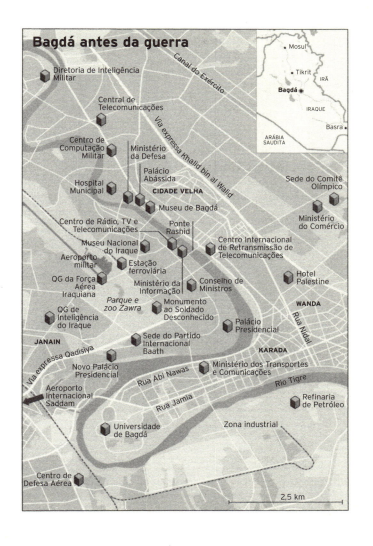

SETEMBRO DE 2002

SÁBADO, 7 DE SETEMBRO DE 2002

Estive preparando minhas listas de emergência nos últimos dias — qualquer sugestão é bem-vinda.

No momento eu tenho:

>Velas
>Álcool (vinho tinto, quem sabe?)
>Bons livros
>Guloseimas crocantes

Acho que isso me permitirá atravessar o bombardeio de maneira bem agradável.

:: salam pax 12:52 PM [+] ::

QUINTA-FEIRA, 19 DE SETEMBRO DE 2002

Eu odeio aniversários.

Mas não vou choramingar sobre o porquê de este ano ter sido o pior de todos os tempos (tive os melhores dias da minha vida durante cinco ou seis meses no início deste ano, e desde então tem sido uma descida constante).

Com vocês, cinco pensamentos aconchegantes:

1. Linkylove, do Legendary Monkey:* ela curte Portishead e tem uma poesia magnética. Me

---

* *Hospedeira do site Sudden Nothing.*

apaixonei por sua geladeira. Agora estou praticando meus balbucios de baixa freqüência, para resolver aqueles problemas de comunicação.

2. Raed me liga à meia-noite e me diz que este é o último ano em que poderei dizer que estou "nos vinte". Não achei graça. Ele achou, e riu e riu. Sujeito cruel.

3. Amigos e parentes finalmente entenderam que não sou bom nessas coisas, e que em geral mostro meu lado mal-humorado e invocado nesses dias. Assim, em vez de ter meus portões invadidos, recebi e-mails e telefonemas com votos de amor e bem-estar (mas nenhum me desejando o que eu realmente precisava: vê-lo, e saber que ele está bem e em segurança).

4. Assistir *Dançando no escuro* novamente. Eu ♥ Björk.

:: salam pax 12:05 PM [+] ::

Eu gostaria muito que, em vez disso, o Massive Attack começasse a se preocupar com o atraso no lançamento do seu disco.* Mas é bom saber que essas pessoas se importam com o que está acontecendo no Iraque, e fiquei realmente muito empolgado com as notícias de que o Massive Attack está planejando uma manifestação e um abaixo-assinado com a Campanha para o Desarmamento Nuclear. O fórum é ótimo. Os freqüentadores têm um senso de humor muito esquisito.

Vocês sabiam que o Massive Attack mudou seu nome em 1991 para Massive, apenas porque o lançamento de *Blue lines* aconteceu próximo demais da, ahn, "Mãe de todas as batalhas"? Agora vocês sabem.

---

* *"Não ao ataque massivo!"* [No massive attack!], *artigo publicado no* New Musical Express. *No dia 18 de setembro de 2002, Damon Albarn (da banda pop Blur) e Robert "3-D" del Naja (da banda Massive Attack) divulgaram uma carta aberta a Tony Blair, primeiro-ministro britânico, declarando sua oposição a uma invasão do Iraque.*

Hoje, no trabalho, me disseram que não serei pago este mês. "Problemas financeiros", o chefe disse. Por algum motivo, achei isso engraçado. Não pude controlar meu riso amarelo. Ele achou que eu estava tendo uma crise nervosa ou algo assim. Com exceção de "você está despedido", esta é a coisa mais engraçada que o chefão malvado pode dizer a você no dia do seu aniversário.

:: **salam pax 1:01 PM [+]** ::

SÁBADO, 21 DE SETEMBRO DE 2002

Todos os tolos que passam o fim de semana trabalhando, embora tenham sido informados de que não serão pagos, favor permanecer neste lado da linha.

Eu realmente não tinha nada melhor para fazer. Além disso, tinha esquecido o quanto gosto de trabalhar com o programa de VIZ.* (Não tive a chance de mostrar a vocês o trabalho que fiz para o 100 Bed Hospital quando estive na Jordânia. Mais tarde publicarei as imagens aqui.) Estou testando a versão quatro. Ela tem um menu, acessível pelo botão direito, que é uma loucura — tenho um orgasmo cada vez que clico nele. Está vendo aquele troço retangular e vermelho na imagem? *Aquilo* é o menu de contexto para uma rede editável com modificador de fatias. Eu amo isso.

Bem, de volta a este mundo.

Chequei minhas estatísticas hoje e descobri que fui lincado pelo Pandavox. É o segundo link em dois dias. A deusa do Linkylove me abençoou. Confira o Pandavox, você vai se surpreender. Estou situado entre blogs israelenses e iranianos — muito correto, geograficamente!

O que realmente me chamou a atenção foi um post** intitulado "Uma guerra pelo fim das

---

* VIZ: *programa de desenho arquitetônico da Kintix.*

** Post: *mensagem publicada num blog.* (N. do E.)

guerras". Eu adoraria conseguir um pouco daquilo que você tomou enquanto escrevia isso. Pandavox, querido, você não pode estar falando sério.

Iraque: Primeiro tomaremos Bagdá.*

Sim... e depois tomaremos Berlim (Leonard Cohen sempre foi um dos meus letristas favoritos).**

> O povo iraquiano viverá uma prosperidade que nunca conheceu. O povo iraquiano verá que tem no povo americano um amigo. Mais importante, o Iraque não enviará mais dinheiro a grupos terroristas.

Claro. Enviaremos petróleo barato e confiável para manter as economias ocidentais funcionando. Ahhh Pandavox, como eu gostaria que as coisas fossem tão transparentes como você as pinta em seu pequeno conto de fadas.

> Após o colapso de seus governos hostis, muitos dos radicais islâmicos perderão a razão de lutar. Então poderemos ter paz de novo, por um tempo.

A Meg Ryan deveria participar deste filme. Ela faz muito bem essa coisa de mau-fica-bom-e-feliz.

São três da manhã e eu deveria ir dormir. Amanhã teremos uma reunião no Ministério da Saúde, e eu preciso entreter três engenheiros libaneses da consultoria.

Raed, se eu colocasse um link para comentários, você o usaria?

:: **salam pax 3:45 AM [+]** ::

---

* *Os links incluídos no blog de Salam estão <u>sublinhados</u> no texto e relacionados no final do livro, à página 255.* (N. do E.)

** *Referência à canção "First we take Manhattan", do canadense Leonard Cohen, que diz "First we take Manhattan, then we take Berlin".* (N. do E.)

Após três meses de céu aberto e feroz sol matutino, temos uma manhã nublada com temperaturas ao redor de 29°C. Mmmmm, céu fresco e nublado, eu te amo.

Bom artigo no *Economist*: "Não obstante seu desejo de verem-se livres de Saddam Hussein, sua experiência com as armas americanas não tem sido agradável".* E uma capa divertida na edição impressa desta semana.

OK. Tenho que correr agora.

:: salam pax 9:47 AM [+] ::

DOMINGO, 22 DE SETEMBRO DE 2002

Recebi o OK do Raed para o link de comentários. Eu não faço nada sem que mestre Raed diga antes que está bom pra ele. E aqui está outro artigo no *New York Times* sobre os planos de guerra. Eles já estão me cansando, na verdade. Porra, façam logo o que vão fazer e vamos acabar com isso!

> Oficiais disseram, contudo, que qualquer ataque teria início com uma duradoura campanha aérea, liderada por bombardeiros B-2 equipados com bombas de 2 mil libras guiadas por satélite, para derrubar o comando iraquiano, seus quartéis-generais e suas defesas antiaéreas. Eles afirmaram que um dos objetivos principais do bombardeio aéreo seria danificar a maioria dos meios de comunicação de Bagdá e isolar Saddam Hussein de seus comandantes no resto do país.**

:: salam pax 3:00 AM [+] ::

---

* De "Saddam lança seu ás" (19 de setembro de 2002), em The Economist.

** "Bush aceitou as opções do Pentágono para atacar o Iraque" (21 de setembro de 2002), por Eric Schmitt e David E. Sanger, no New York Times.

SEGUNDA-FEIRA, 23 DE SETEMBRO DE 2002

Nos últimos dois dias, estive trabalhando em turno duplo: das nove às duas e retornando às cinco e meia ou seis, até a meia-noite, por aí. Não consigo fazer o treco do modelo em 3-D durante o dia, portanto preciso voltar à noite. Não me importo muito. Gosto de trabalhar com o VIZ. Além disso, estando sozinho aqui no escritório eu posso aumentar o volume e pular pelos cantos enquanto meu computador lerdo renderiza as cenas.

Música para modelagem em VIZ:

>Toufic Farroukh: *Drab:zeen* (ótima fusão de arabic/jazz/dance)
>Röyksopp: *Melody A.M.*
>Timo Maas: *Loud* (e faça uma pausa na hora de "that's how I've been dancing" para pular pelos cantos)
>David Bowie: *Heathen*
>Lamb: *What Sound*

E lembre-se: nunca, jamais tente trabalhar ou dirigir escutando Björk ou Aphex Twin — eles provocam coisas estranhas nos seus neurônios.

:: **salam pax** 7:26 PM [+] ::

TERÇA-FEIRA, 24 DE SETEMBRO DE 2002

Hoje descobri que TEMOS ELEIÇÕES PRESIDENCIAIS no dia 15 de outubro. Quer dizer, eu já sabia, mas não sabia a data. Não consigo decidir se devo rir ou chorar, mas é mais divertido do que trágico.

:: **salam pax** 9:56 AM [+] ::

Acabei de ler isso no *Guardian*:

> ... como tantos iraquianos após vinte anos de guerra, [ele é] um fatalista. Ele fuma muito, adora *alimentos com colesterol elevado* e está preparando seu hospital para o ataque dos Estados Unidos.*

Ele adora "alimentos com colesterol elevado"??? Seria uma outra violação contra as sanções da ONU? Vamos deixar isso claro, se estão vindo aqui para demolir todas as unidades de produção de comida com colesterol elevado, eu é que não vou ficar sentado assistindo. Lute por seu direito a um ataque do coração! E, assim como eu, ele também quer uma bicicleta:

> A população geral também tem se preparado. "Todos têm reservas de comida, água, óleo, velas, *bicicletas*. É preciso ter essas coisas devido à ameaça", ele disse...**

De repente, os iraquianos estão adotando meios de transporte ecológicos.

São gente engraçada, esses britânicos, são mesmo.

Raed, você vai mesmo permanecer na Jordânia e perder toda a ação? Não se case — venha pra cá, e vamos ser bombardeados.

:: salam pax 10:22 AM [+] ::

QUARTA-FEIRA, 25 DE SETEMBRO DE 2002

Desculpe, docinho-de-coco, nada de imagens hoje porque excedi meu limite de banda de transferência.

---

* *"Depois de vinte anos de guerra, médicos iraquianos aguardam o ataque com misto de fatalismo e medo"* (19 de setembro), *por Ewan MacAskill, no* The Guardian.

** *Idem.*

Raed, já que você é meu amigo rico no exterior, por que não paga minha conta de hospedagem de imagens no villagephotos.com?

:: **salam pax** 12:04 PM [+] ::

SÁBADO, 28 DE SETEMBRO DE 2002

Qual palavra você acha que é a mais usada em nosso vocabulário, ultimamente? É "*ba3deen*" (para os não falantes de *arablish*,* significa "depois/mais tarde"). Qualquer coisa que tenha a ver com uma decisão que afetará o futuro será respondida com "*BA3DEEN*".

Exemplo 1

[SALAM]: Escuta... não fui pago pelos últimos dois meses, e você me faz trabalhar como um escravo. Que tal me comprar um monitor melhor do que esse que tenho? A imagem dele está trêmula.
[UNIDADE_CHEFE_DO_MAL]: Vamos pensar a respeito *ba3deen*.
[SALAM]: "Depois" quando? Depois que eu tiver perdido a visão?
[UNIDADE_CHEFE_DO_MAL]: Não. Quem se importa com você ultimamente? Espere até depois que *aquilo* acontecer.
[SALAM]: Quêêê? Eu não... ahh, você quer dizer *aquilo*. Ah, então acho que tudo bem, veremos o que acontece mais tarde.

Exemplo 2

[SALAM]: Ahhh DEUS! Você ainda tem aquelas cortinas horrendas! Você prometeu que elas não ficariam!

---

* Arablish: contração de arabic com english. Adaptação do idioma árabe em que caracteres árabes são substituídos por letras e números latinos, com a finalidade de adaptar o árabe para uso em equipamentos eletrônicos, como em mensagens de telefone celular ("torpedos") e computadores sem suporte para o idioma árabe. (N. do T.)

[UNIDADE_FAMILIAR_FEMININA]: Oh... pensei em mantê-las, e trocá-las mais tarde.
[SALAM]: Elas são feias e não há desculpa para não trocá-las... você sabe disso!!
[UNIDADE_FAMILIAR_FEMININA]: Eu disse *ba3deen*... e se isso faz você se sentir melhor, elas provavelmente serão retalhadas pelo vidro que voará através delas.
[SALAM]: Ah, você quer dizer *aquilo*... OK, esperemos até *ba3deen*.

Raed está em Bagdá por alguns dias, e já que temos um céu bastante aberto no momento e uma linda meia-lua está nascendo, Raed e Salam levam seus drinks para o telhado e pensam a respeito do que fazer *ba3deen*, debaixo do céu da meia-lua.

E no departamento de aconchegos: Raed acabou se oferecendo para pagar a taxa de inscrição da minha conta (vale a pena ter amigos ricos e inconseqüentes, e NÃO, eu não sei o que é um parasita...), mas eu disse para esperarmos até *ba3deen*.

:: **salam pax** 11:43 AM [+] ::

DOMINGO, 29 DE SETEMBRO DE 2002

The Legendary Monkey precisa de suas sugestões sobre o que ela deveria ler. Conte a ela o que você está lendo agora!

:: **salam pax** 2:36 AM [+] ::

Bem... como eu disse, Raed está em Bagdá após uma viagem a Basra (sul do Iraque). No momento, ele está dormindo no meu sofá. Está usando aquela camiseta do 24/7. Ela diz MY LIFE IS HAPPY.

Sim, claro. E eu tenho um corpo como o do Schwarzenegger.

:: **salam pax** 2:51 AM [+] ::

OUTUBRO DE 2002

QUINTA-FEIRA, 3 DE OUTUBRO DE 2002

Afundando rapidamente. Estive escutando "Politik" do Coldplay sem parar desde as nove da manhã. Ou o mundo não merece comentários, ou não sou nada além de um preguiçoso.

:: salam pax 11:39 AM [+] ::

SÁBADO, 5 DE OUTUBRO DE 2002

Tive mesmo um bom fim de semana. Você devia ter estado aqui. Hobbes ligou tarde na quinta e disse que está conduzindo um experimento com Laurent. Envolve três copos e uma garrafa de vodca muito, muito vagabunda. Penso: "Mas que diabo? Ou isso fará eu me sentir pior, ou me dará vontade de me matar". Tendo preparado lâminas de barbear para minhas atividades de mutilação dos pulsos às três da manhã, troquei a roupa e peguei um táxi (tive vontade de ter trazido aquelas lâminas, para fazer uma marca no meu pulso cada vez que o motorista reclamava da vida — "Chega, desgraçado! Meu sangue estará em *suas* mãos!").

Enfiiiim. Chego na casa do G. com extensos danos psicológicos. G. lê livros nas condições atmosféricas adequadas. Uma vez ele leu um livro sobre tribos do deserto da Arábia sem ligar o ar-condicionado (isso significa, tipo 26°C à noite!). Agora ele está lendo *Shame* [Vergonha], do Rushdie, enquanto queima incensos e bebe vodca com suco de laranja numa caneca de café, vestindo os lençóis de sua cama como um sarongue, o que tem tudo a ver com vergonha. Eu adoro sua noção de teatralidade.

No Laurent está mais para luz de velas e incenso (putz, os filantropos orientais acham isso legal... me dá um purificador de ar L'eau D'Issey AGORA!) e muita vodca dentro de copos que não ficam em pé direito. Isso foi bastante preocupante. Nunca faça isso com alguém em um lugar repleto de incenso, especialmente se ele estiver num clima suicida. Os copos têm o fundo inclinado, e eu fico pensando: "Por que meu drinque não se acomoda no meu copo??". É esse tipo de coisa que a gente enxerga quando está pronto para morrer?? Depois do terceiro drinque isso já não tem importância, e nos metemos nas discussões mais insanas. Lá pelas duas da madrugada Laurent faz uma demonstração de como *arak** queima com uma linda chama azul, e engole um pequeno copo do negócio, sem mais nem menos. Eu penso "Aaargh! Não consigo nem sentir cheiro de *arak*". Depois disso, ele exige irmos ao ZarZur's para comer uns kebabs (Nota: o ZarZur's foi fechado duas vezes por não cumprir as normas básicas de higiene — temo que morrer de intoxicação alimentar não seja tão dramático quanto cortar os pulsos, mas deixa pra lá). A seguir, um francês bêbado — realmente bêbado — nos dá uma carona por Bagdá, enquanto discutimos o imperialismo cultural. Ele quase nos leva a atravessar de carro os portões de um dos palácios presidenciais, e os dois passageiros iraquianos gritam em pânico, enquanto os dois estrangeiros nos acham engraçados e riem. A discussão prossegue no ZarZur's. Os garçons gostam tanto da gente que todos pedimos salada extra e ganhamos.

De volta à casa de Laurent, ainda há algum álcool para enfrentar, e nesse ponto as coisas começam a ficar interessantes: G. conhece um cara que está vendendo aqueles objetos cilíndricos de argila sumérios (são pequeninos, cinco centímetros no máximo, mas parecem de verdade) e moedas da era Abássida (vários califas). Nada custa mais do que vinte pratas, e ele tem uma jarra cheia dessas coisas. Ele conta que elas vêm de um lugar perto de sua cidade. Usaram tijolos do sítio para construir fornalhas — hehehe. Pão assado em fornos sumérios ancestrais — vai fundo, baby!

---

* *Bebida originária do Oriente Médio, geralmente produzida a partir da seiva do palmito ou de tâmaras, perfumada com anis.* (N. do T.)

Há uns meses eu vi um desses trequinhos sumérios à venda no eBay por cerca de quatrocentos dólares, e não era autenticado — tinha apenas a opinião de um especialista declarando que parecia genuíno. Depois de um rápido cálculo embriagado, estou podre de rico — belos garanhões fazendo fila para me aplicar massagem nos pés... Agora, se pelo menos o Chefe_Do_Mal me desse meu contracheque...

Em casa às seis da manhã, e sono até as duas da tarde, sonhando com a riqueza.

Você devia ter estado aqui.

E mais boas notícias: passei de "Politik" para "A smile upon your face" no disco do Coldplay. Três faixas em uns tantos dias — é isso que eu chamo de progresso!

:: **salam pax** 9:45 PM [+] ::

DOMINGO, 6 DE OUTUBRO DE 2002

Googlefight! Googlefight! Googlefight!

Raed contra Salam.

Salam vence com fulminantes 268 mil ocorrências, em oposição às fracas 17 700 de Raed. Obrigado, senhoras e senhores, e boa noite.

E eu tive que tentar isso*... ai! Eles nos deram uma bela surra... que profético...

:: **salam pax** 2:13 PM [+] ::

---

* Salam digitou as palavras "Iraq" e "USA" no mecanismo de busca. "Iraq" teve 14 300 000 ocorrências, mas "USA" teve um resultado de 69 900 000.

QUARTA-FEIRA, 9 DE OUTUBRO DE 2002

Vida-Real®, da DEUS Inc., não é o melhor programa de computador disponível. O sistema trava sempre que eu executo o desgraçado... The Sims é bem mais divertido. Só tive vontade de dividir isto com alguém.

:: salam pax 11:57 AM [+] ::

Obrigado pelo excelente link do Counterpunch. Quer dizer, onde mais você pode ler artigos com chamadas do tipo: "'Afinal, ele tentou matar meu pai!': o Iraque como uma projeção americana"?*

Não, aquele não é um link para o artigo, é um link para a... hmm... remixagem do L. Monkey. Eu acho que ele está certo, mas a coisa toda provavelmente soa tendenciosa demais para muita gente. Tente publicar algo assim na maior parte da Europa e você recebe um ANTI-SEMITISMO carimbado na testa. Mas rapaz, como é divertido de ler.

E esse próximo artigo é óóóótimo. Aposto que você não leu algo parecido durante toda essa festança da mídia-sobre-guerra:

> [...] mas há um outro cenário, pouco conhecido, baseado no sistema teológico de crenças da liderança norte-americana. Bush, o vice-presidente Dick Cheney e o secretário de Justiça John Ashcroft são evangélicos ou cristãos renascidos autoproclamados, e assim como seus co-devotos, bem que poderiam acreditar ao pé da letra nas profecias bíblicas do fim dos tempos. Tais profecias messiânicas estipulam que, antes de o Messias poder retornar à Terra, haverá uma grande guerra entre Oriente e Ocidente, e os judeus precisam reconstruir seu templo em Jerusalém.**

---

* ‹vaspider.surreally.net›

** "Sharon explodirá o Iraque? Como as coisas poderiam ficar piores, muito piores" (2 de outubro de 2002), por Linda S. Heard em ‹www.counterpunch.org›.

Você vê, eles estão se preparando para o retorno do Messias. É o cenário do final dos tempos, idiota!

Será que alguém já comprou os direitos para o cinema?

:: **salam pax** 12:35 PM [+] ::

Ei. Eu excedi minha taxa de transferência de novo.

Raed, olha o que você fez ao não pagar pela minha conta de hospedagem de imagens. Não consigo viver com cinco megabytes por dia...

:: **salam pax** 1:30 PM [+] ::

QUINTA-FEIRA, 10 DE OUTUBRO DE 2002

Por quanto você venderia um dos seus rins?

Salah vendeu um por 250 dólares. A noiva dele também vendeu um rim, pelo mesmo preço. Eles estavam noivando já fazia algum tempo, e precisavam dos quinhentos dólares (isso equivale a 1 milhão de dinares iraquianos) para construir dois quartos extras na casa dos pais dele, para morarem lá. Eu sei disso porque um parente meu foi o comprador.

Inspirar. Mudar de assunto.

Caso vocês não saibam, no próximo domingo é dia de Zacarias; só para vocês poderem se preparar. Vocês sabem... o pai de João Batista. A mesma história da Bíblia está no Corão. Velhosem-filhos recebe um pacote surpresa pelo expresso celeste, e o que ele encontra? Um menino! Portanto, se uma mulher deseja ter um menino no dia de Zacarias e ganha um, agradece jejuando nesse dia e oferecendo velas aos meninos e tambores árabes (*tablas*) às meninas. Um simbolismo não muito sutil, hein?

E sabem como os pedidos são feitos? Você pega a vela de um menino e enfia uma agulha nela. Ai. Diga "inveja do pênis" o mais rápido que puder. E já que minha mãe foi "abençoada" duas vezes, ela faz todo esse esquema a cada ano. Pessoalmente, acho que ela foi enganada. Não consigo imaginá-la alfinetando aquela vela com toda a força e pensando "Um idiota herético, por favor". O sr. Z. dá reembolsos?

Portanto, meninos e meninas, preparem suas velas e agulhas. Não tenham dúvida, estou escondendo minha vela onde eu, e somente eu, poderei enfiar alguma agulha nela — arranje sua própria vela, sua bruxa malvada, esta é minha. Será que, se eu começar a enfiar as agulhas nela agora mesmo, receberei os meninos até domingo? Bom, não custa tentar.

Meu fim de semana começa aqui — e minhas crenças religiosas não me permitem blogar numa sexta-feira.

Raed, acho bom você pôr um comentário em cada post que perdeu nos últimos dias — ou isso, ou uma boa explicação por e-mail AGORA! Se Tota está aí e o amarrou à cama, você já está perdoado.

Mande um alô pra ela.

:: salam pax 5:00 PM [+] ::

SÁBADO, 12 DE OUTUBRO DE 2002

> A Casa Branca está desenvolvendo um plano detalhado para instalar um governo militar norte-americano no Iraque, caso os Estados Unidos derrotem Saddam Hussein. O plano também prevê uma transição para um governo civil eleito, o que poderá demorar meses ou anos.*

---

* "Oficiais revelam que os Estados Unidos têm plano para ocupar o Iraque" (11 de outubro de 2002), por David E. Sanger e Eric Schmitt, no New York Times.

Lamento. Mas não espere que eu compre bandeirinhas americanas para recepcionar os novos colonizadores. Isso é somente uma péssima refilmagem de um filme ainda pior. Há alguma diferença em relação a Iraque vs. Inglaterra em 1920? O mundo civilizado chega para dar a nós, árabes bárbaros e nômades, uma lição sobre como viver melhor, e para nos livrar de todo o mal (ou ainda melhor, se livrar de nós, árabes, já que somos todo o mal).

Isso, vão em frente. Simplesmente mandem para o ralo todo o esforço de pessoas que foram sinceras na sua luta por um Iraque independente. Pessoas lutaram, protestaram e morreram para que a minha geração pudesse ter os sonhos virados de cabeça para baixo — duas vezes. Primeiro por Você-Sabe-Quem, e depois sendo transformada em uma colônia novamente.

Deus, lamento por qualquer um que possuía um ideal e lutou por ele. Lamento por cada revolucionário iraquiano que escreveu um livro ou um poema e foi executado por causa dele. Se eles soubessem que isso estava para acontecer, que tudo acabaria resultando em uma outra colonização, nem teriam se dado ao trabalho. É bem melhor gastar o seu tempo com sexo, drogas ou dança do ventre. Tio Sam virá e lhes ensinará a governar um país adequadamente, e a investir seu dinheiro comprando armas na mão dele — "Não saia por aí comprando tecnologia chinesa inútil, *habibi*".

> O plano colocaria um oficial americano no comando do Iraque durante um ano ou mais, enquanto os Estados Unidos e seus aliados procurariam por armas e controlariam os campos de petróleo iraquianos. No prazo em que os parceiros da coalizão administrassem o Iraque, estariam em essência controlando a segunda maior reserva verificada de petróleo do mundo, próxima de onze por cento do total. Um oficial de administração veterano disse que o programa Petróleo por Comida da ONU seria expandido, para ajudar a financiar a estabilização e a reconstrução.*

---

* *Idem.*

[UNIDADE_TIO_SAM]: Eu lhe disse para não se preocupar com o preço, baby, vocês vão pagar por ele.

[SALAM]: Eu tenho alguma escolha, Sam? Digamos, e se eu não gostar do que vocês estão fazendo?

[UNIDADE_TIO_SAM]: Não, você não tem escolha, e eu estou dizendo que você vai *adorar* isso!

O que é verdadeiramente irônico é que a administração Bush está usando para sua invasão no Iraque o mesmo argumento que Saddam usou para invadir o Kuwait. "Preocupações com a segurança nacional" e "auxiliar os pobres desgraçados a livrarem-se daquele governo maligno".

Tentem ser originais, pelo menos. Eu digo que é tudo pela ganância e pelo poder — sempre é. Eu e você somos apenas uma estatística futura. A pergunta é: em que coluna estaremos listados, MORTOS ou FERIDOS?

:: salam pax 8:06 PM [+] ::

TERÇA-FEIRA, 15 DE OUTUBRO DE 2002

Raed enviou um longo e-mail (ou seja, mais de cinco palavras) dizendo que isto aqui está se transformando em um blog de guerra, e ele não gosta disso. Portanto, vou baixar a bola. Porque se ele não gostar mais de mim, terei que pagar pela acomodação na próxima visita à Jordânia, e eu gostaria de passar uma semana lá antes de ser eliminado do sistema solar.

Primeiro, quero comunicar que sou um feliz votante da alternativa SIM. Nem cheguei a ler o que estava escrito no pedaço de papel, mas eu sei que a resposta é SIM. E toda a zona de votação à qual me dirigi também sabe que marquei o quadradinho do SIM, porque, veja bem, tinha esquecido os meus óculos, e precisava de alguém para me indicar qual dos quadradinhos era o afirmativo. Esse pedido foi feito em volume elevado o suficiente para que todos ouvissem — nenhuma necessidade de cabines ou de segredos.

Já estavam celebrando no lado de fora, embora as zonas de votação tivessem aberto instantes atrás. Havia doces, tâmaras e chá de canela. Pessoalmente, prefiro meu *chai* aromatizado com folhas de menta, e *não* havia café! (Eu preciso de café — em casa, minha família vive escondendo o café de mim. Eu preciso de cafeína.) Então, permaneci lá por algum tempo, observando crianças pularem para lá e para cá com flores de plástico. Tivemos um dia de folga, e eu não queria voltar para casa, porque desde sábado passado ela se parece com um dormitório coletivo.

No início estava tudo bem. Eles estavam lá apenas para auxiliar minha mãe com essa coisa de dia de Zacarias. Agora tenho um primo pequeno jogando videogame no andar de baixo; outro assistindo a vídeos de luta livre da WWF no andar de cima; outro estudando no meu quarto; e mais outra no meu computador, navegando em listas de discussão sauditas com assuntos tais como "Qual a aparência do homem dos seus sonhos?".

Noite passada, enquanto tentava optar entre assistir a lutas de fortões seminus ou contar ao "whisper of the night" qual a aparência do homem dos meus sonhos, percebi que precisava urgentemente encher a cara.

Um rápido telefonema ao primo número 246 (é, eu tenho primos demais — minha mãe tem oito irmãos e irmãs) e ele topa, mas precisamos nos apressar porque todas as lojas sem licença fecham às dez da noite e não há bares/clubes/restaurantes que sirvam bebidas (além disso, nada de álcool às sextas, nos feriados religiosos e, o mais incômodo, durante todo o mês do ramadã).

Chegamos ao nosso amigável Negociante das Bebidas de Satã no exato momento em que ele está apagando as luzes. Ele percebe o desespero em meus olhos, sorri, e informa que não tem cerveja local em estoque, apenas coisas importadas. Amigo, eu não recebo há dois meses. Não quero comprar nada importado, me dá o veneno barato local. O Negociante das Bebidas de Satã apenas sorri. Eu compro qualquer coisa e olho para o filho dele. Não tem mais do que sete anos de idade, e está bebendo Laziza, uma cerveja sem álcool. Mas o que aquela criança está fazendo com Laziza? Enquanto o pequeno Satã esmaga a garrafa no piso, seu pai diverte-se olhando para ele. Não consigo agüentar isso por mais tempo. Me escondo no carro enquanto meu primo dá seu dinheiro ao Negociante das Bebidas de Satã. Pequeno Satã despede-se com um aceno.

Explosão preenche a tela.

Fade out.

Créditos.

:: **salam pax** 2:37 PM [+] ::

QUARTA-FEIRA, 16 DE OUTUBRO DE 2002

Estou bastante impressionado! O website de Jim Henley, Unqualified Offerings: War, Peace, Freedom, Fish, More, tem uma fonte muito bem informada. Agora, vejamos se a sua fonte pode lhe dizer o que aconteceu com as linhas telefônicas desde segunda. É com você, sr. Henley.

:: **salam pax** 12:53 PM [+] ::

QUINTA-FEIRA, 17 DE OUTUBRO DE 2002

Por meios inimagináveis, Diana consegue me fazer contar a ela coisas que eu não devia. Não consigo me segurar. E olha no que deu. Hoje ela me manda este link do *Los Angeles Times* e pergunta se o líder tribal de quem eles falam é meu avô:

> Shwerid serve de mediador em disputas, tanto civis quanto criminais. Embora ele tome o cuidado de não se colocar acima das lei nacionais, seus seguidores com freqüência o procuram, em vez dos tribunais iraquianos, para resolver disputas.

Antes de ler o resto do parágrafo, por favor tenha em mente o seguinte: a lei nacional é uma farsa, devido à corruptibilidade do sistema. As pessoas não se dão ao trabalho de chamar a polícia quando estão encrencadas, porque ela nada mais fará do que escrever o relatório a favor de quem pagar mais. Agora, pode suspirar com o que vem a seguir:

> Por exemplo, se uma pessoa mata a outra de propósito, Shwerid ordenará que o agressor pague 7 mil dólares à família da vítima, em indenização pelo assassinato.*

Isso sim é uma mentira. Que vergonha, Shwerid — e você ainda se autodenomina um líder tribal...

Bem, se *você* pagar 7 mil dólares em indenização por um assassinato, é somente porque você é estrangeiro, e eles sempre inflacionam os preços nesses casos. Arranje um morador local para barganhar em seu lugar, e você acabará pagando apenas mil ou 2 mil dólares, no máximo. Mesmo. A não ser que você tenha sido muito mau e tenha atirado em alguém muito importante na tribo — o filho do líder, por exemplo. Então você precisará pagar quatro vezes o que pagaria caso tivesse matado um joão-ninguém.

Antes de começar com seus protestos, *flames*** e e-mails raivosos e indignados, por favor lembre-se do que escrevi anteriormente. A lei tem alcance muito reduzido nas áreas rurais mais afastadas, e a finalidade disso tudo é coibir, e não estabelecer, a matança de aluguel.

De volta ao xeique Shwerid:

---

* *No original, "blood money": costume das tribos rurais iraquianas, segundo o qual o assassino deve pedir desculpas formais e indenizar em dinheiro a família da vítima. (N. do T.)*

** *Flames: gíria da área de informática que designa uma série de mensagens de e-mail insistentes, raivosas e repletas de insultos. (N. do T.)*

"Sim, resistiremos a qualquer um que apareça aqui, usando nossas próprias armas", disse Shwerid, sentado dentro de uma casa de hóspedes que ele usa para receber membros tribais que viajam pelo país em busca de seu auxílio e seus conselhos. "A tribo está em cooperação total com o governo."

Claro, com o termo "aqui" Shwerid quer dizer a terra dele e dos membros da tribo. Não tem nada a ver com o governo. Essas pessoas vivem da terra, e esta é a posse mais valiosa que se pode obter no Iraque: terra fértil. Portanto, o que você faz quando vê uma multidão de pessoas armadas vindo na sua direção? Você defende sua terra, sua lavoura e sua família. E se você é de uma tribo com poder na região, alerta as demais tribos: "Não agrida a minha terra e eu não lhe farei mal". O fato de que o governo se beneficiou do controle exercido por essas tribos em certas áreas é um efeito colateral. Mas o governo logo descobriu esse potencial e as incentivou, conquistando seus favores com dinheiro e suprimentos — e presenteou-as com vistosos carros importados, como parte do programa Petróleo por Comida.

Por Alá, ela me fez abrir a boca de novo! OK, eu *não* lhe contei isso.

Diana, em resposta à sua pergunta: não, ele não é meu avô. Mas o xeique Shwerid faz eu me sentir mesmo como uma pessoa "em promoção". Espero que ninguém fique sabendo que nós custamos tão barato por disparo. Meu líder tribal precisa atualizar sua política de preços rapidamente.

:: salam pax 3:42 AM [+] ::

Um cientista alemão acha que pode identificar quais Saddams são falsos, e qual é o verdadeiro. Isso foi noticiado na televisão alemã lá por 26 de setembro. Confira na msnbc.com, news24.com ou (onde eles realmente conseguiram pegar o espírito da notícia e começaram a procurar *Doppelgängers* por toda parte) nos painéis de discussão da FM4 — em alemão.

Para demonstrar essa incrível facilidade de analisar características faciais, o *New York Times* tornou disponível esse treco interativo.* Vá conferir. É uma piada. Vá no link que diz "Você consegue encontrar Saddam?" e confira a resposta.

Não me diz nada. É claro que o sujeito parece diferente das demais fotos, porque aquela que o dr. Dieter acredita ser a certa foi tirada em algum momento do início dos anos 70, enquanto as outras três são bastante recentes (deste ano, ou do anterior). Eles não podem aceitar que um sujeito cresça e ganhe algumas rugas? Sim, ele pode ter sósias, mas o dr. Dieter não provou nada.

:: salam pax 1:42 PM [+] ::

DOMINGO, 20 DE OUTUBRO DE 2002

"No início, assistiremos com satisfação às balas americanas voando sobre nossas cabeças", disse um intelectual decepcionado. "Mas após uma lua-de-mel de dois anos, atiraremos neles. Os iraquianos jamais serão dominados por estrangeiros."**

Temo que a maioria dos iraquianos não possa compreender as conseqüências de uma "invasão" americana. Ela deveria ser encarada como catalisadora para a mudança. O trabalho pesado deverá ser feito por nós mesmos. A mudança precisa vir de dentro. Não adianta nada ficar sossegado e aguardar que os outros resolvam nossos problemas. E o Iraque será dominado por estrangeiros se os iraquianos não participarem ativamente do que virá a acontecer. O problema é que, depois de anos fazendo apenas o que outros diziam, nos tornamos um bando de fatalistas que vê qualquer coisa que acontece conosco como *maktub* — escrito pela mão de Deus — e se submete a ela, como todo bom povo fiel deveria fazer.

---

* "O verdadeiro Saddam Hussein, por favor dê um passo à frente" (6 de outubro de 2002), por Tom Zeller.

** "Aguardando, com vanglória e ansiedade" (17 de outubro de 2002), em The Economist.

Fato divertido do dia: quando foi a última vez que um "homem-do-povo" iraquiano teve o direito de expressar uma opinião livre e honesta sobre a conduta do governo?

Resposta: 1962. Quarenta anos atrás.

Só espero que nossos amigos americanos não esqueçam de trazer cópias extra de *Democracia para iniciantes* e *Tome uma decisão: não é tão difícil quanto parece*.

A informação acima foi tirada de um artigo do *Economist*. Você deveria acessar e ler. O que me agrada muito a respeito do artigo é que ele pode ser lido como um guia de "Como os iraquianos se sentem hoje". Está tudo aqui...

A amargura trazida por anos de sanções e pobreza:

> "Supondo que eu fosse dizer que não gosto do nosso presidente, ainda assim acredito que muitas das suas posições são justas", disse um ex-contador iraquiano, que se tornou taxista. "Os americanos acham que é justo me forçar a procurar passageiros só para que eu possa mandar meus filhos para o colégio calçando sapatos?"

O efeito de anos e anos de propaganda (e, acredite em mim, funciona — você não discute mais algo que se tornou um "fato" após eles martelarem isso na sua cabeça sem parar. Você não pensa. Você aprende todas as resposta de cor, sem nem se dar conta):

> A hostilidade à América, ecoada por muitos iraquianos, desde um bem-sucedido escultor de Bagdá até um lavrador-coletor de um vilarejo, é compreensível. Repetidas à exaustão, filmagens de brutalidades cometidas pelos israelenses preenchem as freqüências controladas pelo Estado, muitas vezes alternadas com imagens de "dano colateral" dos bombardeios norte-americanos no Afeganistão e nas zonas de exclusão aéreas iraquianas.

O medo de que velhos rancores voltem à tona, caso o país mergulhe no caos:

> A pequena minoria cristã, razoavelmente próspera, porém desfalcada pela emigração, teme que, na ausência da proteção dos seculares membros do Baath, a revivificação religiosa dos muçulmanos que varreu o país possa se voltar contra eles. Os muçulmanos sunitas, que têm muitos representantes no governo mas perdem numericamente para os xiitas, temem perder seu tradicional domínio. Legalistas no Partido Baath e em dúzias de tribos árabes – incluindo os clãs xiita e sunita – temem retaliação.

Na verdade, eu não entendi a parte dos "seculares membros do Baath". A revivificação religiosa dos muçulmanos é patrocinada amplamente pelo partido.* Enfim.

E, finalmente, um descontentamento geral com a gravidade a que chegou a situação:

> Antes uma cidade de largas avenidas, palacetes e residências públicas de padrão europeu, Bagdá hoje se parece mais com Kinshasa, a triste capital do Congo, com seus lagos de esgoto, pilhas de lixo, mendigos e mercados de segunda mão que se expandem desordenadamente.

Costumo me divertir ainda mais quando posso discordar de jornalistas ocidentais. Talvez, ao ler o artigo de novo, eu consiga encontrar algo.

Totalmente fora do assunto: estou compilando uma lista dos meus cinco slogans iraquianos anti-Bush favoritos, em inglês. Até o momento, tenho dois competindo pelo primeiro lugar:

---

* *A palavra "baath" significa "renascença" em árabe. O Partido Socialista Árabe Baath original foi fundado na Síria nos anos 1940. O Partido Baath Iraquiano foi fundado em 1951. Saddam Hussein passou a integrá-lo em 1956 e o partido chegou ao poder no dia 8 de fevereiro de 1963, em um golpe apoiado pelo exército, depondo o brigadeiro Abdel Karim Qasim (que em 1958 havia deposto a monarquia iraquiana instalada pelos britânicos). Saddam Hussein foi eleito secretário-geral assistente do partido em 1966 e promoveu um golpe bem-sucedido em 1968. De 1979 a 2003 foi presidente, chefe do conselho do Comando Revolucionário e secretário-geral do Partido Baath.*

"Bush go Hell" e "Down down Bush and his tail Blair".*

:: salam pax 1:56 AM [+] ::

> Em março passado, Arraf publicou um texto no *Daily Telegraph* de Londres [no qual] escreveu: "As pessoas nas ruas não estão autorizadas a falar com os jornalistas de televisão; ou melhor, os jornalistas não estão autorizados a falar com elas. ‹Por que você deseja entrevistá-las sobre assuntos políticos? Elas não são qualificadas para responder›, disse um oficial..."**

Bem... se isso é verdade, por que os jornalistas britânicos estão entrevistando gente por todo o país? Parece que você vai topar com um jornalista britânico só de ficar parado no meio da rua. O *Economist* tem um artigo com entrevistas, e aqui há mais dois, do website do *Guardian*: "'Mas por que eles nos odeiam?' — Iraquianos encaram de frente a ameaça de um ataque americano" e "Um X marca o déspota: bombardear o Iraque rumo à democracia poderá revelar-se contraproducente".***

Eu exijo ser entrevistado. Ficarei em pé o dia inteiro na rua Arasat, porque o sr. Rory McCarthy parece estar passando muito tempo por lá. Afinal, ele sabe tanto sobre ela:

> As lojas da rua Arasat, em Bagdá, exalam a opulência das elites corruptas de Terceiro Mundo. Televisores de tela plana são vendidos por centenas de libras ao lado de lojas especializadas em acessórios cromados originais para Land Cruisers da Toyota. Supermercados

---

* "Bush, vá para o inferno" e "Abaixo abaixo Bush e seu rabo Blair". (N. do T.)

** De um artigo em The New Republic.

*** "'Mas por que eles nos odeiam?' Iraquianos encaram de frente a ameaça de um ataque americano" (20 de outubro de 2002), por Rory McCarthy. "Um X marca o déspota: bombardear o Iraque rumo à democracia poderá revelar-se contraproducente" (16 de outubro de 2002), por Brian Whitaker.

vendem cigarros estrangeiros e charutos cubanos "por baixo do pano" a cem libras por caixa. Na rua, aqui e ali os carros são novos BMW ou Mercedes-Benz. Tudo isso num país onde as sanções da ONU supostamente limitaram energicamente as importações, restritas a bens humanitários.

Pode crer. E também há um único VW Beetle amarelo que passa por aquela rua. Na verdade, é provavelmente muito adequado que o sr. McCarthy permaneça na rua Arasat, pois os estrangeiros tendem a manifestar estranhas indisposições quando comem em qualquer outro lugar.

:: salam pax 11:35 AM [+] ::

TERÇA-FEIRA, 22 DE OUTUBRO DE 2002

Eu deveria escrever algo sobre isso, mas não consigo.* Então a anistia declara que todos os prisioneiros políticos podem ir. Então onde está H.? Eles disseram que essa anistia tiraria todos da prisão em 48 horas, portanto onde está ele? Quero que ele esteja em casa, em segurança. Não posso continuar telefonando para o irmão dele apenas para ouvir que ainda não há notícias.

:: salam pax 4:00 AM [+] ::

QUARTA-FEIRA, 23 DE OUTUBRO DE 2002

Raed, lamento, mas a canção "I'm afraid of Americans", do David Bowie, ficou grudada na minha cabeça e não consigo pensar em mais nada para escrever.

Na verdade... há muito sobre o que escrever, mas não interessa. H. ainda não voltou para casa. Pelo que soube hoje, devo me preparar para más notícias. Deram um jeito nos prisioneiros

---

* *"Saddam liberta prisioneiros políticos" (21 de outubro de 2002), por Rory McCarthy, no site do <u>Guardian</u>.*

políticos. Acenda uma vela por mim. Pode fazer isso, Raed? Nos últimos dois dias, manter o controle tem demandado esforço.

E esqueça a viagem para Amã. Alguns dias atrás, você perguntou o que está acontecendo na fronteira com a Jordânia. Bem, os jordanianos não estão deixando passar nenhum iraquiano com idade inferior a cinqüenta anos. Adivinha por quê. Porque os americanos e o exército israelense estão brincando de guerra no deserto ocidental (bem, oriental para a Jordânia). E os jordanianos estão se esforçando para garantir que os americanos consigam penetrar tão fundo quanto desejarem. Sim, mim-amar-você-faz-tempo — nem precisa de lubrificante. A guerra nem começou e já estamos aprisionados no Iraque. A Jordânia não deixa ninguém atravessar suas fronteiras, nem o Irã (procure você mesmo. Não estou nem aí. Li no *New York Times* poucos dias atrás), e sabe o que mais eu li no *New York Times*? Que as tropas americanas estão estudando o modo como os israelenses lutaram em Jenin.

Jenin. Lembra de como ficou Jenin depois do ataque? Que reconfortante, não?

Com licença, mas preciso escutar um pouco de música-para-garotos-zangados e bater minha cabeça contra a parede até sangrar; isso fará eu me sentir melhor, tenho certeza. Eu já te disse que odeio o mundo?

P.S. Raed, nem pense em vir a Bagdá nos próximos dias/semanas. Pode ser que você não consiga retornar à Jordânia. Além disso, não quero você por perto nos próximos dias. Planejo atravessá-los num desvario embriagado. Não quero você perto de mim.

Com amor,
Salam

:: salam pax 4:13 AM [+] ::

Esboço da resolução dos Estados Unidos e da Inglaterra sobre o Iraque: "[...] com o objetivo de restaurar a paz e segurança internacionais".

Paz e Segurança. Rá.

Atirem as bombas de uma vez. Chega de frescura.

:: **salam pax 11:56 AM [+]** ::

QUINTA-FEIRA, 24 DE OUTUBRO DE 2002

Hoje não lerei nenhuma notícia, e só assistirei ao *So 80's* na VH1 — *e* contarei para vocês algumas coisas que me fizeram sorrir.

1. Ler os e-mails que recebi de Legendary Monkey, Kashei e Diana. Obrigado. Foi ótimo receber carinho.

2. Ter alguns de meus posts eleitos "Slogan do dia" no Samizdata.net, e receber a "dúbia honra de um link permanente". Preparem-se para muita terminologia relacionada a blogs no futuro. Temam meu blog-cabulário.

3. E-mail de Joe Schmo, do boredshitless.com, perguntando coisas do tipo "Quem-diabo-é-você?". Você terá suas respostas, mas, acredite em mim, Diana continuará sabendo mais — ela tem seus meios. Existe a palavra "tele-hipnose"? Joe me acrescentou aos links em seu blog. Sou um dos novos links, assim como o Letter from Gotham (isso faz eu me sentir meio especial).

4. Meu irmão mais novo decidiu iniciar seu próprio blog em grupo, junto com amigos ao redor do mundo. Finalmente o corrompi. Agora posso fingir que não estou lendo o weblog dele, assim como ele finge que não lê o meu. UM BLOG PARA CADA IRAQUIANO! — esse será o slogan de minha campanha.

5. A secretária do escritório finalmente parou de ocultar o jogo de paciência que ela joga no computador, depois que mostrei a ela meus joguinhos online idiotas favoritos. O próximo passo é encenar um protesto contra o reinado opressivo da Unidade_Chefe_Do_Mal.

:: **salam pax 1:30 PM [+]** ::

DOMINGO, 27 DE OUTUBRO DE 2002

Passando os olhos pelos boletins por e-mail do <u>New York Times</u>, vejo isto: "Doze americanos fazem protesto, que Hussein autoriza com satisfação".* Enquanto leio tudo, me pergunto se o sr. JOHN F. BURNS está enviando notícias da mesma Bagdá onde eu moro. Nada a respeito nos jornais, e ninguém no trabalho faz comentários de olhem-aquelas-pobres-almas-iludidas-insistindo-no-assunto (que é uma das duas respostas a esse tipo de coisa, a outra sendo "Me pergunto quanto dinheiro eles estão recebendo do Saddam como presente de 'agradecimento'"). Na metade do artigo, o sr. Burns de fato afirma que a mídia iraquiana estava virtualmente ausente do "protesto". É isso aí. A sra. Kelly pode muito bem ter feito o tal protesto no banheiro dela.

Prezados amigos americanos, por favor parem de enviá-la para cá. Ela não está ajudando. Algumas pessoas devem imaginar que esse é o tipo de coisa que me agrada ver acontecendo. NÃO é. Kelly, baby, você foi usada. Eles colocaram você à mostra para os ocidentais. Eu, pessoalmente, perdi o interesse quando você foi citada dizendo coisas como: "Gostaria que as pessoas no meu país pudessem demonstrar o mesmo *espírito de perdão e reconciliação* aos 2 milhões de indivíduos em nossas prisões".

Acho que seria melhor você pegar o seu presente de "agradecimento" e ir embora. Rápido. Sinto como se você estivesse pisando nos dedos do meu pé. E rezo para que os "seus" prisio-

---

* *Artigo de John F. Burns (27 de outubro de 2002).*

neiros não sejam submetidos ao mesmo "espírito de (executem-nos-sem-julgamento-e-não-se-preocupem-mais-com-eles) perdão".

Eu teria adorado apertar sua mão e lhe dar um abraço de "agradecimento", mas aquela declaração... tsc tsc tsc.

Será que ela é realmente tão ingênua, ou está apenas tentando ganhar o pão de cada dia? Se fosse isso, eu a perdoaria. Todo mundo tem que ganhar a vida, de algum jeito.

:: **salam pax** 7:10 PM [+] ::

TERÇA-FEIRA, 29 DE OUTUBRO DE 2002

O que é mais sexy? Ser uma invenção da CIA ou um truque de propaganda?

Há uma semana, Kathy K. do On the Third Hand <http://site-essential.com> lincou um post do meu site, e ao fim de seus comentários sobre o post escreveu "estive observando-o por algum tempo, e acho que ele é real".

Linquei de volta pra ela, dizendo "Sou real. Mesmo".

Na verdade, quase todo mundo que lincou para mim escreveu em seu blog que estava em dúvida se eu era real, ou me enviou um e-mail perguntando — com exceção da Legendary Monkey. Isso porque ela é lendária. Ela simplesmente *sabe*.

Mas o <u>Al do Culpepper Log</u> achou que valia a pena escrever sobre toda essa coisa da minha "realidade". Portanto, é com você, Al:

> "... [o blog] me fascina em alguns aspectos gerais. Em primeiro lugar, morro de curiosidade sobre o que o povo iraquiano (e todo o Oriente Médio, por sinal) realmente pensa sobre os Estados Unidos. [...] Será que eles acreditam parcialmente nessa coisa de Satã americano

do partido Baath? [*Bem, nós tivemos um outro Satã. Nos anos 80, o aiatolá Khomeini era o Satã antes dos Estados Unidos, mas agora somos amigos do Irã, e portanto os Estados Unidos vêm a ser o novo Satã. Muito orwelliano, hein?*]

Será que eles aguardam ansiosamente que apareçamos para "libertá-los", como nosso governo insiste que faremos? [*uh-oh... ele disse "libertar"?*] Raed parece receber bem nossa vindoura libertação [*quêêê? Qual parte do meu protesto não foi clara o suficiente?, e por favor não use essa palavra de novo, isso machuca*] – ainda que com alguma trepidação. "Atirem as bombas de uma vez. Chega de frescura." [*Aquele post pretendia ser sarcástico, ou você realmente acredita que aquela resolução trará de volta a paz e segurança internacionais? E tem mais...*] O site parece fidedigno. Contudo, eu também quero acreditar. [*Aqui ele linca para o site do Arquivo X — ele também acha que venho do planeta K-Pax, aparentemente.*] Só isso me traz suspeitas. Eles apresentam um tom cínico e fatalista que me parece verossímil. Há notas pessoais crípticas. [*Essas notas não são crípticas. Isso é* arablish. *Apenas porque a maior parte do mundo acha que a comunicação gira em torno da língua inglesa, temos que adaptar nossa língua para esses sistemas sem suporte ao alfabeto árabe. Ya3ni lo a7.7*i inglizi lo 2aba6il.*]* O emprego da língua inglesa é convincentemente tosco. [*ah, caaaara, me disseram inúmeras vezes que meu árabe é tosco. Eu sei que meu alemão é tosco e agora meu inglês é tosco. Culpo meus pais por me mudarem a cada cinco anos, mais ou menos. Preciso de uma língua materna. Devo tentar o esperanto??*] Mas será que isso indica mesmo que é real? Se alguém na CIA estivesse tentando construir de maneira convincente um site iraquiano falso para nosso consumo doméstico, provavelmente se pareceria com algo assim. [*Desculpe meu inglês tosco, mas que "consumo"? Tenho uma média de vinte acessos diários numa semana boa, a menos que o Instapundit faça um link para mim ou – ohmeudeus – Instapundit é da CIA também!*] Se "Raed" é uma farsa, é uma farsa um tanto convincente. [*Raed, baby, eu sempre soube que você era uma farsa. Viva Salam. Yeah!*]

---

* "Você quer dizer que se não falo inglês, não falo nada."

Pelo menos uma coisa ele acerta:

> Não podemos esperar muito que ele prove sua própria veracidade. Ele está escrevendo coisas que o levariam à execução em segundos, caso os capangas de Hussein o encontrassem.

O que você realmente não entendeu é que eu não sou Raed. Olhe de novo quem está postando. Você nem se deu ao trabalho de fazer isso? Bem, isso acontece quando alguém está preocupado demais com teorias conspiratórias e coisas do gênero.

Mais uma correção: nem eu nem Raed somos joões-ninguém. Na verdade, a maioria das pessoas comuns nos olharia com suspeita. Passei metade da minha vida fora deste país e precisei ser ensinado a recriar minhas raízes por alguém que nem sequer tem nacionalidade iraquiana, e que apenas adora este lugar (obrigado, Raed). Nós dois temos uma desconfiança da religião e lemos o *Tao te ching* com mais interesse do que o Corão. E nós dois temos bocas que nos puseram em apuros. Uma pessoa comum estaria mais interessada em dar uma surra em infiéis como nós.

Pergunte a Diana. Ela sabe.

ATUALIZAÇÃO: Letter from Gotham também vem me apoiar: "blogagem sobre a autenticidade de um certo Salam Pax de Bagdá".

:: salam pax 5:15 PM [+] ::

NOVEMBRO DE 2002

SÁBADO, 2 DE NOVEMBRO DE 2002

Teoria e prática da fofoca.

O que fazer no último fim de semana antes do "sagrado" mês do ramadã?

Certificar-me de que possuo estoques suficientes de álcool e permitir que a Futilidade brilhe uma última vez (por exemplo, ficar a par dos mais recentes rumores que circulam nos meios de má reputação, antes que eles adiem tudo por um mês e se tornem religiosos). Tentado pela promessa de Z., de que eu seria apresentado ao seu novo amigo (quer material para fofocas melhor do que esse?), passei a noite de quinta na companhia de pessoas com quem não tenho nada em comum. Minha cabeça está repleta de informação inútil e desconexa a respeito de carros e armas. Pois o novo namoradinho de Z. é um especialista em todos os tipos de armas de fogo.

Aliás, quem é que já ouviu falar de um veado negociante de armas? Eles deveriam ser decoradores, cabeleireiros e, ocasionalmente, arquitetos frustrados — cof cof —, não é? Sejam fiéis a seus estereótipos, por favor. Isso os torna alvos melhores.

Falando em alvos, apresento o Fato Divertido número 1:

O preço de uma bala de fabricação local para o seu adorável AK-47 personalizado, no mercado negro, é 35 dinares iraquianos — menos de dois centavos de dólar, mais barato do que um pirulito iraquiano aromatizado artificialmente. Vai chupar um projétil, garoto.

Bem, vamos iniciar a maratona de fofocas.

Acho que agora deve estar claro por que os repórteres estrangeiros foram expulsos do país. Como eles puderam noticiar algo que nunca aconteceu? É evidente que não poderíamos confiar em jornalistas que fabricam notícias. Hoje isso, e amanhã — quem vai saber? Sinto muito mesmo pelos pobres desgraçados no Ministério da Informação. Vocês não podem sequer imaginar o tipo de pânico pelo qual eles devem ter passado. Cobertura de protestos; discórdia no povo iraquiano poucos dias após a votação de 100%; jornalistas ocidentais cobrindo um acontecimento tão desagradável: "*Yalla yalla*, expulsem esses repórteres rápido, antes que eles provoquem a nossa execução!". Outra confusão e mais reportagens sobre o opressivo "regime" iraquiano (ponha essa palavra na sua reportagem e seu visto vencerá num toque de mágica). Típica impulsividade iraquiana. Mas o governo não é um bando de idiotas, e alguns dias depois eles ficam se esquivando novamente. De acordo com o *New York Times*:

> Uma onda de amabilidade intensificada no centro oficial de mídia de Bagdá, o centro de operações dos jornalistas visitantes, parecia ser parte de um esforço mais amplo do presidente Hussein para apresentar uma imagem mais moderada ao mundo diante das ameaças bélicas norte-americanas. Durante todo o dia, oficiais dedicaram-se a contradizer relatos de que estiveram expulsando membros do escritório da CNN em Bagdá, ao lado de diversos outros repórteres ocidentais, após a ampla cobertura dos protestos que se espalharam pelas ruas da cidade na semana passada.*

Imagine que você é o ministro da Informação iraquiano e tente explicar isso ao sr. presidente: O escritório da CNN em Bagdá usou sua antena parabólica para transmitir ao vivo a cobertura do protesto. Desatinos menos significativos do que esse puseram ministros para fora de seus cargos, e também para fora deste mundo.

Fato Divertido número 2:

Por duzentos dólares você adquire uma boa arma de fogo fabricada no Iraque. Ela se chama Tarek (*6ari8*, para os falantes de *arablish*). E se você der um jeito de deslizar uma delas atra-

---

* "Ameaças e respostas: correspondentes estrangeiros" (28 de outubro de 2002), por John F. Burns.

vés da fronteira saudita, eles a trocarão por uma picape Toyota zero. Bom negócio para fazendeiros.

Atualização sobre a situação da fronteira com a Jordânia. A idade é quarenta, e não cinqüenta. Abaixo dessa idade, nenhum homem iraquiano pode entrar na Jordânia, a não ser que possa provar que já possui uma passagem aérea para outro país. Nesse caso, receberá um visto de trânsito válido por dez dias. Ou que faça parte do comércio de petróleo. Neste caso, é "Passe direto, sr. Motorista do Tanque de Petróleo". Vão em frente, tratem-nos como merda. Vocês não são os únicos.

Rei Abdullah, você está me assustando. Olha o que saiu no Arabic News.com:

> O rei jordaniano Abdullah II não descarta a possibilidade de que o Iraque seja um dia governado por um membro da família Hashamite.

Então agora você quer sua fatia da torta?

Uma palavra: ABUTRES!

Ele enfatizou que a Jordânia é "neutra, e qualquer pedido seu de proteção dos americanos pode ser interpretado como um movimento agressivo contra o Iraque".

Me desculpe. Não será "interpretado", de fato *é*. A Jordânia não é exatamente amada pelos iraquianos ultimamente, portanto tome cuidado. Você foi mau com os iraquianos aí, portanto não espere que o tratemos como realeza aqui.

Fato Divertido número 3:

No primeiro dia após o esvaziamento das cadeias, o Ministério dos Assuntos Interiores realizou um número recorde de prisões: quatrocentas num único dia. As acusações variaram de assalto a roubo.

Não preciso mais pagar 400 mil dinares iraquianos (duzentos dólares) para conseguir uma autorização de viagem ao exterior (uma única viagem, válida por um ano a partir da data carimbada). Mas para onde irei? Esqueçam os países ocidentais. Estou perguntando sobre vistos a países vizinhos.

Kuwait? Hehehe. Próximo.

Irã? E ter meu nome etiquetado pelo serviço de inteligência? Eles não me concederiam um visto, de qualquer forma.

Turquia? Esqueçam, eles te fazem esperar e depois dizem que sentem muito.

Jordânia? Nada disso. Homem abaixo dos quarenta.

Síria? Feito! Meu próximo feriado será um tour de exploração na Síria. A questão é quando eles entrarão para o clube do cerquem-os-iraquianos. Outros membros desse clube são o Líbano e o Egito.

Parece que o projeto de catorze canais controlados por satélite (chamado de rede *rafidain*) é um fracasso total. Dos 10 mil decodificadores, apenas 6 mil foram vendidos, e isso numa cidade de cerca de 5 milhões de habitantes. Isso requer uma breve explicação. Instalar uma antena parabólica na sua casa é passível de punição com multa de 750 mil dinares iraquianos e três meses na cadeia. Mas dois meses atrás, o governo decidiu retransmitir catorze canais selecionados, escolhidos a dedo com ajuda da rede ART. Os canais ART recebem a maior fatia — National Geographic e Discovery também estão incluídos no lote, além de um canal ocidental de música, atacado pelos jornais devido aos valores morais questionáveis que dissemina. Recentemente, eles decidiram trocar o Animal Planet pelo Paramount Comedy Channel. Agora assistimos a *Seinfield* e *Dharma & Greg*. Mas o sr. Zapeador de Canais detesta Jay Leno, porque às dez da noite eles trocam o canal para TCM (eles inclusive mudam de canal para nós

— será que eles nos amam?). O serviço está disponível apenas em Bagdá e é um fracasso fenomenal. De acordo com um programa de rádio que recebe telefonemas dos ouvintes, o custo acima do orçamento médio, a seleção desinteressante de canais (a rede ART não é exatamente o pacote mais atraente) e a ausência de um canal de notícias são as principais razões que levaram as pessoas a não assinar o serviço.

Acho que, a essa altura, é consenso que eu falo demais, e preciso que alguém tire o teclado da minha frente.

:: salam pax 3:40 PM [+] ::

SEGUNDA-FEIRA, 4 DE NOVEMBRO DE 2002

O Kuwait entrou para o clube do "expulsem-nos". O que aqueles jornalistas irritantes estão fazendo em nossos países?

Sugiro que eliminemos completamente os cursos de jornalismo de nossas universidades. Shaitan está falando através deles. Aposto que posso encontrar um verso em algum lugar no Corão para justificar minha posição.

Parece que a al-Jazeera está tendo sérios problemas para manter a boca fechada. A BBC diz: "Ela também enfrentou problemas com suas coberturas no Iraque e na Arábia Saudita, e tanto a Jordânia quanto Bahrain proibiram a estação de operar em seus territórios".

É a segunda vez em menos de trinta dias que eles tiveram seus escritórios fechados em um país árabe. Continuem assim, meninos e meninas. Estou bolando um novo slogan de marketing pra vocês: "Al-Jazeera: a única rede de notícias árabe sem escritórios no mundo árabe".

:: salam pax 10:47 AM [+] ::

Vejamos algo da BBC News:

> O Kuwait isolou uma grande área do país nas proximidades da fronteira iraquiana para a execução de *exercícios militares conjuntos entre Estados Unidos e Kuwait*... um exercício de forças especiais menos divulgado também tem sido realizado na Jordânia.

Prezado Kuwait,

Obrigado por ser transparente e honesto, ao contrário de outros povos que são maricas demais para admitir que:

a) estão amedrontados;
b) não gostam mais de nós;
c) querem uma fatia da torta iraquiana.

Porque dar a entender isso significaria deixar de receber 500 milhões de dólares em petróleo subsidiado todo ano.

:: **salam pax** 12:17 PM [+] ::

TERÇA-FEIRA, 5 DE NOVEMBRO DE 2002

Diana se movimenta pela web de um jeito misterioso.

Ela lincou outro iraquiano maluco (na verdade, *o* Iraquiano Maluco — ele tem os documentos e o nome do domínio como provas). Ele teve eleições no dia 16 de outubro e também mantém um excelente diário online.

Diana, gostaria de lembrar que você já prometeu dar a *mim* seus duzentos vestidos de seda. Não me interessa quantos Iraquianos Malucos você vai encontrar, os vestidos são meus.

:: **salam pax** 12:14 PM [+] ::

QUARTA-FEIRA, 6 DE NOVEMBRO DE 2002

O primeiro-ministro israelense Ariel Sharon disse que após lidar com o Iraque, a comunidade internacional deveria concentrar sua atenção no Irã. Sharon fez os comentários em uma entrevista para o jornal *The London Times*.*

suspiro

sacode a cabeça denotando incredulidade

O sr. Sharon classifica o Irã como "um centro do terror mundial". Ele disse que o Irã está usando todo o esforço possível para adquirir armas de destruição em massa que significariam uma ameaça para o Oriente Médio e a Europa. De fato, o texto da entrevista diz "é um perigo para o Oriente Médio, para Israel, e um perigo para a Europa".

Me pergunto qual seria o termo correto para o arsenal nuclear israelense. Armas de amor e harmonia em massa?

Sharon "considera o Irã um 'centro do terror mundial', e afirma que tão logo o conflito no Iraque se encerre, ele fará pressão para que o Irã esteja no topo da lista de 'coisas a fazer'".

:: **salam pax** 1:20 PM [+] ::

SÁBADO, 9 DE NOVEMBRO DE 2002

Zina está em Bagdá *wa hia 7amil, ra7 tob8a hna ila an t7*eeb*.* Não sei se isso é muito inteligente, considerando-se a situação.

---

* Do website VOA News.

* "Ela está grávida, ela ficará aqui até dar à luz."

Você se encontrou ou ainda está perdido?

:: **salam pax** 2:28 AM [+] ::

> Mohammed Aldouri [embaixador do Iraque na ONU] revelou à Reuters que está "muito pessimista. Esta resolução foi elaborada de um modo que impede o retorno dos inspetores ao Iraque", disse ele à agência de notícias.*

Muito verdadeiro. Se o objetivo da resolução era irritar o governo iraquiano, então ela funcionou. Mesmo que os inspetores tivessem permissão para retornar, há muitas armadilhas e o governo iraquiano não é conhecido por ser paciente. Por favor, leiam o documento com cuidado e confiram por si mesmos.

> 3. [...] bem como todos os demais programas químicos, biológicos e nucleares, incluindo qualquer um que proclame objetivos não relacionados a produção e material bélico [...]

Aguarde nossas universidades serem declaradas "zonas de exclusão" pela Unmovic** qualquer dia desses. Não que já não tenha acontecido antes, quando professores eram revistados como se fossem criminosos.

> 4. DECIDE que alegações falsas ou omissões nas declarações enviadas pelo Iraque em continuidade a esta resolução [...] constituirão mais uma violação material das obrigações do Iraque, e serão relatadas ao Conselho para avaliação de acordo com os parágrafos onze ou doze abaixo.

---

* *Artigo do* International Herald Tribune *(9 de novembro de 2002), por Terence Neilan.*

** *Unmovic: United Nations Monitoring, Verification and Inspection Comission [Comissão das Nações Unidas de Monitoramento, Verificação e Inspeção]. (N. do E.)*

Eles esqueceram de mencionar erros de digitação. "Um erro de ortografia e vocês viram carne moída de cafta, escória iraquiana."

> 5. [...] bem como acesso privado, imediato, desimpedido e irrestrito a todos os oficiais e a quenga mais [ooooh erro de digitação... você seria bombardeado por isso se fosse iraquiano – ou estariam eles planejando entrevistar a Prostituta da Babilônia em pessoa? Peça a eles que aguardem, por favor, meu guarda-roupa ainda não chegou] a Unmovic ou a IAEA* desejarem entrevistar, em local e da maneira determinados por escolha da Unmovic ou da IAEA, a respeito de qualquer aspecto de seus mandatos; também decide que a Unmovic e a IAEA poderão a seu critério conduzir entrevistas dentro ou fora do Iraque, facilitar a viagem dos entrevistados e membros da família fora do Iraque [...]

Agora, qual a probabilidade de eles permitirem que isso aconteça? Meu aviso ao Blixy:** assim que chegar ao Iraque, exija entrevistar algum oficial de alto escalão do governo que esteja fora do país — você vai poupar o tempo de muita gente.

E por aí vai.

Uma palavra flutua sobre minha cabeça, em estilo balão de diálogo: "provocativo".

Enquanto isso, o público iraquiano é tratado que nem cogumelo pelo governo iraquiano: mantido no escuro, e alimentado com esterco de cavalo. Não há nada na mídia iraquiana a respeito da resolução. Enquanto o *Independent* anuncia este como o dia em que o mundo se voltou contra o Iraque, o motorista de táxi que me levava para casa nem sabia que a votação da resolução da ONU era hoje. Plá plá! Acordem! Eles arrastarão vocês para a rua amanhã, para mar-

---

* *IAEA: International Atomic Energy Agency [Agência Internacional de Energia Atômica]. (N. do E.)*

** *Blixy: apelido jocoso para Hans Blix, chefe dos inspetores da ONU no Iraque. (N. do E.)*

charem num protesto encenado, e vocês nem sequer sabem contra o que estão protestando. Eu irei segurando uma faixa dizendo NÃO SOMOS IDIOTAS! Isso não é uma "última chance de obedecer", isso é a maneira americana de aparentar legitimidade. E não estarei sozinho...

> "Mesmo que o Iraque aceite a nova resolução, os Estados Unidos [...] encontrarão mil e uma maneiras de usar os inspetores [de armas da ONU] para atacar o Iraque", previu Amal Mohammad, 35, dona-de-casa.

> "Fiquei muito desapontada quando descobri que o documento dos Estados Unidos foi adotado com unanimidade, mesmo [...] dando aos Estados Unidos a cobertura que tanto procurava para levar a cabo um ataque contra o Iraque", disse Kamel Naim, 37, tradutor.*

Minha manchete favorita até agora veio da Reuters: O MUNDO VÊ CHANCE PARA A PAZ, E IRAQUE EMUDECE PERANTE VOTAÇÃO DA ONU.

Engraçado, o mundo vê a paz, enquanto eu preciso preparar um abrigo contra bombas na minha casa.

Se alguém precisar de mim, estarei escondido embaixo da cama até isso tudo terminar.

:: salam pax 3:34 AM [+] ::

O verdadeiro texto da resolução sobre o Iraque (O ScrappleFace tem fontes melhores do que o *New York Times*):

SENDO FATO QUE... agora, onde estávamos? Ah, sim... sendo fato que a mídia nunca relatará os detalhes desta resolução, porque preferirá enfocar quem venceu — França ou os Estados Unidos — como se fosse algum tipo de competição olímpica de *luge*, e...

---

* ABC News Online.

SENDO FATO QUE a ONU está bastante desesperada para encontrar uma *raison d'être*...

FICA, PORTANTO, RESOLVIDO QUE Saddam deve eliminar do Iraque todas as armas de destruição em massa (o que ele não fará) sem demora (o que ele fará), ou a ONU (na verdade, os Estados Unidos) lhe ensinará o significado da expressão FOGO INFERNAL.

Isso chegou através do On the Third Hand, administrado por Kathy K. Ela não sabia com certeza se a França apoiaria a resolução, e eu achei que a Síria se absteria. Que vergonha, vocês duas! Depois de todos os Peugeots 406/306 que os iraquianos compraram. Hein? O que fazer? Você gasta montes de dinheiro tentando comprar amigos, e terminamos com a cena de Brutus e César... *Et tu, Brute*?

:: salam pax 10:36 AM [+] ::

QUARTA-FEIRA, 13 DE NOVEMBRO DE 2002

Havia uma sessão do Parlamento planejada para esta manhã, mas à medida que os parlamentares chegavam, iam sendo informados de que a sessão foi remarcada para a noite, logo após o Iftar (é ramadã, afinal), a não ser que fossem membros do Partido. Havia uma reunião acontecendo naquele momento. Mais tarde, cinqüenta parlamentares foram informados que discursariam durante os próximos dois dias e que o voto será um NÃO unânime à resolução.

Cada membro teve o direito de formular seu próprio discurso, mas todos receberam diretrizes sobre o que devia ser mencionado. É chocante, mas parece que alguns dos parlamentares não tinham sequer visto a resolução da ONU até aquele momento. É por isso que muitos dos discursos foram tão vagos e repetitivos. Eles reescreveram as diretrizes com algumas pitadas do Corão para criar um bom efeito. A mídia foi trazida e o palco foi preparado para uma boa peça de teatro.

Ninguém dentro do Iraque sequer deu-se ao trabalho de ligar a TV ou o rádio para escutar o que os parlamentares tinham para dizer, enquanto a al-Jazeera julgou que valia a pena fazer uma cobertura ao vivo. Mas o governo iraquiano conseguiu se beneficiar da situação. Quem teria imaginado que eles rejeitariam a resolução? Eu tinha apostado na aceitação da resolução pelo Parlamento, com um Saddam relutante dando seu OK, porque esse era o "desejo do seu povo". Agora estou bastante interessado no discurso que ele fará para "justificar" a aceitação da resolução da ONU, apesar da recomendação do Parlamento iraquiano. (Não que ele precise justificar alguma coisa ou escutar recomendações, mas como a coisa toda foi pública, ele exporá suas opiniões — ele gosta de fazer discursos.)

Outra boa reviravolta foi o texto que a aberração ambulante apresentou no segundo dia. Claro, ele estava ocupado demais polindo suas armas para poder apresentar o texto pessoalmente. Com sua inspiração e sabedoria, ele consegue fazer o Parlamento inteiro parecer um grupo de tolos. Ele golpeia a Rússia, a Síria e "outros países que não nomearei" e diz algo idiota sobre quem disparará o primeiro tiro. "Não haveremos de esperar que as flechas sejam disparadas contra nós... blá-blá-blá". Encontrei o texto online — está no site governamental do Iraque.

Ainda que eu ache a resolução injusta, provocativa e irrealista nas suas exigências e cronograma — e vaga o suficiente para permitir todo tipo de armadilha — eu espero que Saddam a aceite. Apenas para ganharmos tempo. Para o Iraque, esta é uma situação de perder ou perder, não importa de que ângulo se veja. Os Estados Unidos ainda estão falando em "troca de regime". Acho que o Iraque não passará os primeiros trinta dias antes que os Estados Unidos gritem "falta!". E, no caso de uma guerra, acredito que se o Saddam possuir qualquer arma química ou biológica, provavelmente as usará contra seu próprio povo para dar à CNN e à al-Jazeera as imagens sangrentas que ninguém quer ver.

:: **salam pax 1:40 AM** [+] ::

QUINTA-FEIRA, 14 DE NOVEMBRO DE 2002

Esse post no Sudden Nothing se parece com um *mosh-pit** em um show do Nine Inch Nails (pra falar a verdade, nunca fui a um show do NIN, e tampouco entraria em um *mosh-pit* em show nenhum), mas você sabe como eles são: pulos, gritos e empurrões mútuos. Diversão da boa.

Al Barger, do Culpepper Log — após insinuar que eu sou uma armação da CIA e depois querer "fazer amizade" (bem, todos estão convidados à festa *chai* pós-guerra nos destroços da minha casa) — pergunta à Legendary Monkey: "Enfrentamos a fera agora ou esperamos que fique muito pior?".

Cheguem mais, estamos todos pulando pra cima e pra baixo enquanto eu canto (quem me dera) o mais alto que posso. Quer dizer, mais ou menos.

Al sugere, inclusive, que nos mudemos para outro local, porque isso é tão divertido que só nos resta retirá-lo do trequinho de comentários.

:: **salam pax** 11:44 AM [+] ::

SEXTA-FEIRA, 15 DE NOVEMBRO DE 2002

Re: Carta aberta a um cidadão iraquiano

Tudo bem. Mesmo.

Eu entendo seu argumento. Mas também tenho o direito de ter uma opinião diferente (bem, pelo menos aqui na internet), e não posso simplesmente cruzar os braços e dizer "Vão em frente, bom-

---

* Mosh-pit: *porção da platéia de um show onde se pratica o mosh, ato de subir no palco e se atirar sobre o público, comum em shows de rock.* (N. do T.)

bardeiem tudo!". Porque, não importa o que você diga, continuarei vendo o que acontece agora e a muito provável guerra como parte do atual projeto dos Estados Unidos para impor seu controle ao resto do mundo. A palavra não é colonialismo, mas o esquema é o mesmo.

Sim, isso soa bobo, mas olhe o que o governo americano está fazendo por um prisma não-americano e você verá uma situação diferente. Não é apenas o Iraque, mas a política externa em geral.

Sei que a guerra é inevitável, e sei que nada do que você disse pretendia ser um ataque pessoal a mim — e sei que Saddam é um maluco com o dedo no gatilho. Mas este é o meu país, e eu amo o meu povo. Você nunca vai me convencer de que uma guerra é OK. Me preocupo com o que acontecerá durante os ataques, e me preocupo mais com o que acontecerá depois deles. Faço caminhadas em partes da cidade velha e não consigo parar de pensar: "Será que isso ainda estará no lugar daqui a um ano?". Você está certo. No plano emocional, não posso aceitar e não aceitarei uma guerra contra o Iraque. Mas por outro lado...

Olha, nem sonhe que eu vá dizer isso, principalmente porque eu não confio nas intenções do governo americano.

Há também um outro ponto, o qual espero que você não esteja ignorando. Todo esse caos de Oriente Médio/Iraque/Islã não está nos aproximando nem um pouco da paz. Os árabes sempre tiveram governos repressivos, e é à religião que as pessoas mais apelam quando são submetidas a essa repressão. Toda essa história de demonizar os árabes e o islã, mantendo a região em fervura por tanto tempo através de cutucões constantes na ferida, está levando as pessoas para o lado errado. Continuem com isso, e os Estados Unidos precisarão se meter em um monte de guerras na região. Pessoalmente — embora eu não seja religioso, e não adotaria o islã como religião nem se fosse forçado a escolher alguma — eu me vejo como alguém que pertence a uma cultura islâmica e árabe, e que está muito feliz com a sua "identidade" (cala a boca, Raed, estou falando sério), e a constante agressão verbal aos árabes e muçulmanos me provoca desconforto. O argumento "foi você quem começou" não nos levará a lugar nenhum — ele é um círculo vicioso.

Você diz:

> Eu compreendo que você possa não ter muita simpatia em relação ao presidente Bush, ou em relação à minha pessoa, por apoiar as ações dele. Mas por favor acredite em mim, contudo, quando digo que não tenho nada além de amor no meu coração, por você e seus conterrâneos. Aguardo o dia – que chegará muito em breve – em que a ameaça de Hussein e seus capangas desapareça para vocês.

Direi "amém" àquela última parte, mas você não contará a ninguém que eu disse isso. Bush definitivamente não está convidado à minha festa *chai*. Mas você pode aparecer, traga um amigo, e conversaremos sobre guerra e paz. Prepararei um bolo de tâmaras, inclusive. Vai te surpreender (eles são melhores do que parecem).

:: salam pax 2:21 PM [+] ::

QUINTA-FEIRA, 21 DE NOVEMBRO DE 2002

Já faz quase uma semana que a conexão com a internet no Iraque tem estado mais do que irregular. Recebemos uma mensagem do provedor de acesso iraquiano afirmando que há problemas com o link de satélite para o "provedor externo" (isto é, a França), eles tinham prometido resolver o problema até o dia 19. Quando se consegue uma conexão, é lenta e funciona por dez minutos ou menos. Estou consultando meios não-eletrônicos. Mas parece que hoje eles resolveram o problema.

A Criatura_Chefe_do_Mal, numa tentativa de ser removida da minha lista de ódio, decidiu me subornar com um livro: *Targeting Iraq* [Alvo: Iraque], de Geoff Simons. Foi publicado pela Al-Saqi, uma editora e livraria de donos árabes, mas situada na Inglaterra (é iraquiana, acho, mas não tenho certeza. Eles publicaram um grande número de livros de autores iraquianos, mas isso deve acontecer porque a maioria dos autores que têm alguma importância são banidos no Iraque, e a Al-Saqi está lhes dando uma chance). Eu costumava comprar muitos de seus livros quando vivia no exterior. Um dos mais memoráveis foi *Republic of fear* [República do medo] — parece que estudantes da Universidade da Califórnia podem acessar o livro online, os malditos sortudos — e alguns ótimos livros sobre Al-Sayab. (Fuçando sobre Al-Sayab no Google, descobri que alguém traduziu meu poema favorito desse autor para o inglês como "The rain song" [A canção da chuva]. Tente ler o poema em árabe. Como todo blogueiro muçulmano escreve: todas as traduções do Corão são inerentemente defeituosas. Verdade mesmo. "The rain song" soa muito mais depressivo em árabe.)

Deus, que bons tempos aqueles. Simplesmente levantar o fone do gancho e encomendar um livro. Agora, quando não estou viajando, preciso me contentar com livros de segunda mão ou xerox. Não quero entrar numa discussão sobre direitos autorais — ou é assim, ou fico sem nada para ler. Não consigo obter facilmente nem mesmo as cópias, pois elas não têm o selo de aprovação do Ministério da Informação.

Seis meses atrás, o Ministério da Informação publicou uma lei determinando que qualquer pessoa que vender livros ou cópias de livros sem o selo de aprovação do ministério será presa e obrigada a pagar um caminhão de dinheiro como multa. Procuro quase toda sexta, mas não há nada de novo. Ainda espero encontrar aquela cópia traduzida do *Shame* de Salman Rushdie, que vi há milênios.

Mas enfim, de volta ao Chefe_do_Mal.

Trabalho como um escravo sempre que ele está em Bagdá, devido ao seu cronograma frenético, e já que não estou sendo pago à altura, faço com que ele se sinta culpado por isso. Dessa vez, ele achou que um suborno o livraria da crise de culpa. Ele estava certo. *Targeting Iraq* custa exatamente um oitavo do meu contracheque. Eu me vendo por tão pouco.

Mudando de noticiário:

O provedor de acesso à internet iraquiano decidiu que, além de não permitir mensagens de e-mail com anexos maiores do que 500k, não nos permitirá enviar um e-mail para mais do que cinco destinatários de uma só vez. Na verdade, isso foi feito em etapas; primeiro, eles limitaram o número para cinquenta, e há dois dias para cinco — isso sem nenhum tipo de notificação. Mas como o irmão do Raed tem uma lista de e-mails imensa, ele descobre esse tipo de coisa. Agora ele não pode mais revelar ao mundo seus últimos truques com o Flash, e a minha caixa de mensagens (quando eu for capaz de abri-la novamente) ficará mais feliz.

Babil, o jornal que tem Uday* como editor-chefe, foi suspenso. Na quinta passada ele publicou uma lista de nomes de vários oficiais e militares que poderão ser entrevistados pela equipe de inspeção de armas. Estava na última página, e fez o jornal vender como os bolos quentes de Bab-al-agha. Não faço idéia de de onde a aberração ambulante tirou os nomes, mas seu papai está muito chateado com isso. Por isso deu um tapa na mão dele.

Não é a primeira vez que o jornal do Uday se mete em encrenca. Ele ignora todos os conselhos, e nenhum conselheiro jamais contestará qualquer coisa que ele diga. Ele tem fama de atirar no pé de quem o incomoda, e ninguém quer se meter com o lado mau de um sujeito que tem tigres como animais de estimação, exceto alguém com ambições de gladiador.

De qualquer modo, o jornalismo iraquiano não estará perdendo um de seus pilares, porque o *Babil* não produz conteúdo próprio. Ele explora a relativa inacessibilidade dos iraquianos à internet, copiando e colando matérias de vários sites de notícias árabes.

Portanto, AQUI JAZ *BABIL* — bem, até que papai Saddam suspenda a proibição sobre o brinquedo de seu filho. Enquanto isso, Uday pode brincar com seu outro jornal. (Se você procurar, verá que *Babil* tem uma versão online. Eles têm inclusive uma versão em inglês. Dê umas risadas.)

---

* Uday: o filho mais velho de Saddam.

A generosidade de nosso líder não tem limites: desde a libertação dos prisioneiros, novos regulamentos acerca de quase tudo estão fazendo de nós, cidadãos iraquianos, seres mais felizes. Todos no Iraque podem obter empréstimos gigantescos, quase sem juros, para construir uma casa. E você tem um negócio que está enfrentando dificuldades? Vá pedir um empréstimo do governo, eles exigem apenas um quarto do valor como garantia. Você foi reprovado nos exames e não se formou? Não tem problema. Papai Saddam diz que você pode voltar para a escola, mesmo que você tenha sido reprovado pelo terceiro ano consecutivo, o que implicaria a sua expulsão.

Mas o melhor são os carros que todo mundo (exceto *eu*) está recebendo de presente. Os últimos incluídos na lista de presenteados com os automóveis de 30 mil dólares são os juízes. Na verdade, eles foram trapaceados. Receberam somente Hyundais 4 × 4 que ninguém nunca tinha visto antes. A polícia recebeu Maximas e Avalons. Imagino qual é a sensação de ganhar quinze dólares por mês e dirigir um carro de 30 mil dólares.

Sugiro que a polícia iraquiana comece a praticar uma versão em coro de "My red hot car", do Squarepusher... OK... todos juntos agora:

"*I'm gonna fuck you with my red hot car...*"*

Não sejam tímidos. Baixem a música. É boa de torcer o cérebro, de formigar a espinha, sério mesmo.

Raed, ouvi dizer que o seu tio viajará para a Jordânia nos próximos dias. Isso o torna o feliz ganhador de um CD de música recém-gravado. Na maioria, material do disco *10,000 Hz legend* do Air, mais algumas coisas que encontrei no Alan. Se aquela loja fechar, eu morro. Ele até tem uma pilha especial para mim. Ele a chama de "merda que ninguém compra, só o Salam".

:: **salam pax 12:16 PM** [+] ::

---

* *Tradução literal: "Vou te foder com meu carro vermelho picante".* (N. do T.)

TERÇA-FEIRA, 26 DE NOVEMBRO DE 2002

Meu relógio biológico está totalmente fodido por causa do ramadã. O que deveria ser o almoço não acontece até as cinco da tarde, e todo mundo evita trabalhar até depois do Iftar — e então fica acordado até tarde, assistindo a novelas egípcias. O Chefe_do_Mal não compreende a necessidade de assistir a *Al-Attar e suas sete filhas* seguido de *Dharma & Greg* diariamente, às duas da manhã. Logo antes disto, todos comem seu Suhur (que é a última refeição permitida antes do amanhecer — mas como ninguém vai acordar às quatro da manhã, o Suhur nesta casa é às duas e meia). Portanto, quando o Musaharati começa a bater seu tambor (eles caminham por aí com tambores para acordar as pessoas na hora do Suhur), nós vamos dormir. Daí é acordar tarde para o trabalho e passar o dia de péssimo humor, porque o café e o chá estão banidos até o Iftar, que deveria acontecer ao pôr-do-sol (em torno de cinco da tarde, atualmente). Mas como minha mãe é uma muçulmana xiita e os xiitas sempre precisam complicar tudo, não comemos antes das cinco e meia. Você diz que meia hora não faria muita diferença? Está enganado. Faz toda a diferença do mundo. É o único momento em que gostaria que meu pai fosse um pouco religioso, e insistisse nas tradições sunitas em vez das xiitas.

Não me importa — apenas me deixem comer!

Ya Allah, por que os muçulmanos não podem chegar a um acordo sequer em relação à hora do Iftar? Isso é trivial, mas se torna essencial. Quem foi o gênio que disse que "Deus está nos detalhes"? Os arquitetos diriam que foi Mies van der Rohe.* Outros diriam Wittgenstein — e o Raed, sendo o Raed, reclamaria que ele é o gênio.

Não é apenas a hora do Iftar que os xiitas e os sunitas transformam num problema. Há também o debate sobre cruzar os braços ou deixá-los soltos nos lados durante a oração. Quem se

---

* *O arquiteto alemão Ludwig Mies van der Rohe (1886-1969), famoso por sua máxima "Menos é mais".*

importa? Apenas rezem! E o que devo fazer caso decida rezar algum dia? Segurar minha barriga com uma das mãos e deixar a outra solta? Mas eu dou um conselho: se um dia você for encurralado e obrigado a escolher, vá de xiita. É muito dramático. Eles adoram cerimônias, e durante o Ashur os homens podem chorar, gemer e, quase sempre, se transformam em verdadeiras rainhas do dramalhão — todos vão considerá-lo muito devoto.

Algo em que os muçulmanos xiitas e sunitas concordam é que o jejum implica abandonar todos os prazeres mundanos. Não é permitido um único pensamento sacana do nascer do dia até o pôr-do-sol. Você pode invocar Sodoma e Gomorra após o Iftar e ninguém se importará, mas antes, não. E para nos ajudar a manter os pensamentos limpos, a maioria das estações de TV árabes passa a editar os beijos e abraços nos filmes e espetáculos. A rede ART chega a suspender seus dois canais de música até o fim do Iftar, e depois disso é o festival da dança do ventre. Até a rede Showtime ("trazendo a você o melhor do entretenimento mundial®" — isto é, reciclagem da TV americana) veta algumas cenas. No início, achei que isso era um erro. Não é. Não posso ver o beijo na seqüência de abertura de *Dharma & Greg*, para não ter pensamentos impuros a respeito de Greg.

O ramadã também é a época em que todos se lembram do cachimbo *argila* (Shisha, Narghila ou Hookah — mas nunca Hubbly Bubbly). Não comece a pensar besteira, não é um *bong*.* Não há uso de "substâncias ilegais" — eu as usaria se pudesse encontrá-las, mas enfim. Originalmente, o tabaco era misturado com mel, suco e pequenos pedaços de frutas para dar sabor. Hoje você compra o tabaco misturado e aromatizado artificialmente. Veja o The Sacred Narghile.

Meu primo, K., é tipo um especialista em *argila*. Entediado com seu sabor favorito, de maçã, ele decidiu aprimorá-lo utilizando uma maçã de modo criativo. Em vez de usar a cabeça nor-

---

* Bong: *tipo de cachimbo individual dotado de uma câmara de água, geralmente usado para fumar substâncias narcóticas.* (N. do T.)

mal do *argila* (confira o website que acabei de mencionar; esse cara tem fotos de todas as partes do *argila* às quais me refiro), você faz buracos numa maça iguais aos que existem na cabeça do *argila*, cobre o topo com papel-alumínio e obtém um *argila* com intenso sabor de maçã. Tenho um primo bastante criativo. Isso justifica plenamente os cinco anos que ele consumiu na faculdade de engenharia. Da próxima vez, ele fará cigarros usando bananas.

Outras notícias locais:

A cidade de Qurnah, no sul do Iraque (na parte bem inferior do mapa, exatamente onde o Tigre e o Eufrates se encontram), foi bombardeada por dois dias. Um amigo que trabalha lá diz que os aviões estão bombardeando uma área vazia muito próxima à cidade, e que as janelas do hotel onde ele mora estão quebradas. No início, ninguém sabia por que os americanos bombardeavam uma área vazia. Mais tarde, quando foram olhar as crateras, descobriram que havia linhas telefônicas enterradas naquele local. As províncias de Basra e Maysan estão isoladas do resto do Iraque. Telefonicamente falando, para ser exato.

Em Basra, a mítica árvore de Adão foi abaixo. Assim, sem mais nem menos. Num dia estava lá para ser fotografada pelos turistas, e no outro estava deitada no chão. Era para ser uma árvore protegida por Alá, e possuía poderes de cura mágicos e divinos, essas coisas. Acho que Alá não está nem aí para a prole de Adão. Essa foi a sua maneira de nos dizer: "Esqueçam. Estou completamente desapontado com vocês".

:: salam pax 9:03 PM [+] ::

QUARTA-FEIRA, 27 DE NOVEMBRO DE 2002

Às 10h10 da manhã, inspetores em seis dos veículos da ONU, seguidos por fileiras de jornalistas internacionais, chegaram à fábrica Graphite Rod, gerenciada por militares e situada quarenta quilômetros a sudoeste de Bagdá. Os especialistas da ONU desapareceram no vasto complexo sem explicar precisamente seu propósito. Os repórteres foram barrados.*

Ih, rapaz. Houve um silêncio de quase cinco minutos nas ruas, sucedido de um suspiro de alívio coletivo. Na verdade, acho que o horário em que as sirenes soaram estava mais pra nove e meia do que dez. O que ouvi dizer é que aviões estavam circulando sobre a área onde os inspetores realizavam seu trabalho. Mas o mais preocupante é que nem todo mundo em Bagdá ouviu as sirenes de ataque aéreo. Não lembro quando elas foram testadas pela última vez.

Fato Divertido: durante a Guerra do Golfo e nos ataques dos anos seguintes, as sirenes começavam a soar cerca de trinta segundos antes de a primeira bomba cair — isso quando chegavam a tocar. Elas são quase inúteis. É por isso que hoje, quando elas começaram a soar, as pessoas permaneceram paradas por poucos minutos, e depois voltaram a resolver seus problemas. Se fosse pra valer, teríamos sido liqüidados em um minuto. Não há tempo de correr para um abrigo, é mais divertido permanecer fora e observar. Já tenho uma cadeira confortável no telhado para esta finalidade.

Preciso correr. Está na hora do Iftar e estou faminto.

:: **salam pax 5:01 PM [+]** ::

---

* _ABC News_.

DEZEMBRO DE 2002

SEGUNDA-FEIRA, 2 DE DEZEMBRO DE 2002

Diana está blogando de novo. O Letter from Gotham está de volta.

Você sabia que "o maior dos *hakhamim* babilônicos judeus dos tempos recentes"* nasceu em Bagdá? Diana colocou uma foto dele no site dela. Há pouco tempo, ela prometeu que me contaria mais sobre isso, colaborando para minha progressiva descoberta sobre a história dos judeus no Iraque, mas não cumpriu. Estou certo de que ela tem um post sobre o assunto escondido em algum lugar. Envie-o para mim agora, Diana. Você disse que enviaria.

Me sinto feliz por ela ter voltado. E se você estava pensando nisso, sim, ainda estou contando a ela coisas que não deveria.

:: **salam pax** 2:09 AM [+] ::

TERÇA-FEIRA, 3 DE DEZEMBRO DE 2002

ARÁBIA SAUDITA

> Modernas armas de atordoamento por choque elétrico estão rapidamente se tornando o instrumento de alta tecnologia preferido pelos torturadores, disse hoje a Anistia Internacional, convocando um banimento das exportações para qualquer país onde a tortura por

---

* Hakhamim: em hebraico, plural de hakham, nome dado aos sábios que interpretavam a Bíblia para o povo quando os judeus estavam exilados na Babilônia. A partir dessa época, o nome passou a designar alguns rabinos e professores de teologia, bem como leigos entendidos no assunto, especialmente antes da Segunda Guerra Mundial. O termo é usado ainda hoje, significando sábio, pessoa muito inteligente. (N. do T.)

choque elétrico tenha sido aplicada, ou onde a tortura seja recorrente, e uma suspensão imediata de seu uso para a imposição da lei.

"A Arábia Saudita continua um terreno fértil para a tortura com impunidade."*

SÍRIA

Embora um grande contingente de prisioneiros políticos tenha sido libertado, dezenas de pessoas foram presas por causas políticas. A tortura continua a ser aplicada rotineiramente contra prisioneiros políticos.

JORDÂNIA

Centenas de pessoas foram presas por razões políticas e houve relatos de tortura ou maus-tratos a detentos por membros dos serviços de segurança. Prisioneiros políticos continuam a ser julgados pelo Conselho de Segurança do Estado.

EGITO

A tortura é praticada sistematicamente nos centros de detenção por todo o Egito, e as vítimas de tortura e seus familiares continuaram denunciando agressões dos agentes de segurança.

IRAQUE

O DOSSIÊ**

---

* Esta citação e as próximas provêm do site da Amnesty International.

** O dossiê é intitulado "Saddam Hussein: crimes and human rights abuses. A report on the human cost of Saddam's policies [*Saddam Hussein: crimes e abusos aos direitos humanos. Um relatório sobre o custo humano das políticas de Saddam*], de novembro de 2002. O documento inclui capítulos sobre tortura, tratamento dado às mulheres, condições dos presídios, mortes sumárias e arbitrárias, perseguição aos curdos, perseguição à comunidade xiita, agressão à oposição fora do Iraque e a ocupação do Kuwait. Três anexos tratam de "Métodos de tor-

A região inteira é uma vala de detritos. Ditaduras se espalham por toda a região árabe. O saldo da Turquia e do Irã é tão ruim quanto o dos outros. Mas o olho benevolente do Ocidente enxerga apenas o Iraque.

Obrigado por seu aguçado interesse pela situação dos direitos humanos no meu país. Obrigado por fazerem vista grossa durante trinta anos. Obrigado por fornecerem o suporte para que meu governo pudesse enviar 2 milhões de iraquianos para a guerra contra o Irã, para serem mortos. Obrigado por não terem se importado com o desenvolvimento de armas químicas realizado por um louco que vocês sabiam ser louco. Obrigado por não se importarem com os banhos de ácido recebidos pelos membros do Partido Comunista Iraquiano (vocês não acham que eles foram usados pela primeira vez no Kuwait, acham? O governo tem usado esses banhos desde o final dos anos 70). Obrigado por terem ignorado todas as organizações de direitos humanos quando o assunto era o sofrimento do povo iraquiano. Obrigado por terem mantido sanções, cientes de que elas apenas enfraqueciam o povo e não surtiam efeito algum sobre o governo. Obrigado por saberem de tudo isso e não darem a mínima.

Por todos os seus esforços, eu os saúdo, do fundo do coração, com um FODAM-SE.

Não há uma mísera informação que não seja velha e que não tenha sido requentada antes por muitas organizações de direitos humanos. Portanto, por que o modo como consigo sobreviver nessa latrina os preocupa tanto agora?

Não leia o dossiê sobre o Iraque se você é muito impressionável, a não ser que seu nome seja Raed: ele deve ler, porque eu estou mandando.

---

tura", "Custo das ações de Saddam aos companheiros muçulmanos" e "Lista de ataques com armas químicas". O dossiê abre com uma citação do discurso do primeiro-ministro Tony Blair na conferência do Trade Union Congress (10 de setembro de 2002): "Nossa briga é com Saddam, não com os iraquianos. Eles merecem algo melhor. O Iraque é um país com uma população muito talentosa. Queremos recebê-los de volta na comunidade internacional. Queremos que o povo seja livre para viver plenamente sem a opressão e o terror de Saddam".

Nenhuma linha deverá fazer um iraquiano levantar a sobrancelha. É assim que é, e sempre foi. Todo mundo já escutou mil histórias de horror; outros já as testemunharam, e ainda vivem aqui. Morda a língua e siga em frente. Não pergunte.

Esqueci de agradecer a todas as empreiteiras ocidentais que construíram as supracitadas prisões. E aos países da Europa Oriental que forneceram o treinamento.

E alguém se importa? Não sei se estou com raiva, tristeza ou medo. Vocês tinham os relatórios o tempo todo e sabiam. Por que hoje é diferente de um ano atrás?

> Ninguém duvida do barbarismo de Saddam Hussein. Ele vem do período em que, sob um governo conservador, o Reino Unido se dispunha a vender-lhe equipamento bélico e dar-lhe substancioso crédito financeiro para que tivesse condições de fazer compras.*

E aproveitando o embalo, por que não publicam o dossiê sobre a Síria? Ou quem sabe sobre a Turquia? Tenho certeza de que vocês já estão diagramando o dossiê saudita, cuidando para que fique tão bonito quanto o iraquiano — ótimo layout, não acham?

:: salam pax 2:55 AM [+] ::

QUINTA-FEIRA, 5 DE DEZEMBRO DE 2002

Agora eu entendo por que a Diana não quer colocar comentários no blog dela. Primeiro, eu pensei que apenas colocaria um link para o post do Legendary Monkey. Ela fez, basicamente, o que eu queria fazer, e por um instante eu me senti como se estivesse me escondendo atrás dela. Alguns desses comentários me assustaram.

Mas algumas horas mais tarde eu decidi que quero, sim, gritar também. E não colocarei um link para comentários, desta vez.

---

* "Anistia ataca o Iraque por dossiê sobre tortura", 2 de dezembro de 2002, em The Guardian.

Deoxy escreveu uma boa sugestão no link de comentários abaixo: "Agora CALE A P___ DA SUA BOCA e aprenda a nos apreciar um pouco!!!".

OK. Vamos todos fazer cinco minutos de silêncio para apreciar um pouco.

Eu aprecio o despejo de toneladas de bombas sobre o meu país.

Eu aprecio o urânio empobrecido usado nessas bombas.

Eu aprecio toda a política de dupla contenção, que manteve a região em fervura constante porque isso era conveniente aos Estados Unidos.

Eu aprecio o apoio que o governo dos Estados Unidos manifesta a todos os governos opressivos da região, apenas para descartá-los depois de terem conseguido o que queriam deles.

Eu aprecio o papel dos Estados Unidos no comitê de sanções.

Eu aprecio seu esforço em me obrigar a procurar luvas cirúrgicas e anestesia no mercado negro, apenas para arrancar um dente, porque esses suprimentos são sempre vetados pelo comitê de sanções.

Eu aprecio a posição de um país que dedicou muito tempo e esforço para manter sanções econômicas que puniram o povo iraquiano, mas que não tiveram efeito nenhum sobre Saddam e sua base de poder, transformando-nos em reféns numa encruzilhada entre os governos iraquiano e americano.

Eu aprecio o papel que essas sanções tiveram em tornar tão pobre um país cheio de riquezas.

Eu aprecio ver meus professores obrigados a vender suas bibliotecas pessoais inteiras para sobreviver, e ver seus livros sendo adquiridos por empregados da ONU, que os levam para casa como recordações de viagem.

Eu tenho tanto apreço dentro de mim que ele está escorrendo pelos meus ouvidos.

Voltando ao Deoxy: "Que a gente se foda, hein? OK, apodreçam sob o poder de Saddam — não precisamos ajudá-los. Vocês têm raiva, como se estivéssemos em DÍVIDA com vocês. Não estamos. Fiquem felizes por estarmos dando uma ajuda, QUALQUER AJUDA".

Meu querido, ninguém pediu a sua maldita presença aqui. E ninguém pediu a sua ajuda. É o seu governo que tem enfiado o nariz nos assuntos da região. Por que nunca é lembrado que o governo dos Estados Unidos apoiou extremistas islâmicos durante a Guerra Fria, com a intenção de manter distante a influência soviética? Bom, parece que o fogo foi devolvido, não foi? Assim como o apoio dos Estados Unidos ao Iraque foi um tiro que saiu pela culatra.

> Eu seu depoimento, Teicher escreve que "[William] Casey, diretor da CIA, liderou pessoalmente o esforço para assegurar que o Iraque tivesse armas, munição e veículos militares suficientes para evitar uma derrota na guerra Irã-Iraque". Os Estados Unidos supriram "os iraquianos com bilhões de dólares em créditos", afirma Teicher, e ofereceram "inteligência e consultoria militar para os iraquianos, além de assegurar que o Iraque possuísse o armamento necessário, monitorando de perto as vendas de armas de outros países ao Iraque".*

E adivinha quem Reagan enviou como emissário, em 1983, para dar a Saddam todo tipo de conselho militar? Donald Rumsfeld.

O que eu quero dizer é: não metam o dedo onde não é lugar dele. Ele vai sair machucado. E não estou, definitivamente, pedindo sua ajuda. A sua suposta ajuda já causou danos demais. Portanto, permaneçam afastados do meu quintal, POR FAVOR!

---

* De opendemocracy.net: "Não há ameaça do Iraque" (29 de novembro de 2002), por Saul Landau.

Passamos a palavra ao Lanny, agora: "Se todo o seu povo tivesse colhões e reagisse, quem poderia com vocês, hein?".

Com licença, mas quem você acha que está levando garrafas quebradas no rabo? E quem está levando choques no saco? Jamais me chame de chorão. Você não sabe o que é ter um membro da sua família afastado de você, por ser suspeito de atividades subversivas — suspeita essa baseada em dois ou três amigos estrangeiros. Você não sabe como fica a vida depois que um familiar seu foi executado porque conversou com as pessoas erradas e expressou uma opinião sincera. Se me permitem citar o Deoxy aqui, "CALE A P____ DA SUA BOCA e aprenda a nos apreciar um pouco!!!". Fique onde está, e me deixe cuidar dos meus problemas.

Sobre a pergunta de Mike: "Mas então, o que você faria? Vamos lá, pessoal. O Instapundit nos trouxe aqui. Um monte de gente está lendo. Esta é a sua chance de mostrar a todos como George Bush é burro. Vamos conhecer as suas idéias, que fazem as dele parecerem tão tolas em comparação".

Acredito que você seja esperto o suficiente para saber que não há resposta para esta pergunta. E como disse Lynn em seu comentário, não podemos voltar no tempo e desfazer o que já foi feito. O que está vindo é inevitável. Todos parecem entrincheirados demais em suas posições. Além disso, o plano de troca de regime não tem nada a ver com o 11 de Setembro e a al-Qaida, ou com a Guerra ao Terrorismo. Estes acontecimentos apenas trouxeram tudo à tona, ou quem sabe até mesmo atrasaram aquela política, porque os Estados Unidos precisaram cuidar antes do Afeganistão. Cito uma carta aberta escrita pelo Comitê pela Paz e Segurança no Golfo, no dia *19 de fevereiro de 1998*, para William J. Clinton:*

> Somente um *programa destinado à troca do regime iraquiano* em Bagdá trará a crise do Iraque a uma conclusão satisfatória. Durante anos, os Estados Unidos tentaram remover

---

* *O então presidente americano Bill Clinton. (N. do E.)*

Saddam encorajando golpes e conspirações internas. Todas estas tentativas falharam. Saddam é mais astuto, brutal e conspiratório do que qualquer provável conspiração que os Estados Unidos poderiam mobilizar contra ele. Saddam precisa ser confrontado por um poder maior; ele não será derrubado por um golpe de Estado. Mas Saddam possui um calcanhar-de-aquiles: carente de apoio popular, ele governa através do terror. A mesma brutalidade que torna improvável o sucesso de qualquer conspiração ou golpe faz com que ele seja odiado pelo seu próprio povo, e pelo baixo e alto escalão de seu exército. O Iraque, hoje, está no ponto para uma insurreição de ampla base. Precisamos explorar essa oportunidade.

E quem sabe vocês também queiram dar uma olhada nas pessoas que assinaram a carta aberta. Entre eles, encontrarão o secretário de Defesa Donald Rumsfeld (o mesmo Rumsfeld que em 1983 foi a Bagdá dizer a Saddam que os Estados Unidos fariam vista grossa ao uso de armas químicas contra o Irã), o subsecretário de Defesa Paul Wolfowitz e o subsecretário de Estado Richard Armitage.

Os Estados Unidos se movem de maneira misteriosa. Portanto, não espere respostas para a sua pergunta.

Hoje é o último dia do ramadã. E amanhã é Eid al-Fitr, então feliz Eid para todos vocês. E que a paz esteja com todos nós. Vou fechar as portas pelos próximos dias.

:: salam pax 3:40 AM [+] ::

TERÇA-FEIRA, 17 DE DEZEMBRO DE 2002

O dólar está enlouquecendo. Um dólar = 2280 dinares iraquianos, e uma opinião muito bem informada (o meu dono de loja de bebidas favorito, sr. Satā) diz que provavelmente chegará a 2300 dinares por dólar esta noite. É demais!

O frio está congelante — bem, 5°C — e voltamos a ter duas horas de blecaute a cada doze horas. E o escritório se transforma numa geladeira no instante em que a eletricidade se vai.

:: **salam** 1:29 PM [+] ::

Pérolas de sabedoria do meu primo:

Há três coisas que você pode fazer a qualquer momento no Iraque:

• ficar gravemente doente
• ser preso
• ser executado.

Soa melhor em árabe, porque rima.

Saudações.

:: **salam** 11:07 PM [+] ::

QUARTA-FEIRA, 18 DE DEZEMBRO DE 2002

Estou com muita inveja.

O primeiro concurso dos melhores weblogs persas.

Este blog ganhou o segundo prêmio em design de blogs. Tem a foto de uma xícara de chá oriental! *Istikan chai*, dear?

Quando nós, árabes, teremos algo parecido? E por que os persas se afeiçoaram aos blogs com mais facilidade que os árabes? Por que não há um único weblog em árabe? Por quê? Por quê? Por quê?

Raed, meu caro, você deveria começar um blog hoje. Eu prometo que o lerei sempre.

:: **salam** 2:39 AM [+] ::

Por Alá, funciona! Consigo escrever em árabe. Não sei o que vocês estão vendo, mas tenho certeza de que enxergarão lindos caracteres árabes caso possuam um sistema operacional com suporte a árabe. RAED, vamos lá, comece logo! Faremos um blog em árabe — e iniciaremos, inclusive, nosso próprio concurso de blogs em árabe. Eu vencerei, é claro.

Mmmm, Blogger, eu te amo.

:: **salam** 2:52 AM [+] ::

QUINTA-FEIRA, 19 DE DEZEMBRO DE 2002

Enquanto estamos todos imaginando o que Bush dirá* a respeito do documento sobre as armas iraquianas, Uday está preparando uma nova festança para celebrar ter escapado da tentativa frustrada de assassinato em 1996.**

Este ano, a festa no Clube Furusia terá como atração a cantora libanesa Nawal El Zoughbi.

:: **salam** 11:36 AM [+] ::

SÁBADO, 21 DE DEZEMBRO DE 2002

Querido Raed,

Nunca respondi àquele e-mail raivoso que você me enviou quando eu lhe disse que deletaria o site (o que não deu nada certo — o Blogspot não apaga os arquivos). Você disse que eu era um covarde e que nunca termino o que começo. Você me conhece bem demais.

---

* "Bush deverá dizer que Iraque falhou em cumprir os termos da ONU" (18 de dezembro de 2002), por David E. Sanger com Julia Preston, no New York Times.

** Em dezembro de 1996, aos 32 anos, Uday Hussein foi ferido a bala enquanto dirigia pelo bairro de al-Mansour, em Bagdá.

Sim, eu estava com medo. Achei que os artigos na Reuters e no Yahoo France eram suficientes para chamar atenção em demasia. Deletei tudo rápido demais para averiguar se era verdade ou não. Mas esse não foi o único motivo. Eu estava um pouco descontente com o que estava acontecendo no weblog.

Logo depois de deletar o weblog, eu disse a Diana que gostaria que houvesse um outro blog iraquiano. Fiz uma espécie de exercício mental imaginando como esse blog seria.

Pra começar, seria em árabe, e discutiria tão pouca política quanto possível. Se fosse encurralado, seria muito a favor da Palestina e do Saddam — apenas por segurança. Também estaria repleto de citações do Corão e canções do Hadith, ou talvez da Um Kalthum. O que estou tentando dizer é que a maioria dos leitores ocidentais não entenderia nada, porque estaria fora demais de sua esfera cultural.

Essa confusão em que me meti realmente me incomoda. Com todo meu papo de antiamericanismo (essa palavra existe?), ainda assim faço referências à cultura, à música e aos filmes deles. Fui malhado por ter dito *Fuck you* — eu devia ter dito *inachat khawatkum*, mas ninguém teria compreendido. Assim como a maioria dos iraquianos não compreende a maioria do que está sendo dito pelos americanos. Teríamos sorrido educadamente um ao outro e seguido em frente.

Sinto-me incorporando a traição cultural. Totalmente vendido — e isso faz com que eu entre em contradição o tempo todo.

Lembra aquela noite que passamos no Books@Café, quando você riu de mim porque eu disse que acreditava ser um produto da cultura muçulmana/árabe? Você me lembrou que dois instantes antes eu estava contando sobre a minha felicidade por estar assistindo à MTV alemã e comprando livros em inglês na Virgin Megastore de Beirute.

Eu sou todas as discussões que costumávamos ter sobre sermos anexos da cultura ocidental, todas enroladas em uma coisa só. Isso não é o diálogo entre iguais sobre o qual costumávamos conversar. Fico fazendo referências a tudo que diz respeito a eles porque fui engolido por aquilo tudo. Perceba, estive lhe enviando e-mails em inglês durante o ano inteiro! Não é triste?

Que vergonha.

Você costumava me ancorar no chão. Todas as revistas que costumávamos ler: *Arabic Horizons*, *Aqlam* e o resto. Agora eu apenas passo os olhos pelas páginas delas. Voltei à *Q*, *The Face* e *Wired*: lixo ocidental. E não me pergunte quando foi a última vez que li um livro em árabe — teria vergonha demais para responder. Além disso, eu estava recebendo um monte de perguntas assustadoras dos leitores do blog: o que penso sobre a situação dos curdos? Cartas abertas da Diana, que me deixaram bem perdido na hora de respondê-las.

OK, chega. Não dá para ser mais confessional do que isso. Interromper o blog não tinha a ver apenas com medo. Eu tinha perdido as minhas balizas por um momento, e precisava me reorientar. Não fique bravo comigo — as coisas que eu disse no e-mail não são tão incisivas quanto parecem. Pelo menos consegui fazer você começar a blogar por aqui. Talvez um certo blogueiro acredite que não sou uma criação da sua selvagem imaginação.

E em resposta ao e-mail que Eve Tushnet me enviou, ("[...] e para perguntar se você prefere que as pessoas não linquem você, ou se não se importa"), eu me importo *sim* com quem me linca. Fico muito honrado por seu interesse no meu weblog, e muito grato por todos os e-mails que recebi perguntando se havia problema nisso. Então, como sempre respondo essa pergunta: "Pode me lincar, baby... sou uma prostituta total dos links!".

Algo mais para Raed:

Lembra do Zaid? — aquele que nos enviou por e-mail uma foto enorme da sua formatura? Agora ele usa uma veste tradicional árabe (o seu *dishdasha* não toca os tornozelos, porque ele se tornou Wahabi ou algo assim). Ele não olha no rosto das alunas a quem dá aula e — que tal isso? — usa delineador nos olhos: *kuhla* preto. Aparentemente, o Profeta costumava fazer o mesmo. Agora ele tem, oficialmente, merda de morcego no lugar do cérebro.

Também vi F. esses dias. Ela estava tão grávida que não a reconheci. Doce como sempre. G. foi um idiota por deixá-la sair de sua vida como deixou.

Minha mãe diz "Olá" e pergunta quando ela poderá conhecer Hiba.

:: **salam** 12:27 PM [+] ::

DOMINGO, 22 DE DEZEMBRO DE 2002

Os "Grupos de Oposição" iraquianos se reuniram e traçaram planos* para um Iraque pós-Saddam.

Me sinto muito mais tranqüilo agora. Meu futuro está em boas mãos. Me dêem licença para pular e comemorar.

> [...] De acordo com membros da oposição, Washington quer que a oposição aumente sua credibilidade sem tornar-se demasiado independente, para que os Estados Unidos controlem o futuro político do Iraque, mas também possui debaixo da asa um parceiro iraquiano legítimo de prontidão, caso seja necessário no caso de uma invasão.**

Cara, isso é engraçado demais. A maneira grosseira com que as pessoas tratam o assunto. Pelo menos tentem ser um pouco discretos. Não precisa ser assim, né? É só um bando de árabes inúteis. Eles não vão notar os barbantes que movem as marionetes.

---

* *"Grupos delineiam planos para um Iraque pós-Hussein" (18 de dezembro de 2002), por Craig S. Smith, no* New York Times.

** *Idem.*

> Havia oficiais americanos por perto para monitorar a reunião, bajulando os líderes em caráter privado para atingir os objetivos definidos por Washington, e assegurando ao mesmo tempo que os limites traçados pelos americanos não seriam ultrapassados.*

Como alguém pode acreditar que esta reunião teve algum propósito ou importância? Todo o evento foi uma confusão. Os discursos foram constrangedores, e a disputa pela posição de cada partido, ainda mais (para o caso de alguém começar com idéias do tipo "Ei, esse cara não está em Bagdá de jeito nenhum — como ele poderia ver ou ouvir algo a respeito disso?", estou me arriscando a levar uma multa pesada de 350 dólares e possivelmente ser preso por ter televisão por satélite). Bem no início da reunião, um grupo de curdos sunitas ameaçou se retirar da reunião caso eles não estivessem representados ali, mas ninguém deu a mínima, porque os organizadores americanos do encontro (liderados por Zalmay Khalilzad)** não tinham interesse algum naquele bando de otários.

O resultado desses quatro dias foi um documento com 25 propostas, um monte de lingüiça enchida pelos Estados Unidos. O parágrafo dois diz que os grupos agradecem ou dão boas-vindas (depende de como você preferir traduzir) à ajuda da comunidade internacional, com seu apoio ao povo iraquiano pelo fim do regime ditatorial e sua ajuda na reconstrução do país — MAS recusam qualquer intervenção política em futuros assuntos do Iraque. Para mim, é papo furado. Suponhamos que eles sejam independentes o suficiente para tomar suas próprias decisões — como eles podem esperar receber algo de mão beijada?

"Tomem, deixem-nos enviar um gigantesco suporte militar, arriscar a vida do nosso povo e gastar quantidades imensas de dinheiro, apenas porque gostamos de vocês."

---

* Idem.

** O afegão-americano dr. Khalilzad foi enviado especial da ONU no Iraque e, anteriormente, no Afeganistão.

Se vocês vão pedir favores, precisam dar algo em troca. E é um favorzão, o que vocês estão pedindo. Mas como sabemos que eles não são lá tão independentes, e tudo que está dito na declaração foi aprovado anteriormente pelos supervisores americanos, o parágrafo não quer dizer nada, assim como o restante da reunião, dos discursos e das propostas finais.

> [...] diversos membros veteranos de alguns dos maiores grupos disseram reservadamente que a maior parte dos tais enunciados era pose política, porque nenhum dos grupos de oposição deseja ser visto como fantoche dos americanos.*

Pobres idiotas iludidos. Vistos como fantoches? Vocês SÃO fantoches.

> Após pressão do Movimento pela Monarquia Constitucional (CMM), o plano contempla uma consulta popular para definir se o país deve continuar sendo uma república, ou se a monarquia, que foi descartada em 1958, será restaurada.**

Não vou dizer que eu gosto do <u>Movimento pela Monarquia Constitucional</u> (Raed, me faz um favor: confira o link e me diga se tem algo que valha a pena ler — meu acesso a ele está bloqueado). O CMM e o INC (Congresso Nacional Iraquiano, liderado por Ahmad Chalabi) são os fantoches principais no jogo americano. Veja esta <u>bela foto</u> de ambos com o subsecretário de Estado Thomas R. Pickering em 1999 (Chalabi no meio e o aspirante a rei Ali bin Sharif Al Hussein à direita). Aqui há outro retrato de <u>Ali bin Sharif Al Hussein</u>.

Por sinal, o discurso de Al Sharif Ali na reunião foi um dos mais constrangedores. Os grupos de oposição fora do Iraque estão totalmente perdidos, e ele é o maior exemplo disso. Esta pessoa, que deseja ser o líder do meu país, não consegue sequer falar a minha língua. Ele gaguejou e se enrolou, pronunciando as palavras como se nunca tivesse escutado o árabe antes. Fico

---

* *Idem.*

** *"Exilados iraquianos planejam caminho para o poder" (17 de dezembro de 2002), no website da* BBC News.

imaginando se ele estava lendo uma transcrição em inglês das palavras em árabe, porque elas soaram muito equivocadas. Ele nunca pôs os pés no Iraque. Ficou interessado no futuro deste país repentinamente, em 1993. Ninguém se importava com ele ou tinha ouvido falar dele antes disso. Enfim, eu tinha algo a dizer, e não se trata disso.

Decidi que se a tal consulta popular chegar a acontecer, votarei por uma monarquia constitucional. Além de ter adquirido uma alergia perene à palavra "presidente", acho que um monarca sem muita influência fará menos mal do que um presidente que precisa lutar por sua posição com o passar de alguns anos e que, uma vez no poder, evitará abandoná-lo. Isso pode ser um engano, mas de algum modo acredito que, se de fato chegarmos ao ponto de ter um sistema multipartidário, será melhor ter de lidar com ministros e grupos de oposição do que com um único egomaníaco. Ah, não sei... Só não quero precisar dizer a palavra "presidente" por algum tempo, então que venha aquele bobalhão do CMM — melhor ainda, que venha o príncipe Ra'ad bin Zaid bin Al Sharif Al Hussein. Seria bom. Pelo menos ele é iraquiano e fala árabe, e tem morado na Jordânia, ao contrário de Ali, que passa seu tempo em cidades ocidentais decadentes.

:: salam 10:42 AM [+] ::

QUARTA-FEIRA, 25 DE DEZEMBRO DE 2002

Primeiro, as boas notícias. Celebraremos o ano-novo na casa dos meus pais. Eles estão organizando uma festa, e como a casa ficará uma bagunça de qualquer modo, ocuparei o piso superior para meus fins festivos. Todos estão convidados a trazer um amigo, uma garrafa de qualquer bebida e uma vela. Tragam *muitas* velas — a situação da eletricidade está fora de controle.

Nos últimos dias, se você mora na área onde os blecautes duram apenas cinco horas por dia, você é sortudo. Hoje ficamos sem eletricidade por sete horas, e o dia ainda não terminou.

Algumas áreas de Bagdá tiveram dez horas de escuridão. E não está melhorando. Outras províncias estão recebendo meia hora de eletricidade, quando muito.

Há uma explicação oficial: manutenção. Eu digo: mentira. Eles provavelmente estão empacotando aqueles geradores.

Você aprende a lidar com os blecautes agendados. Você sabe quando acontecem, e por quantas horas. Mas os últimos dias têm sido muito ruins, é muito instável. Eles ligam e desligam quando bem entendem. Nós apenas congelamos e degelamos, e depois congelamos novamente. A temporada tem sido bem fria, e espera-se que esfrie mais ainda. O preço dos aquecedores a querosene foram à estratosfera. Há uma fábrica local (estatal) que produz esses aquecedores, por 130 mil dinares iraquianos cada um. Mas para comprar um deles, você precisa de autorização do gerente geral. Não me pergunte. Não consigo descobrir por quê. Se fosse de outro modo, não se chamaria burocracia.

Agora pegue seu aquecedor recém-adquirido e fique parado em frente ao edifício da companhia. Em um minuto, alguém vai lhe oferecer 200 mil dinares por ele. Procure por ele nas lojas, e irá encontrá-lo por 260 mil dinares! Isso é a economia de livre-mercado, não é? Decidi que sairia mais barato trazer um cobertor extra.

Por causa dos blecautes repentinos, estou escrevendo este post pela terceira vez. Sempre esqueço do botão SALVAR. Não mais: o AUTOSAVE veio para me salvar, a cada cinco minutos.

Há alguns dias, o *New York Times* publicou mais um artigo de John F. Burns. Alguém sabe se há uma foto dele por aí? Porque se eu o avistar na rua, quero muito lhe dizer o quão inadequado ele pode ser quando se deixa entusiasmar. Mais detalhes adiante.

> A moeda iraquiana, o dinar, entrou em queda livre, perdendo 25% de seu valor em relação ao dólar.*

---

* *"No Iraque, medo e murmúrios no topo"* (22 de dezembro de 2002), por John F. Burns, no <u>New York Times</u>.

O dinar tem se comportado de maneira muito estranha nas últimas semanas. Está flutuando entre 2200 e 2300. Ontem à noite, quando fui trocar meus dinares suados por dólares, estava 2285, e o negociante esperava que ainda aumentasse um pouco. Muitas das lojas de atacado das ruas Alshorja e Kifah param de comprar e vender no momento em que o dinar enlouquece, o que acontece com bastante freqüência. Fui comprar um monitor novo para o computador (queimou um fusível do velho, a eletricidade voltou num único golpe — fez um *zzzzttt-ppftfttt!* e morreu) e o vendedor precisou checar o valor do dólar antes de me vender pelo equivalente a 140 dólares. A coisa está chegando a esse ponto.

Burns sugere uma razão:

> [...] alguém de uma alta posição no governo teria despejado dinares no mercado para comprar dezenas de milhares de dólares em poucas horas.

Muito provável, mas há uma outra razão: ninguém quer manter em mãos dinares iraquianos, que mais cedo ou mais tarde perderão todo o valor. Preços de terrenos e carros subiram muito rapidamente, quase dobrando em curtos espaços de tempo, especialmente o preço de lotes vazios dentro dos limites de Bagdá. Empréstimos para investimentos com taxas de juros lá embaixo estão sendo ignorados. Ninguém quer ter dinheiro flutuando por aí. E tire o ouro dos cofres também. Alguns de vocês conhecem o significado da palavra *Farhud* em árabe. Se uma bomba atingir um banco, ele será *farhudado*...

Estou me desviando do assunto. A questão não é apenas altos oficiais do governo comprando dólares loucamente para tirá-los do mercado. Todo mundo está fazendo isso.

Falando em dinheiro, há uma questão muito urgente. O que vamos fazer com todas as cédulas? Todas carregam o rosto de Saddam estampado. Da inválida nota de 25 dinares à recentemente impressa nota de 10 mil dinares.

Mais do artigo:

> No mês passado, as asas de Uday foram cortadas quando o governo suspendeu seu jornal, depois que ele publicou artigos que pareciam expor incompetência e corrupção no governo.

O jornal está sendo impresso novamente. Há dois dias, entrei no escritório e o encontrei sobre a minha mesa — impresso com a mesma tinta, barata e borrada. Talvez você pensasse que o filho do Saddam usaria material de qualidade.

> Se alguém, além do próprio Saddam, assemelha-se a um totem perfeito de tudo o que é passado, é Uday. Todavia, sua postura agora é a de se apresentar como aquele a quem os iraquianos podem procurar, caso queiram um homem mais moderno para liderá-los para fora do beco sem saída a que foram conduzidos por seu pai.

Perdão? Que postura? Todos, com exceção de seus "amigos" mais próximos, sabem que ele é um monstro doentio. Ele já tinha se conduzido a um beco sem saída muito antes de seu pai. Famílias retiram-se silenciosamente quando ele entra em um restaurante, porque ele é conhecido por enviar algum de seus "rapazes" para trazer as mulheres sentadas próximas a sua mesa, para "fazer-lhe companhia". As pessoas o odeiam, tanto quanto temem seu pai. Ninguém quer que ele nos lidere a lugar nenhum. Não faz sentido escrever uma coisa dessas.

Mas enfim, como é uma temporada de alegria, aqui vai uma historinha divertida sobre Uday.

No início dos anos 80, o Clube de Caça Iraquiano construiu uma nova piscina coberta. Bem grande, tecnologia de ponta. Eles decidiram fazer uma festa para anunciar sua inauguração. Um belo evento de classe. Por volta das onze, Uday surge com seu séquito, vestindo um terno branco e chapéu — ainda fazem calendários com uma foto dele naquele luxo todo, mas sem o chapéu. Ele toma alguns drinks, e então decide que a festa está chata. Para animar um pouco as coisas, ele ordena que todos pulem dentro da piscina e solta seus cães (ou seja, seus guarda-costas) para empurrarem as pessoas na água. Dá uma boa risada e vai embora. Um cara divertido, né?

:: **salam** 1:40 PM [+] ::

SEXTA-FEIRA, 27 DE DEZEMBRO DE 2002

Hmmm, ele está me ignorando?

:: **raed** 12:23 AM [+] ::

Não-não-não, Wallahi, não estou ignorando você. Te liguei na quinta, por volta das onze e meia da manhã — três vezes. Deixei tocando, mas você não atendeu. Eu sei que você sabe que é uma ligação de Bagdá, então por que não atendeu? Eu não tinha nada para fazer, e achei que podíamos papear um pouco. Como não encontrei você, liguei para o seu irmão e conversei com ele.

:: **salam** 11:49 PM [+] ::

SÁBADO, 28 DE DEZEMBRO DE 2002

Palavra do dia: "*Dessaddamização*".

Como vista na página 34 do relatório "Princípios orientadores para a política pós-conflito no Iraque", publicado pelo Conselho das Relações Exteriores (CFR).

Se você não está a fim de ler o relatório inteiro, dê uma espiada apenas nas últimas três páginas. A "abordagem de três fases" que o documento propõe está destacada em um gráfico.

Há outro artigo interessante nesse site: "Reconstrução: uma lista de conferência para aspirantes a construtores da nação em Bagdá após a queda de Saddam". Ele dá a essência das 35 páginas do documento. Partes dele parecem a lista de recomendações que a minha mãe daria à minha babá:

Vá devagar, mas com firmeza, em direção à democracia. Fortaleça laços que unem. Preocupe-se com os vizinhos.*

:: **salam** 1:04 PM [+] ::

DOMINGO, 29 DE DEZEMBRO DE 2002

Há uma semana, Jonathan (The Head Heeb) postou um comentário sobre a minha carta para Raed, especificamente a respeito do meu sentimento de haver traído minha cultura. Na época, não quis escrever uma resposta, porque não queria dar início a outra série de quem? por quê? o quê? Já passei por isso antes (olá, Al).** Esperando que todos estejam ocupados demais com seus preparativos para as festas de ano-novo, pensei que conseguiria infiltrar uma resposta e torcer para que ninguém perceba, até que seja tarde demais.

Você diz: "É mais fácil conversar com pessoas que partilham as mesmas origens e concepções, mas é mais recompensador compreender o resto do mundo, e ser compreendido em troca".***

Acredite, eu sei disso. Tive recompensas imensas. Minha vida não foi apenas enriquecida por tudo a que fui exposto, mas também muito transformada. Nos comentários, você escreveu "eu quero saber mais sobre as novelas de televisão egípcias também. É egoísmo de minha parte, mas quero ser convidado para a festa". Não acho que seja egoísmo. Esta também é a razão pela qual leio weblogs, até mesmo aqueles que são muito pessoais. É uma espiada em um mundo que eu posso nunca ter visto antes e em geral, como você diz, é muito recompensador.

---

* *Idem.*

** *Al, do Culpepper Log.*

*** *Do site The Head Heeb.*

O sentimento de traição vem de outro lugar. Houve um tempo em que eu pensava que uma das melhores coisas que me aconteceram foi não ter sido "enraizado" em lugar nenhum. Sentia que poderia me sentir em casa onde quer que estivesse. Cultura, no sentido da minha herança cultural, não era algo que eu pudesse trair, porque não era parte do modo como eu via a mim mesmo.

Mas isso mudou. Hoje sou obrigado a me identificar com algo em que não acredito plenamente. Eles vêem um nome, um passaporte, e sou agregado a pessoas e coisas às quais penso não pertencer. Na verdade, quando reflito a respeito, as coisas não mudaram de um dia para o outro: provavelmente estive enganando a mim mesmo, ou tenho sido um bom camaleão. Portanto, em vez de discutir com qualquer um, eu decidi parar de lutar contra isso. É o que eu sou, afinal de contas — bem, até certo ponto. O problema é que descobri que meu cérebro necessitava de um verdadeiro recabeamento; tenho grandes lacunas em branco, e discordo de muita coisa. O que me deixa no limbo. É disso que o sentimento de traição surge. Não consigo me conectar completamente, por mais que eu tente. Se compreendo as letras que Um Kalthum canta (vejo que você usou a pronúncia egípcia "Kolsoum"), não consigo citar os poetas clássicos (cujos poemas ela canta), como fazem os meus primos.

Mais uma coisa: Obrigado, Ikram, pelas suas <u>palavras carinhosas</u> e sua compreensão. Para usar um americanismo: *you just, like, totally get it*. Obrigado.

A parte sobre os blogs em farsi foi bem na mosca.*

:: **salam** 3:14 PM [+] ::

---

* Ikram disse: "Salam expressou sua inveja da comunidade de blogs persas. Iranianos criaram seu próprio espaço, no idioma farsi, e não precisam ‹representar a sua raça›. Um blogueiro farsi pode escrever sobre animes (*frex*) num contexto completamente iraniano, e não responder a perguntas ou sequer pensar sobre como os americanos enxergam politicamente seu blog sobre animes. Então, se você aceita que é isso o que Salam deseja, por que ele simplesmente não pára de choramingar e o faz? Por que não blogar em árabe, escrever sobre novelas egípcias, e ignorar os americanos? Por que não criar seu próprio 'espaço', onde ele poderá ser igual aos outros?".

Um comboio de ativistas antiguerra, provavelmente incluindo dezenas de voluntários britânicos, deixará Londres no mês que vem para atuar como escudo humano, protegendo pontos estratégicos no Iraque.*

Oh, por favor, de novo, não.

"Essas pessoas serão distribuídas em instalações vitais e estratégicas, por todas as regiões do Iraque", disse Saad Qasim Hammoudi, um oficial do partido dominante Baath.**

Vocês estão apenas brincando nas mãos deles. Eu teria entendido se eles estivessem preparando ajuda humanitária — remédios, comida, unidades móveis de tratamento médico, qualquer coisa, menos ser um escudo humano.

"Ninguém é ingênuo o suficiente para acreditar que uma superpotência como os Estados Unidos deixará de bombardear o Iraque porque há pacifistas por lá", disse Mary Trotochaud.***

Então por que estão vindo? Morrer não ajudará ninguém. Se vocês querem ajudar, estejam presentes nas fronteiras, onde se espera um grande número de refugiados. Eles estarão assustados, talvez feridos e precisando de ajuda. Ficar sentado dentro de uma estação de energia, torcendo para que ela não seja bombardeada, é besteira. Não temos energia suficiente neste momento. Não me importo se uma estação de energia já defunta for bombardeada. Aguarde na fronteira, com um pequeno gerador de energia e equipamento para tratar a água — isso é a verdadeira ajuda. Seus corações estão no lugar certo, e seu apoio é muito apreciado, mas não se pode abusar de seus esforços. Precisamos de vocês VIVOS.

:: salam 3:17 PM [+] ::

---

* "'Escudos humanos' se dirigem ao Iraque" (29 de dezembro de 2002), por Paul Harris, no The Observer.

** "Iraque apela a escudos humanos" (24 de dezembro de 2002), por Suzanne Goldenberg, no The Guardian.

*** Idem.

Preparando-se para uma guerra em larga escala, o ministro do Comércio iraquiano, Mohammed Mehdi Saleh, disse ontem que todos no Iraque devem ter um estoque de comida para três meses.*

Ataque de pânico? Bem, não exatamente. Começamos a estocar muito antes de o ministro do Comércio nos aconselhar a fazê-lo. Os preços de qualquer coisa estocável, ou usada para estocar, aumentaram por causa disso. O leite em pó duplicou, a água engarrafada praticamente desapareceu e o preço de um barril de plástico de quarenta litros subiu de 5 mil para 12 mil dinares (isso eu me arrependo de não ter comprado um mês atrás). O que me assusta é o ministro do Comércio ter falado sobre isso. Eles não costumam ser tão francos.

:: salam 3:22 PM [+] ::

SEGUNDA-FEIRA, 30 DE DEZEMBRO DE 2002

Bem... gostaria de anunciar... com prazer... o lançamento da "versão beta" de nosso modelo em árabe! Obrigado, senhoras e senhores, e Salams...

:: raed 6:57 AM [+] ::

[SALAM]: Faça o seguinte: escreva o que quiser em árabe, que eu anexarei uma tradução. *Ahlan ahlan*, fez o meu dia.

:: salam 7:02 AM [+] ::

---

* "Saddam prepara o Iraque para guerra total: civis estocam comida enquanto exército brinca de jogos de guerra" (27 de dezembro de 2002), por Ewan McAskill, no Guardian.

Papai Noel!!

O ministro iraquiano do Comércio, Mohammed Mehdi Saleh, anunciou ontem que o Iraque assinou contratos com a Peugeot francesa e com a Volkswagen alemã para adquirir 10 mil carros, a serem distribuídos para a população iraquiana.

Minha sugestão é de que adicionemos 2500 Ladas russos; 500 mil relógios infantis chineses; 2500 carros SsangYong [*Salam: coreanos?*]; dez toneladas de especiarias da Índia e dez do Paquistão... e quem mais precisa de um presente de Natal??? E dez toneladas de café do Brasil — não queremos que o fiasco dos carros se repita.

[SALAM]: Leitores de fora do Iraque não entenderão a referência aos carros brasileiros. No início dos anos 80, a Companhia Estatal Iraquiana de carros importou milhares e milhares de VW Passat fabricados no Brasil (correu o rumor de que isso foi parte de uma cláusula numa transação de armas, ou algo assim, quem sabe?). Esse carro era muito barato, era o segundo ou terceiro carro na casa de todo mundo. Seu filho travesso quer um carro? Compre um Brazili (que significa "brasileiro") para ele. O problema é que esse era o pior carro que alguém pode imaginar. Não era adaptado ao calor do verão iraquiano, e quebrava de maneira espetacular. O lote seguinte foi um pouco melhor, mas ainda assim imprestável. Até hoje, é o carro mais acessível e comum do Iraque. Está tão arraigado no modo iraquiano de ser que nos anos 80 fizeram canções a seu respeito. Mas ainda assim, é um traste.

:: **raed** 7:56 AM [+] ::

Olhem este artigo no website do *New York Times*.*

---

* "Em Bagdá, há pouco romance na música à luz de velas", por Neil MacFarquhar, 26 de dezembro de 2002: "Os músicos da Orquestra Sinfônica Nacional do Iraque, em elegantes ternos pretos ou longas saias pretas, estavam se acomodando nos seus assentos na noite final de sua semana de concertos de Natal, quando a eletricidade falhou e o átrio de apresentações mergulhou na escuridão".

Se não fosse tão triste, seria lindo. A eletricidade caiu na semana de concertos de Natal apresentados pela Orquestra Sinfônica Nacional do Iraque. A última vez em que fui assisti-los foi quando ainda estavam tocando uma vez por mês no Teatro Rasheed. Agora eles tocam no Ribat Hall. Todo mundo ficou triste quando eles foram removidos do Rasheed, porque o Ribat é apenas uma ruína abandonada com péssima acústica. Eles soaram depressivos então, e eu parei de ir. O Teatro Rasheed, depois que o Centro Cultural Francês parou de usá-lo para apresentações de filmes e artistas franceses, foi alugado por um grupo de teatro "comercial" que prefere comédias vulgares idiotas.

:: salam 11:50 PM [+] ::

JANEIRO DE 2003

SEXTA-FEIRA, 3 DE JANEIRO DE 2003

Querido Raed,

Sei que você não terá, provavelmente, condições de ler isso hoje. Espero que, no momento em que as tiver, sua tia esteja fora da UTI e em boa saúde. Não se entregue. Sua mãe me contou que você brigou com H. antes. Não faça isso por telefone. Estou certo de que ela ama você, e qualquer coisa que vocês tenham dito deveu-se ao enorme estresse pelo qual estão passando, considerando as circunstâncias.

Também quero lhe agradecer por ter sido tão imprevisível, aparecendo em Bagdá no dia 31. Quem sabe esta não foi a última vez em que nos vemos por um tempo. Estou muito feliz por você ter vindo. Sabe, eu descobri, checando por aí, que um bom número de amigos e parentes nossos estão com convidados de fora passando o Natal aqui em Bagdá. Zaid está especialmente feliz com a visita de seu amigo (você sabe, aquele que ele vive dizendo que é o único amigo verdadeiro que ele já teve — acho que éramos secundários). O quê? Todo mundo está dizendo adeus? É como estar no *Titanic* e saber o que vai acontecer. Então, todo mundo, parem com os beijos e abraços — eu não vou morrer, diabo.

:: salam 10:59 PM [+] ::

SÁBADO, 4 DE JANEIRO DE 2003

Sempre quis saber como eram aqueles folhetos que os americanos estão despejando no sul do Iraque. Um amigo meu contou que o folheto que ele viu parecia na cor e no tamanho com uma nota de cem dólares (li em algum lugar que eles jogaram folhetos "impressos em verde").

Perfeito. Posso imaginar as pessoas correndo por aí e catando folhetos caídos do céu. Dinheiro do paraíso. Gostaria de conhecer alguém que more por lá, para pedir que me trouxesse um deles.

Os últimos, hmm, despejos (desculpe, essa foi cretina) não eram grande coisa, aparentemente. A CNN.com tem um deles em seu site. Dê uma olhada. Exijo um projeto gráfico melhor. Isso parece um anúncio de um rádio para crianças. Eu adoraria se eles tivessem o The Designers Republic como consultores gráficos. Isso transformaria estes folhetos em verdadeiras peças de colecionador.

Pô, agora vocês estão inaugurando um Eixo do Mau Gosto?

:: salam 2:00 PM [+] ::

SEGUNDA-FEIRA, 6 DE JANEIRO DE 2003

Hoje não foi apenas feriado (o 82º aniversário das Forças Armadas Iraquianas), mas também o dia mais ensolarado que tivemos por um bom tempo. E como eu passo esse dia? Encomendando e organizando os "suprimentos de emergência" no depósito do andar de cima. Agora que o ministro iraquiano do Comércio avisou para estocarmos mantimentos, ninguém mais tem medo de ser acusado de desequilibrado ou paranóico.

Depois de passar algumas horas pondo ordem na bagunça, concluo que temos açúcar demais e detergente de menos. De volta à loja. Rapaz, aquele comerciante está fazendo fortuna com os pedidos que está recebendo. Me pergunto se o ministro do Comércio não deu aquele aviso apenas para esvaziar seus armazéns lotados. Porque se a guerra não acontecer, vou despejar tudo o que comprei na frente da casa dele, e exigir que compre de volta. Imediatamente.

E em outra demonstração inédita de cuidado com a população, o governo começou a cavar poços d'água em diversas áreas residenciais, para o caso de falta d'água. Nas escolas, próximo a quarteirões do Partido e outros locais controláveis. Estou pressionando para termos nosso próprio poço na residência dos Pax, mas meu pai acha que fiquei louco. Não é caro, e eles apenas perfuram um buraco com o diâmetro de um CD, até trinta metros de profundidade, e pronto! Você tem água. Não é potável, claro, mas ainda assim é água. Quem vai quebrar as costas carregando água do poço mais próximo sou eu. (Na verdade, entendo a posição do meu pai. Isso *é* paranóico e maluco. Esqueça o poço.)

Eles também telefonaram para os centros de distribuição de comida, pedindo que fossem coletar as rações para maio, o que significa que receberemos três meses de comida em fevereiro. Agora tenho certeza, tudo o que eles querem é esvaziar os depósitos.

Em torno das onze da manhã, fiz uma pausa para assistir ao discurso. A primeira transmissão é sempre às onze, e eles a repetem a cada duas horas em seguida. Foi saddamês usual:

> Se alguém tentar intimidá-los, povo do Iraque, afastem-no e digam-lhe que não passa de um anãozinho, enquanto nós pertencemos a uma nação de Fé gloriosa, uma grande nação e um povo antigo que, através de sua civilização, ensinou à raça humana como um todo o que o homem ainda não conhecia.

O presidente nunca foi um grande orador. Se você está procurando grandeza, precisa escutar Mubarak. Mas desta vez Saddam nem ao menos gritou as partes assustadoras pra cima da gente. Apenas a escola "gu-gu-dá-dá" de oratória. Nada de fogo. Isso faz pensar. Por que não podemos ter um ditador que nos queimasse com o calor de suas palavras? Faça-me acreditar no que você diz pelo menos durante os vinte minutos em que aparece na TV. Nem isso. *Suspiro*

E o negócio é muito editado. Nada mau, esquema de transição de câmeras, mas do tipo "peraí-vamos-repetir-isso". Cortes no meio de frases. Provavelmente não significa nada, mas distrai.

Houve um único momento de inspiração, próximo ao final do discurso. Saddam olha direto para a câmera (no resto do discurso ele fica olhando para baixo e para cima, do papel para a câmera) e diz:

> O inimigo deverá se lembrar do fim terrível a que chegaram todos os impérios que cometeram agressões contra nosso povo e nossa nação no passado.

Com longas pausas entre as palavras. Drama puro. Adorei. *"Al maseer... al mashu'um... li kul... al imbiratoriat... alti aatadat ala umatina."*

OK, não faz sentido, e eu não faço idéia do que ele está falando. Que "fim terrível"? Todos os "agressores" vieram e se foram com muita facilidade, de Hulagu Khan aos britânicos. Mas ele me meteu um puta medo.

:: **salam** 11:12 PM [+] ::

TERÇA-FEIRA, 7 DE JANEIRO DE 2003

Eu estava procurando um esquema de enquetes online para fazer a seguinte pergunta: "Quando você acha que AQUILO vai acontecer?".

Alguma pessoas têm me enviado e-mails dizendo que pode ser qualquer dia destes, e que devo tomar cuidado. E eu também concordei com a idéia de que a merda proverbial atingirá o ventilador proverbial lá pelo dia 3 ou 4 de fevereiro — mas tenho uma nova teoria. Só a deixei escapar porque a casa dos Pax é religiosamente alheia a ela.

Logo será época do Haj. A menos que os Estados Unidos queiram alguns milhões de peregrinos no Reino da Arábia Saudita quando iniciarem a ação militar, nada vai acontecer até o término do Eid al Adha, o que deve ocorrer por volta do dia 12 de fevereiro. Além disso, temos *al-ash hur al-hurum* agora (leitores muçulmanos, me ajudem aqui), são três meses durante os quais lutar é *haram* (pecado).

Mas se Bush fosse o dr. Mal, ele começaria a guerra durante o Haj e incentivaria os muçulmanos ao redor do globo a cometer algum ultraje. Sacaria as suas armas de destruição em massa, apontaria para Meca e — crás, bum, tchauzinho, islã! Dando início à Terceira Guerra Mundial. Mas Bush não é o dr. Mal, e eu sou um bolo de frutas com fotos de limões gigantes em seu weblog.

O Google não é adorável? Aqui está a enquete. Todo mundo, mãos ao mouse.

Frankie diz "guerra". Então... o que você acha?

- Primeira semana de fevereiro... Com ou sem Haj, vai tudo abaixo.
- Segunda metade de fevereiro. É mais quente.
- Não acontecerá até março/abril.
- Não... não até o próximo outono, assim fica mais perto das eleições.
- O quê? Você tem sede de sangue? Não haverá guerra.

Dê seu voto!

:: salam 12:40 PM [+] ::

DOMINGO, 12 DE JANEIRO DE 2003

A tristeza nunca é singular. Vem sempre em múltiplos.

A tia de Raed faleceu ontem. Ela precisou ser submetida a duas operações no coração em quatro dias, e esteve em tratamento intensivo desde o início deste ano. Raed costumava brincar que ela, com seu coração frágil, era a única pessoa de sua família ainda interessada em ação política na Jordânia. Me lembro dela falando sobre manifestações e protestos durante os eventos ocorridos na Palestina em janeiro passado, enquanto o governo jordaniano ameaçava usar a força caso os manifestantes se aproximassem das embaixadas israelense e norte-americana.

Todos na família lhe diziam, em tom de brincadeira, que se um oficial apenas chegasse perto, ela acabaria retornando para casa com ferimentos múltiplos.

Raed, não consigo entrar em contato com você. Seu telefone celular esteve desligado por dias e você não responde os meus e-mails. Gostaria de estar aí com você.

Hoje um colega de trabalho veio aqui em casa e nos contou que seu filho morreu, esta manhã, de hemorragia cerebral. Ele é um dos engenheiros veteranos. Seu filho é dois anos mais novo que eu. Ele não é iraquiano, e por causa disso a papelada necessária para enviá-lo para fora do país é surreal. É impossível explicar isso a um pai em luto. Fiquei ao seu lado por algumas horas, enquanto outros tentavam descobrir um jeito de levar a família à Jordânia o mais rápido possível. A mãe não quer permanecer no Iraque, o que é compreensível.

Nunca há uma resposta apropriada quando alguém lhe conta sobre a morte de um ser amado ou de um membro da família. Eu gaguejo e tropeço em respostas formais que, no fundo, não significam nada.

Meu coração e pensamento estão com você, Raed, e com a sua avó, que é a mais forte entre vocês. Se ela conseguiu agüentar tudo o que a família passou antes, você também conseguirá.

:: **salam 9:40 AM [+]** ::

OK, saíram os resultados:

- Primeira semana de fevereiro... Com ou sem Haj, vai tudo abaixo. (29)
- Segunda metade de fevereiro. É mais quente. (30)
- Não acontecerá até março/abril. (14)
- Não... não até o próximo outono, assim fica mais perto das eleições. (9)
- O quê? Você tem sede de sangue? Não haverá guerra. (9)

Bem, que seja fevereiro então. Gostaria que vocês tivessem decidido sobre qual parte de fevereiro. Ficar escondido embaixo da cama por um mês inteiro, sem que nada aconteça, não será divertido.

Eu ainda acho que eles vão esperar até o término do Haj e do Eid. O último avião a sair de Meca cheio de peregrinos cobertos por lenços brancos será sucedido pelo primeiro avião despejando folhetos dizendo "Procurem proteção — Bum!".

:: **salam** 11:52 PM [+] ::

A bruxa está solta no provedor de acesso iraquiano. O servidor de e-mails permanece desconectado há três dias até agora. Não faço idéia do que está acontecendo, não uso aquela conta de e-mail. Ouvi um rumor, mas confio pouco no provedor de acesso. O servidor sempre cai. Mas obtive confirmação de alguém que de fato usa aquele e-mail.

Três dias atrás, um e-mail foi enviado a todos os usuários. Não o vi, mas o amigo que o recebeu diz que trazia um apelo aos iraquianos para que dessem informações sobre armas estocadas em suas casas, para que não oferecessem nenhuma resistência na eventualidade de um ataque, e para que não apoiassem o governo iraquiano. Estava escrito em árabe, e não trazia nenhum endereço para o qual a informação pudesse ser remetida. A mensagem foi enviada à meia-noite; quinze minutos depois o servidor de e-mail estava fora do ar, e ainda está.

Imagino que todas as caixas de mensagens estejam sendo deletadas, agora. Mas o que eles vão fazer com as pessoas que chegaram a baixar suas mensagens?

Estou tentando encontrar alguém que tenha o e-mail, mas não tenha medo de admitir que não o deletou.

ATUALIZAÇÃO: Bem, o *Washington Post* sabe: "Governo dos Estados Unidos inicia campanha por e-mail para iraquianos-chave". O ABC Online também: "Estados Unidos enviam e-mail anti-Saddam a iraquianos". O título do artigo no *Washington Post* não está muito correto. Meu amigo não é um "iraquiano-chave", seja lá o que isso queira dizer. Qualquer um que baixou seus e-mails por volta da meia-noite recebeu a mensagem.

AUTORIDADES BLOQUEIAM SERVIÇO DE E-MAIL
> Os iraquianos começaram a receber os e-mails na semana passada, disseram visitantes no Iraque. O serviço de mensagens controlado pelo Estado está disponível apenas a um pequeno número de iraquianos, na sua maioria oficiais do governo, servidores públicos veteranos, acadêmicos e cientistas.

Isso também não está muito correto. Tudo aquilo de que você precisa é uma carteira de identidade, uma linha telefônica e dinheiro. É o dinheiro que impede as pessoas de obter o serviço de e-mail. E também o fato de o Iraque não ser uma terra muito letrada em computadores. A importação de computadores está banida pelo comitê de sanções. Compramos equipamento contrabandeado, que é mais caro. As pessoas mencionadas no artigo recebem o serviço de graça; é isso que deveria ter sido dito. Mas enquanto eles recebem de graça, nós pagamos com uma perna e um braço.

> As autoridades iraquianas bloquearam o serviço de e-mail, numa aparente tentativa de impedir que as mensagens se espalhem dentro do país, disseram visitantes.

Tarde demais para isso. O sussurro já se transformou em burburinho. As pessoas estão falando. Todos querem saber como é o tal e-mail.

Acho que o serviço de internet será cortado em breve. Veremos. Imagino se o próximo passo neste jogo internético será hackear alguns sites oficiais iraquianos. Não é a guerra do futuro?

Se você telefonar agora para a estatal responsável pelo provedor de acesso, eles dirão que o servidor está fora do ar para manutenção. Sinto muito pelos administradores da rede. Eles provavelmente estão comendo o próprio saco frito no almoço, agora. O que eles poderiam ter feito?

A internet está disponível no Iraque, mas muitos sites estão inacessíveis e todos os servidores de e-mail estrangeiros estão bloqueados.*

Precisamos ter uma conversa sobre isso. O pessoal da Reuters não sabe porcaria nenhuma sobre a internet no Iraque. Ou, quem sabe, apenas fomos alvos do spam de um spammer entediado. Adnan também acredita que recebemos spam.

Talvez, um dia, poderemos até medir as tensões globais pela quantidade de lixo eletrônico com motivações políticas que circula por aí.

Spam político. Alguém deveria pensar num nome pra isso.

:: **salam** 12:27 PM [+] ::

SEGUNDA-FEIRA, 13 DE JANEIRO DE 2003

A Daman Asset Management lançou um novo produto de investimentos – *Fundo Daman de Oportunidades no Iraque* – visando fornecer aos investidores a oportunidade de participar da reintegração e reconstrução internacional do Iraque.**

Bem, isso tinha que acontecer.

O fundo, com duração de cinco anos e podendo ser estendido por outros cinco, tem certeza de poder oferecer um retorno agressivo em dividendos.

Então, o que estão esperando? E é seguro. O fundo retornará os investimentos aos respectivos investidores com taxa de juros bancária.

:: **salam** 12:25 PM [+] ::

---

* *The Washington Post*.

** <gulf-news.com>

Encontrei isto no indymedia.org:

Os inspetores vieram e procuraram,
E procuraram, e procuraram, e procuraram, e procuraram.
Procuraram no alto, embaixo procuraram,
Em todos os lugares aonde chegaram.
Fuçaram em cada buraco e rachadura,
Nas gavetas e armários, sacolas, fechaduras.
Não encontraram nada no cemitério
Nem mesmo no meu abrigo antiaéreo.
Nada adiantou saírem à caça
Das tais armas de destruição em massa...
E AINDA ASSIM não param de me encher!
Eu fiz tudo o que podia fazer.
O resto, querido Bush, é contigo.
Por favor não se zangue, velho amigo.
Não precisamos de uma guerra.
Quero a paz de volta a esta terra.
Quando seu pai e Reagan cantavam minha glória
Eu era seu fiel aliado nesta história.
Por que não podemos ser amigos de novo?
Vamos deixar a poeira baixar
(Meus cumprimentos ao seu querido pai).

:: **salam 1:32 PM** [+] ::

QUARTA-FEIRA, 15 DE JANEIRO DE 2003

Já que meu disfarce foi descoberto pelo Unqualified Offerings, só me resta desistir logo e revelar minha verdadeira missão: estou aqui para fazer uma lavagem cerebral em vocês e conseguir que se filiem ao Partido.

Tenho certeza de que você está imaginando qual é o significado de Baath, e se o ingresso no Partido envolve cerimônias conjuntas de batismo. O nome do Partido, em árabe, é Hizb al-Baa — aqui você emite um som de sufocamento — th al-Arabi, que significa Partido da Ressurreição Árabe. No sentido da ressurreição de uma nação árabe unida, blá-blá-blá. Legal, né?

Portanto, o que está esperando? Eu disse FILIE-SE!

Não venha atrás de mim quando seus documentos de alistamento chegarem e você for enviado para Damasco, em vez de Bagdá. Você deveria ter confirmado se era o Baath iraquiano ou o sírio antes de assinar os papéis.

:: salam 8:29 PM [+] ::

Estou tão entusiasmado com o que escutei no rádio esta manhã que não consigo parar de sorrir. Pela primeira vez, o governo iraquiano reconhece que a população não é um rebanho de ovelhas cegas.

Numa resposta não tão direta ao "ataque" por e-mail da última sexta à noite e às transmissões radiofônicas subversivas realizadas no sul (falando nisso, o servidor de e-mail voltou a funcionar na noite passada, todos recebemos um arquivo de texto de 200kb tratando de novos nomes de usuário e essas coisas), o governo está transmitindo uma espécie de pronunciamento público.

Quase me engasguei com o meu chá quando o escutei, durante o café-da-manhã.

É montado como um diálogo entre dois homens falando no dialeto de Bagdá. Um deles pergunta ao outro se ele esteve escutando o noticiário, e se sabe "*Shaku? Maku?*" ["O que está acontecendo? O que não está acontecendo?"]. Num formato de perguntas e respostas, o outro começa a "explicar" a natureza da cobertura jornalística hostil e nada amigável: sobre como não devemos dar atenção a essas coisas, porque tudo o que eles querem é influenciá-lo e minar a sua confiança; sobre como tudo o que escutamos é parte de uma guerra psicológica.

"Mas o que eles não sabem", diz o mais inteligente, "é que temos personalidade forte e essas coisas não nos enganam."

É bem comprido. Preciso escutar de novo, para lembrar tudo o que foi dito.

Os e-mails, transmissões e folhetos não são mencionados explicitamente, mas isso é claramente uma resposta a eles. O que merece destaque é que nunca, nem uma vez, Saddam é citado. Eles usam *nahnu* ("nós, o povo"), *al-wattan* ("a nação") e apenas uma vez, bem no fim, o inteligente usa "liderança". Muito hábil. É propaganda, mas não é carregada de saddamês típico. É realmente a melhor peça de propaganda que já fizeram.

A certa altura, o "confuso" pergunta ao "inteligente" sobre a guerra. A resposta é evasiva. Ele diz que não importa se as coisas "esquentarão ou esfriarão", não devemos ouvir as notícias hostis e acreditar nelas. Bom, acho que isso significa que retirarei o *New York Times* dos meus favoritos, então. Sou um bom cidadão, você sabe.

Você não pode acreditar o quanto esses cinco ou seis minutos me deixaram eufórico. Eles reconheceram uma situação de crise. Eles nunca tinham feito isso. E não são discursos direcionados aos políticos de fora, mas ao povo, de uma maneira simples, como uma história. É inédito. Vou celebrar isso deixando de clicar em meus links de notícias e assistindo apenas à TV iraquiana.

Bem... pelas próximas cinco horas, ao menos.

Sobre links:

Estive recebendo uma boa quantidade de links amorosos que vêm de um negócio chamado Sensible Erection [Ereção Sensível]. Recebo uma tela de ACESSO NEGADO quando tento abrir a página. Apenas espero que o site tenha me escolhido como o urso mais sexy do Oriente Médio (link vergonhosamente roubado do blee bloo blar).

Falando em sites que não posso acessar:

<www.milkandcookies.com> — nome bonzinho, conteúdo picante?

E.I.V.O.C.Ê.E.U.S.E.I.O.N.D.E.V.O.C.Ê.M.O.R.A – O sr. zapeador-de-sites tem você na mira: ACESSO NEGADO.

:: **salam** 8:43 PM [+] ::

QUINTA-FEIRA, 21 DE JANEIRO DE 2003

Tempo ruim, muito ruim. Céu nublado, e necessidade de acender as luzes ao acordar porque o sol simplesmente se esqueceu de nascer, ou algo parecido. Estou furioso, e ter apenas Travis para escutar no trabalho também não está ajudando a melhorar meu humor. É impressionante como esses caras conseguem fazer tudo soar tão depressivo.

Um pequeno passeio pelo estado das coisas em Bagdá nos últimos dias.

Eletricidade: duas horas de blecaute a cada quatro horas. Meu primo está chamando isso de treinamento psicológico para tempos mais difíceis. Ele passa suas duas horas em completa privação sensorial, ou seja, sem rádio, luz ou TV. Apenas velas e o som da chuva. Enquanto isso, utilizo meu belo "conversor", que consiste basicamente em uma bateria de carro que recarrego toda vez que temos eletricidade — suficiente para a iluminação e uma TV pequena (por meia hora, para a bateria não esgotar rápido demais). E estou relendo *The ticket that exploded** pela terceira vez.

Internet: por alguma razão, o provedor de acesso não possui geradores de energia, ou algo assim, para os servidores, porque eles também caem durante os blecautes. Não sei, mas alguma coisa derruba as pessoas do servidor em certas áreas, num determinado horário, e não permite que elas reconectem até duas horas mais tarde, que é o prazo estipulado ultimamente para o corte de energia. E mais três províncias vão obter internet esta semana: Tamim, Anbar e Salah al-Deen. Bom surfe pornográfico a todos.

O dinar: o dólar ainda está acima de 2100 dinares iraquianos. Ontem à noite estava em 2275 dinares, e a demanda está aumentando devido às pessoas que participarão do Haj. O Banco Nacional Iraquiano reagiu de maneira maluca à queda do dinar. Toda manhã, era possível ver negociantes de dólar do mercado negro fazendo fila para receber os 1500 dólares que cada um pode trocar por dia. Em seguida, eles vendiam os dólares pelo preço inflacionado do mercado. Enriqueceu os doleiros, que são peixes grandes, mas não resolveu o problema.

As rações de comida: O modo como o ministro do Comércio vem entupindo as pessoas de rações de comida tem prejudicado o preço dos bens incluídos nas rações. Muitas famílias dependem da venda de parte de suas rações para apoiar suas rendas. O preço do trigo virou pó. Costumava ser possível trocar um quilo de trigo por sete pãezinhos, mas como o trigo ficou barato demais, agora os padeiros lhe dão apenas três pães. Com o leite em pó é a mesma coisa. E estivemos recebendo um sabão egípcio realmente horrendo. Tenho certeza de que não ousariam lavar seus pisos de azulejo com eles, com medo da corrosão, mas parece que são bons o suficiente para os iraquianos. Mais um mau negócio feito em nome da comida por petróleo, e mais um comerciante bem relacionado comprando um apartamento em Londres.

---

* De William S. Burroughs.

A fronteira da Jordânia: Agora há uma área especial na parte jordaniana da fronteira onde eles mantêm os "iraquianos indesejados", até que estes encontrem uma carona de volta para o país.

A melhor maneira de ir do Iraque à Jordânia (se você é iraquiano):

Pegue um avião — não use os ônibus, que são muito mais em conta. Sua chance de atravessar a fronteira aumenta se eles pensarem que você tem dinheiro.

Reserve uma passagem de volta, mesmo que você planeje ficar (ver acima).

Se você planeja voltar, use o ônibus na viagem de volta e desista da passagem de avião.

Tenha um visto para outro país, ou forneça um motivo convincente que o impeça de permanecer por mais de dez dias. Um papel assinado do seu local de trabalho, afirmando que se trata de uma viagem de negócios com duração de tantos dias, é uma boa.

Prepare-se para aguardar algumas horas numa sala junto com outras dez pessoas, até que o oficial esteja preparado para atendê-lo.

Boa sorte.

Como alternativa, vá para a Síria. Eles ainda mantêm as fronteiras abertas aos iraquianos — talvez não por muito tempo.

As inspeções: Ninguém estava prestando muita atenção, até que eles decidiram entrar naquelas casas no distrito de al-Ghazalia. Isso gerou comentários. Com ou sem documentos, toda a coisa é vista com desdém. Se eles repetirem isso mais algumas vezes, a desaprovação não virá apenas das "fontes oficiais". E também tem-se falado sobre as entrevistas fora do país. A idéia de levar sua família junto com você, caso seja entrevistado no exterior, não funciona. "Defina família para mim, por favor. Pais? Irmãos? Mulher e filhos? Tios, tias? O quê?" E o governo iraquiano sabe disso. A pressão sempre pode ser aplicada.

O tempo: Úmido e frio. Tem chovido bastante, e tivemos até mesmo granizo. Absolutamente nenhum sol.

Raed (Ele não está em Bagdá, caso vocês estejam se perguntando por que ele não está postando em árabe): Depois de ter sido o único que não perdeu o controle no funeral de sua tia — o qual, de acordo com nossos costumes de cultivo ao sofrimento, durou três dias para os homens e sete para as mulheres — Raed voltou com um grave resfriado, e tem um trabalho final de projeto pela frente também. Mas pelo menos ele começou a responder os meus e-mails.

Eu: *suspiro* Seja lá quem tenha inventado a expressão "entre parceiros", é um otimista desesperado. Poderei fazer minha tentativa aqui:

> Escravo obediente procura um mestre. Acompanha chicote e manual de instruções. Pode necessitar de alguma montagem. Se interessado, enviar e-mail para o nome de usuário acima. Sei cozinhar, e lavarei os pratos se "comandado" a fazê-lo.

Oh... e troquei de cerveja. Agora bebo Sanadul em vez de Farida. É um tanto desconcertante encontrar uma barata flutuando em uma garrafa de cerveja que você estava prestes a emborcar. Isso é o mais excitante que tem acontecido na minha vida, ultimamente.

:: **salam** 11: 56 AM [+] ::

QUINTA-FEIRA, 23 DE JANEIRO DE 2003

[RAED]: Pior, impossível.

[SALAM]: *Kefak 7ub.** Espero que você esteja se sentindo melhor. E como anda o seu trabalho final? O telefone foi cortado esses dias, bem quando eu pretendia te perguntar a respeito. Você

---

* *"Como vai, querido?"*

sabe que eu sou um pé-rapado. Você tem direito a um telefonema a cada duas semanas. A não ser que você comece a pagar minhas contas de telefone, é com essa freqüência que eu vou ligar.

A última novidade nos sites que não posso acessar são todos os sites do Livejournal. Espero que eles não cheguem ao Blogspot.* Apesar de que, se eles pegaram o livejournal, o blogger não pode estar tão longe. Cruzem os dedos.

:: **salam** 12:04 AM [+] ::

SEGUNDA-FEIRA, 27 DE JANEIRO DE 2003

Bem, alguém tem outras razões para vir a Bagdá:

"Rumo a Bagdá!
Eu quero mil ladrilhos, metade daquele azul, com o belo medalhão no meio, e metade daquele que tem a mãozinha.
Rumo a Bagdá!"**

Oba! Você é muito bem-vinda! Você vai fazer o pobre sujeito ganhar o dia, encomendando mil ladrilhos.

:: **salam** 11:13 AM [+] ::

QUINTA-FEIRA, 30 DE JANEIRO DE 2003

Jack, o mais novo membro do clube cale-a-boca-e-agradeça, tinha o seguinte a dizer, nos comentários do post abaixo:

---

* O site de Salam Pax é hospedado pelo Blogspot.

** Publicado por Diana no *Letter from Gotham*.

Pensei nisso. Onde estão os abrigos contra bombas? Dã, em prédios grandes ou do governo, com uma coordenada de GPS na lista de alguém. Não posso acreditar, lendo alguns dos artigos que você postou, que você não pense que seu governo não se importaria de usá-lo como um escudo. Apenas fique em casa. Você estará muito mais seguro. Quando alguém bater na sua porta e disser "Exército/fuzileiros navais americanos", pode sair. Acredite, seu bem-estar está no topo da nossa lista de preocupações. Nosso objetivo é ajudar todos a serem tão livres quanto nós. Pode parecer antiquado, mas é verdade. Sempre viemos como libertadores. Milhares de jovens americanos morreram ajudando outros a se tornarem livres. Com tudo o que têm a oferecer, vocês deveriam ter tanta paz e prosperidade quanto qualquer outro lugar. Quem sabe? As origens do homem, supostamente, vêm daí. Talvez possamos ter um novo começo aí, para mostrar ao resto do mundo como tudo deveria ser.

Querido Jack,

Dã pra você! Já que obviamente nunca esteve em Bagdá, você não é uma autoridade sobre a localização dos abrigos contra bombas. Esses abrigos, creio que cerca de trinta deles, foram construídos durante a guerra Irã-Iraque. Sim, alguns deles faziam parte de complexos militares, mas muitos foram construídos em bairros civis. Foram construídos numa época em que o governo concedia empréstimos enormes a pessoas que construíam abrigos em seu próprio quintal, e abrigos antibomba se tornaram parte do plano de construção de qualquer edifício público. Jack, a afirmação simplesmente não é correta.

Alguém foi capaz de provar que, na noite em que aquele abrigo foi usado como centro de operações militares, havia alguém importante presente além dos inevitáveis membros do Partido? Informação errada? Cagadas acontecem? Bem, você cagou em cima de mim, meu caro. Não espere que eu fique todo Ah!-Grande-América-nós-te-amamos. E o seu governo vai cagar mais um pouco em cima de mim. Como devo me sentir?

Não vou engolir nada desse papo de "os grandes libertadores ajudando outros a serem livres", porque não acredito que exista, em política, algo chamado altruísmo. Nada vem de mão beijada, e ninguém faz *nada* sem ter motivos pessoais. Portanto, se o seu governo vai à guerra, não é porque eles estão "ajudando os outros a serem livres", e sim por uma centena de outras razões, sendo que esta é apenas uma boa opção para enfiar na goela do público. E não, não vou dizer que é o petróleo, porque não é *apenas* o petróleo, embora seja um bom pequeno extra na mistura.

Acho que talvez você devesse ler este artigo no Perils of Victory (esse link veio indiretamente via Eve Tushnet* — ela lincou para o Looking on the Bright Side, que tinha o link para o Perils of Victory). Ele começa com uma citação de *O americano tranqüilo*, do Graham Greene: "Ele era incapaz de imaginar a dor e o perigo para si próprio, assim como era incapaz de imaginar a dor que podia causar aos outros". Ele também cita um embaixador árabe na ONU dizendo: "As conseqüências não serão imediatas. Você poderá ver soldados distribuindo chocolates nas ruas de Bagdá e sendo abraçados — durante três meses. E então a oposição ao novo poder colonial emergirá, e a qualquer outro cliente sendo imposto como líder dos iraquianos".**

Você faz parecer tão fácil. Você sabe que não é. Mas e daí? Depois de assistir ao vitorioso exército americano marchando pelas ruas de Bagdá, você vai simplesmente tirar da CNN e procurar algum outro programa.

---

* "Conservatism reborn in twisted sisterhood" [Conservadorismo renasce em irmandade pervertida].

** Diana, lembra de quando lhe escrevi a respeito daquele filme da Sophia Loren, com aquela cena? Olha, o sr. embaixador árabe assistiu aquele filme também. Isso, acima de tudo, é uma imagem que me perturba irracionalmente. Você alegou que o que eu disse não fazia sentido (e não fazia), mas a imagem ainda me incomoda. Há um modo de, pelo menos, dizer a eles para não distribuírem barras de chocolate Hershey ou qualquer coisa com recheio de marshmallow?

Jack, espero que você compreenda a minha visão. Nós simplesmente não confiamos nas motivações do seu governo. E se esse governo vai à guerra com o Iraque, não somos ingênuos o suficiente para achar que eles estão fazendo isso para espalhar a paz e o amor. Nem sequer tenho certeza de que paz e amor estarão entre os efeitos colaterais desta guerra.

Estive dando uma olhada nos comentários. Russil, estou citando você aqui: "Mas os americanos não deveriam dizer que estão indo à guerra por razões humanitárias. Como você pode perceber, isso apenas irrita as pessoas".

Obrigado. Sempre me disseram para ir direto ao ponto e não ficar andando em círculos. Esse era o meu ponto.

:: **salam** 4:55 PM [+] ::

Todo mundo recebeu um e-mail do provedor de acesso iraquiano, dizendo que os serviços de e-mail e internet estarão irregulares e poderão ser cortados por longos períodos nas próximas 48 horas.

"Manutenção e aprimoramento do serviço" — talvez isso devesse ser traduzido para "apertando os parafusos do *firewall*",* ou quem sabe eles só estão apanhando do tal vírus SQL-Slammer. O jornal do Uday publicou algo a respeito hoje, na última página. De qualquer modo, postar tornou-se um exercício de paciência.

Eu não assisto TV o suficiente. Só para não ser acusado de prejudicar a média diária de TV dos iraquianos, passei boa parte dos dois últimos dias assistindo a canais de TV iraquianos. Ótimo entretenimento. Saddam aparece quase todo dia na TV, para provar que é um cara maneiro. Ele traz uma série de oficiais e lhes faz perguntas, que ele mesmo responde. Ele

---

* *Firewall: software de proteção que impede conexões não desejadas com outros computadores.* (N. do E.)

chegou a dizer que o Ocidente provavelmente pensa que ele não tem conseguido dormir à noite, e precisa tomar remédio para dormir. Bem, vocês estão enganados. Ele dorme muito bem todas as noites, porque sabe que o povo "está feliz e satisfeito". Bem, isso explica o que estou sentindo. Portanto, nada de calmantes para Saddam — talvez ele possa me ceder os que possui. E para provar como está relaxado, ele serve chá, café e doces para os oficiais, e bebe junto com eles (*engasgo*). Claro, o café fica esperando até que ele diga algo assim: "Bem, bebam seus cafés, homens. Ninguém gosta de café frio". E como se tivesse sido ensaiado, todos levantam suas xicrinhas e bebem um golinho, num único movimento sincronizado. Foi uma cena hilariante.

Há também um programa chamado *Humat al Watan* [Guardiães da nação], que costumava passar só uma vez por semana. Agora passa todo dia, em torno das sete e meia da manhã. É o programa oficial do Ministério da Defesa, e entre os anúncios, para recrutar reservistas ou algo assim, somos brindados com cenas curtas mostrando governos ocidentais muito, mas muito malvados. (Eles não são exibidos no Iraq Satellite Channel, portanto vocês não podem assistir. Mas podem assistir à hora diária do Saddam.)

Últimas notícias sobre reservistas? Bem, se você nasceu entre 1951 e 1958, então está oficialmente liberado. Fim do serviço militar para vocês, garotos. E os caras premiados nasceram entre 1966-1971. Você é o próximo. Este é provavelmente o pior momento para fazer seu treinamento de reservista. A possibilidade de escapar destes dois meses com um suborno está descartada, porque Qusay* em pessoa está supervisionando o treinamento dos reservistas.

Enquanto isso:

Eu e a garota do Gotham estaremos jogando pingue-pongue de blogger.

---

* Qusay: filho mais novo de Saddam, morto pelas tropas dos Estados Unidos no dia 22 de julho de 2003.

Ela conseguiu um pouco.

Você não conseguiu nada.

:: **salam** 4:57 PM [+] ::

SEXTA-FEIRA, 31 DE JANEIRO DE 2003

Um passeio de carro em al-Mansour para comprar sanduíches, tarde da noite.

Dez novas trincheiras protegidas por sacos de areia foram avistadas no caminho. Apetite totalmente arruinado por pensamentos sobre quem irá usá-las e o que acontecerá nestas ruas.

Talvez uma expedição de exploração amanhã, para ver o que mais está sendo feito a Bagdá.

Estou com raiva ou medo. Não consigo decidir.

:: **salam** 4:16 AM [+] ::

Eu sabia. Eles fizeram algo com o firewall.

O blogger está acessível, mas recebo uma mensagem de SEU ACESSO FOI NEGADO para todos os sites do Blogspot.

Hora de tirar uma folga, e talvez procurar um novo lar para o blog. Diana saberá se eu postar novamente em algum outro local.

Obrigado, senhoras e senhores. Vocês têm sido uma audiência formidável.

Boa noite.

:: **salam** 4:07 PM [+] ::

FEVEREIRO DE 2003

QUARTA-FEIRA, 5 DE FEVEREIRO DE 2003

Players and spectators in the arena
Baffled by our moves and by the world's
We are playthings in the hands of time
Dancing to music that is not our own.*

Khalilullah Khalili, poeta afegão**

O leitor "anya o" me enviou esses versos.

Não há palavras suficientes para expressar minha gratidão a todos vocês. Pelas palavras gentis, pela preocupação e pela ajuda oferecida.

Diana, tendo usado as palavras "blog-filho"*** e "Salam" na mesma frase, acaba sofrendo com todas essas coisas que os "blog-filhos" fazem: fico discorrendo sobre coisas sem sentido e assus-

---

* Tradução literal: "Jogadores e espectadores na arena/ Desconcertados pelos nossos movimentos, e pelos do mundo/ Somos joguetes nas mãos do tempo/ Dançando uma música que não é nossa".

** *Khalilullah Khalili (1907-1987)*. Ver Quatrains of Khalilullah Khalili, *publicado pela Octagon Press.*

*** *De blogson.* Este conceito surgiu com o site BlogTree, que mapeia uma espécie de árvore genealógica dos blogs. A explicação sobre a genealogia dos weblogs, retirada do próprio site, é a seguinte: "A criação de muitos, se não da maioria, dos blogs na rede se deve a um outro blog existente. O autor de um futuro blog começa lendo o material do blog de uma outra pessoa, e este material o inspira a criar seu próprio blog. Você pode ver o blog original como pai deste novo blog. Se o novo blog inspira alguém a iniciar um terceiro blog, o blog original torna-se o avô deste terceiro, e assim por diante. Claro, alguns blogs são inspirados por mais de um blog, e neste caso ele teria múltiplos pais. A genealogia dos weblogs mapeia estas relações familiares entre os blogs". (N. do T.)

tando-a com a idéia de eu cantar "Thank you for the music" vestindo minha melhor fantasia do ABBA. Obrigado.

Jim Henley, como você é rápido. E ele sabe que simplesmente preciso contar para Diana, portanto ele envia o e-mail para ela também. Obrigado. Dizer que me senti lisonjeado pela sua oferta é pouco. Obrigado por lembrar de mim.

Kathy, obrigado por todas as dicas e por oferecer um lar para o meu blog. E também agradeça a "MommaBear" por mim.

Al, ter sido o primeiro a vir com essa coisa de armação da CIA pra cima de mim lhe garantirá para sempre um lugar especial no meu coração. Desta vez ele me escreveu um <u>poema</u>.

Vamos lá, Al:

> Our ol' buddy Salam, he's a dirty lil' perv
> Hussein just can't stop him
> Bushy's chances are slim
> When he's on a love mission, you know he won't swerve
>
> So our bombs start to droppin' on his city so dear
> And the Casbah starts rockin'
> While the town folk be gawkin'
> In shock as the smoke starts to clear
>
> As the neighbors start looking for their goats most preferred
> Past Saddam's charcoaled ass
> Follow the bleats in the grass
> And find Salam out humpin' the herd.*

---

* *Tradução literal:* "Nosso velho amigo Salam, ele é um safadinho pervertido/ Hussein não pode com ele/ As chances do Bushzinho são mínimas/ Quando está em missão de amor, você sabe que ele não voltará atrás//

Você me deve um teclado novo. Meu irmão derramou chá adocicado em cima do meu teclado depois de ler isso. Agora ele está todo grudento. Valeu, Al.

À senhora que se denomina "uma leitora": obrigado, espero que continue voltando e me acompanhando.

Emily (acho que hawkgirl.blogspot.com), obrigado por oferecer hospedagem para o meu blog.

E, finalmente, Jason do Pyra Labs. Eu estava montando um blog em outro lugar quando recebi o e-mail dele. Acho que agora deverei tatuar um "Blogger 4 ever" no meu braço.

Não postei nada nos últimos dias, pois queria averiguar se eles também bloqueariam o blogger.com. Se eles tivessem feito isso, descobririam do que trata este blog. Mas se não fizeram, quer dizer que estão dando ao Blogspot o mesmo tratamento que dão ao Geocities. Desde o primeiro dia em que a internet foi oferecida ao público, tudo no Geocities foi bloqueado, e depois disso bloquearam as MSN Communities, o Yahoo Groups, tudo no Tripod e na AOL. Os últimos acréscimos são o Livejournal e o Blogspot. Mas o que acontece é que, às vezes, quando você está saltando de um link para outro, abre um site do Geocities. Clique em "Atualizar" e ele desaparece. Volte ao site pelo mesmo link que permitiu o acesso antes, e ele carrega de novo. Não faço idéia do porquê disso, mas o mesmo acontece com o Blogspot agora. Não que eu me importe. Tendo as milhares de sugestões que recebi de vocês por e-mail, mais um irmão high-tech, me equipei com dois belos programas que me permitem visitar qualquer lugar que eu queira.

Então nossas bombas começam a cair sobre sua adorada cidade/ E Casbah começa a sacudir/ Enquanto os cidadãos ficam atônitos/ Em choque, à medida em que a fumaça se dissipa// Quando os vizinhos começarem a procurar suas cabras favoritas/ Passando pelo traseiro carbonizado de Saddam/ Siga os balidos pela grama/ E encontre Salam pastoreando o rebanho".

Não se trata de um segredo de Estado. Quem quiser utilizar os comunicadores instantâneos do Yahoo ou do MSN tenta dar um jeito de driblar o *proxy*,* mas é um jogo de gato e rato. Se eles sabem que sites você está usando, estes sites são bloqueados, e você precisa procurar outros.

Obrigado por terem tornado os últimos meses tão legais. Por terem se dado ao trabalho de ler este weblog, de lincá-lo e de mandar comentários ou e-mails. A maioria de vocês sabe mais sobre o que penso e sinto do que a minha família. Para começar, nenhum deles sabe que eu tenho um blog. Vocês sabem. E a Diana sabe muito mais do que seria seguro para mim. :)

Obrigado.

:: salam 3:26 PM [+] ::

O discurso de Powell** acontece em torno das seis da tarde em Bagdá. A família inteira se reunirá para um chá com bolo de tâmaras enquanto assiste o programa *Powell sacode a ONU*. Não na TV iraquiana, é claro. Decidimos instalar a antena parabólica para assisti-lo. Sim, ela será retirada em seguida, até o próximo acontecimento. Não me agrada muito a idéia de passar dois meses na prisão apenas por ter a BBC 24 horas por dia (não há CNN gratuita no ArabSat, que é o único satélite que pegamos com nossa diminuta parabólica).

---

* Proxy: servidor que atua como intermediário entre um ou mais computadores e um servidor, usado, entre outras finalidades, para filtrar o acesso a determinados sites. (N. do E.)

** O secretário de Estado americano, Colin Powell, fez um discurso dramático de 75 minutos de duração ao Conselho de Segurança da ONU. Ele apresentou imagens de satélite sigilosas e mensagens interceptadas do que ele alega serem conversas entre comandantes iraquianos. Também traçou conexões entre o Iraque e a al-Qaida, e mostrou um frasco que, segundo afirmou, poderia conter antraz. Jack Straw, o ministro britânico do Exterior, elogiou Powell por ter feito uma "apresentação muito poderosa e impositiva", mas a França, a Alemanha e a Rússia insistiram em que mais tempo deveria ser concedido aos inspetores da ONU no Iraque.

Um rápido panorama do que está rolando no Iraque, antes que tios e tias inundem a casa. A notícia mais saborosa aconteceu, na verdade, há cerca de uma semana, mas eu só fiquei sabendo hoje. Houve um rumor, faz alguns dias, de que todos os oficiais do alto escalão tiveram os números de telefone trocados. Bem, quem se importa? Não que eu ligue para o Saddam toda noite pra jogar conversa fora. Mas hoje um amigo me explicou a razão. Há uns seis dias, as linhas telefônicas das unidades de defesa aérea iraquianas foram "atacadas". Ao levantar o fone em algumas das unidades de comando, você não escutava um sinal de discagem, mas sim uma voz masculina falando em árabe irregular. O que ela dizia era algo parecido com aquele e-mail infame: "Não use armas químicas ou biológicas!", "Não ofereça resistência!", "Não obedeça ordens de atacar áreas civis!", e assim por diante. Isso durou algumas horas. Agora todos possuem novos números. Não faço a menor idéia de como isso seja possível. Eu sei que são utilizados sinais de microondas para conexões telefônicas em algumas áreas rurais, mas eles não seriam idiotas o suficiente para fazer o mesmo em questões militares.

Muito bem, Tio Sam! Isto vai render um tremendo filme do James Bond.

As trincheiras e montanhas de sacos de areia, sobre os quais escrevi na semana passada, estão por toda Bagdá. Elas não estão sendo instaladas pelo exército. São parte dos preparos do Partido para o caso de uma insurreição. A cada dia, uma nova área da cidade passa pela função. Membros do Partido se espalham pela área, constroem as trincheiras, sentam-se nelas polindo as suas Kalashnikovs e bebem chá. O grau de incômodo causado por estes dias de treinamento depende do zelo que o Partido tem pela área. Até agora, o pior de todos foi no 14º da rua Ramadã: eles pararam os carros, nos revistaram e pediram carteiras militares e de identidade. Que bom que eu não estava passando por aquela rua. Ainda não carimbei meus documentos militares para provar que fiz meu treinamento de reservista.

Saddam ainda faz reuniões diárias com oficiais, e temos o prazer de assisti-las três vezes por dia. Cada grupo que se reúne com ele deixa o local com um cheque de 1,5 milhão de dinares iraquianos e um carro novo em folha. Os últimos carros colocados nos armazéns pelos quais passo são Toyotas Corolla — todos brancos. O armazém contém cerca de 150 deles (contamos os caminhões estacionados do lado de fora). Dizem que há mais alguns milhares de carros zero aguardando logo fora de Bagdá, tão grudados um no outro que, quando um deles pegou fogo, não o alcançaram a tempo e outros 38 queimaram.

Vocês não adoram uma fofoca?

Uma viagem de trabalho a Arbil, no norte do Iraque, precisou ser cancelada quando descobri que, se pretendo me sentar no mesmo carro que um membro de equipe da OMS, preciso obter uma autorização de viagem do ministro do Exterior, mesmo que eu seja "equipe local" (ou seja, um cidadão iraquiano). A autorização leva três dias para ser emitida, o que inviabilizaria a viagem. Eu realmente queria ir. Não há fronteira propriamente dita, mas você passa por um ponto de controle "iraquiano", depois um "curdo", e a melhor maneira de atravessá-los sem confusão é viajar no carro de uma agência internacional — mas isso exige uma permissão dos iraquianos. Frustrante.

A campainha está tocando — preciso ir agora.

:: salam 5:10 PM [+] ::

SÁBADO, 8 DE FEVEREIRO DE 2003

8 de fevereiro de 1963
O presidente Abdul-Kareem Qasim é expulso em um golpe liderado pelo Partido Socialista Árabe Baath (a primeira "revolução" baathista, que mais tarde seria chamada de "donzela honrada" de todas as revoluções). Abdul-Salam Arif torna-se presidente e joga os baathistas para escanteio, dez meses após ser colocado por eles na cadeira presidencial. Saddam está no grupo que atacou o carro de Abdul-Kareem na rua al-Rasheed.

17 de julho de 1968
O segundo golpe liderado pelos baathistas. Arif é expulso. O general Ahmad Hassan Al-Bakir torna-se presidente. Saddam Hussein é vice-presidente.

16 de julho de 1979
Al-Bakir "renuncia" e Saddam Hussein torna-se o presidente da República do Iraque.

Temos um feriado para refletir sobre como pode haver gente que um dia foi tapeada pela ideologia baathista.

Uma nação árabe com uma mensagem eterna!

Unidade (*wahda*)

Liberdade (*huria*)

Socialismo (*ishtirakia*)

Às vezes, conversando com alguém que testemunhou tudo isso — a geração que teve a chance de sair às ruas e efetuar mudanças —, acaba escapando:

[SALAM PAX]: Vocês foram traídos e usados, percebem?
[UNIDADE_PATERNA]: Sim, e agora? Quer um pedido formal de desculpas?
[SALAM PAX]: Não, só queria ter certeza que você reconhece.

Apenas meu tio comuna começa a me atacar verbalmente. :-)

:: salam 3:49 PM [+] ::

Lisha tem uma poesia magnética só para mim.

Vocês sabem que eu adoro isso. Deveriam conferir todos os seus poemas magnéticos.

Puxa, como eu senti sua falta — e o seu site estava enlouquecendo nas últimas semanas. Espero que tudo tenha se resolvido. Lamento saber que você perdeu as anotações para o seu romance.

:: **salam 8:26 PM [+]** ::

Release para imprensa da Campanha Contra as Sanções ao Iraque (CASI), com data de 7 de janeiro de 2003:

> Um "documento estritamente confidencial" da ONU, escrito para auxiliar o planejamento contingencial da ONU na eventualidade de uma guerra contra o Iraque, prevê nível elevado de vítimas civis, um aumento da crise nutricional já existente e "a explosão de doenças numa escala epidêmica, ou até mesmo pandêmica".

O documento é intitulado "Prováveis cenários humanitários" e, aparentemente, foi mencionado pela primeira vez neste artigo do *Times* (23 de dezembro de 2002):

> As Nações Unidas estão preparando planos contingenciais secretos para uma guerra que paralisaria toda a produção de petróleo do Iraque, "degradaria seriamente" o sistema de eletricidade do país, provocaria turbulência civil e geraria 900 mil refugiados.

A CASI afirma ter obtido um rascunho desse documento através de uma fonte na ONU que autorizou a publicação de trechos do texto.* Com toda a discussão sobre escudos humanos e protestos antiguerra, nenhum dos "escudos humanos" está pensando em um plano B. E do pouco que ouvi, a maioria das agências internacionais, incluindo o UNHCR,** dizem que não estão realmente preparadas, ou que não possuem recursos suficientes para o caso de uma

---

* "Prováveis cenários humanitários", 10 de dezembro de 2002.

** UNHCR: United Nations High Commissioner for Refugees [Alto-Comissariado das Nações Unidas para Refugiados].

"emergência humanitária" no Iraque, e que mesmo que os fundos estivessem disponíveis, levar os suprimentos até onde for preciso também é um problema. Uma leitura bem desagradável.

Existe uma expressão que eu nunca tinha visto até agora: "deslocados internos". O relatório estima que eles sejam uns 2 milhões no Iraque. Os refugiados em países fronteiriços seriam cerca de 900 mil, no caso do Irã, e 50 mil na Arábia Saudita — eles seriam "oriundos de Bagdá e das províncias centrais" (parágrafo dezessete). Acho que o deserto do oeste torna a Jordânia e a Síria um pouco inacessíveis demais, mas a Turquia também receberia muitos refugiados (bem, de todo modo, eles preparam suas tendas dentro da fronteira iraquiana). Um artigo mais recente, no site do UNHCR, diz que o número previsto de refugiados é de cerca de 600 mil:

> O alto-comissário das Nações Unidas para Refugiados, Ruud Lubbers, afirmou na terça-feira que entre 500 mil e 600 mil iraquianos provavelmente se tornarão refugiados durante uma ação militar liderada pelos Estados Unidos dentro do Iraque. Numa entrevista coletiva em Genebra, Lubbers disse que a expectativa é que metade dos refugiados iraquianos deva fugir para o Irã, enquanto a outra metade deverá se dirigir para a Turquia, no norte.

Faz mais sentido do que ir para a Arábia Saudita. Mas há um pequeno detalhe que o documento da ONU acima mencionado não cita. Isto vem da UNHCR:

> Lubbers disse que um conflito militar no Iraque também produzirá um grande número de deslocados internos fugindo da guerra dentro do Iraque, mas, assim como aconteceu na guerra do Afeganistão, essas pessoas não seriam contempladas pela UNHCR, uma vez que não estão classificadas como refugiados nas leis internacionais.

O que acontece, então, com os 2 milhões de deslocados internos?

De volta ao "Prováveis cenários humanitários". O relatório resume os cenários dividindo-os em dois estágios: "Emergência" e "Necessidades humanitárias de longo prazo". Esta é a lista de necessidades emergenciais:

- Construção de pontes, manipulação e transporte de materiais.
- Comida e artigos básicos para cerca de 5,4 milhões de pessoas.
- Suprimentos médicos para tratamento de ferimentos em cerca de 100 mil pessoas.
- Suprimentos médicos para tratamento dos altamente vulneráveis, em número de até 1,23 milhão.
- Suprimentos médicos para dar conta do tratamento em andamento de 5,4 milhões de pessoas.
- Suprimentos nutricionais para 0,54 milhão.
- Equipamento de tratamento de água para 5,4 milhões de pessoas.
- Produtos químicos e bens consumíveis para 5,4 milhões.
- Materiais e produtos químicos sanitários.
- Serviços completos para 2 milhões de deslocados internos, alguns dos quais poderão tornar-se refugiados. O número de pessoas que acabarão se enquadrando nesta categoria não pode ser estimado com certeza.
- Abrigo de emergência para 1,4 milhão.
- Estrutura de reunião familiar para menores desacompanhados.
- Instalações para 100 mil refugiados iraquianos em países vizinhos.
- Atividades de ação antiminas (desarmamento de minas, limpeza UXO, detecção de minas).

Note que não há nenhuma menção a um possível cenário de juízo final, caso um dos lados utilize armas "não convencionais" Acho que, se isso acontecesse, estaria fora do controle de todos. Melhor não pensar nisso.

:: salam 11:06 PM [+] ::

TERÇA-FEIRA, 11 DE FEVEREIRO DE 2003

Conexão com a internet muito ruim nos últimos dois dias. O servidores locais respondem, mas nenhuma página carrega, daí tudo fica ótimo por dez minutos, mas mal consigo checar meus e-mails, e muito menos ler alguma notícia, antes que caia de novo. Só estou escrevendo isto porque se tornou um hábito. Veremos se chegarei a publicá-lo.

Lembram daquela época, logo antes da Guerra do Golfo, quando todos estavam na maior correria, e as pessoas estavam fazendo seus discursos perfunctórios de "Bem, nós tentamos, mas... blá-blá-blá"? É o que parece estar acontecendo agora. É a "reprise de um filme ruim" à qual Bush se referiu em um de seus discursos. Acredite, também não quero ter de assistir a ele mais uma vez. Ver o mundo fazer fila atrás de mais um Bush e sua flauta mágica.

(Fato divertido não relacionado: Conhecem a banda BUSH? DJs da estação de rádio em língua inglesa de Bagdá não podem pronunciar o nome da banda. Eles devem soletrar: "bê u esse agá lançou mais um single". Acho que todos os DJs de lá agradecem a Deus por não existir uma banda chamada Schwarzkopf* — imaginem precisar soletrar isso toda vez que tocam uma música).

(Outro fato divertido não relacionado: Lembram desta piada infantil? Há um mosaico com o rosto de Bush pai na entrada do Hotel al-Rasheed: todos os visitantes têm que pisar nele, caso queiram entrar. Al-Rasheed é onde todos os visitantes de Estado internacionais ficam acomodados. Já presenciei tentativas divertidas de não pisar no mosaico, que nem o Ministry of Silly Walks [Ministério das Caminhadinhas Idiotas] do Monty Python. É muito idiota. Mas agora isso não acontece mais. Eles puseram um tapete imenso no local).

Amanhã é o Adha Eid. O Haj terminou, e começará a contagem regressiva. As ruas estão cheias de gente comprando presentes de Eid para crianças e preparando-se para o banquete de Eid. Por serem oriundos de dois ambientes diversos, meus pais possuem tradições diferentes para o Eid. Eu posso escolher onde vou comer o grande almoço, que deve ocorrer após a oração de Eid na mesquita, mas como eu não participo dessas coisas, consigo algumas horas de sono extra.

---

* *General Norman Schwarzkopf, chefe das operações americanas na Guerra do Golfo, em 1990. (N. do E.)*

É muito provável que eu passe o primeiro dia com a família da minha mãe. Comida mais saborosa: nosso fornecedor favorito, Abu-Karam, preparará o cordeiro recheado e, como sempre, aparecerá para conferir como o cordeiro foi recebido e tomar um drinque com os meus tios. Além disso, cerca de trinta pessoas e quatro gerações resultam numa boa festa. Grande festim gastronômico de reunião familiar. Oba.

A guerra vai ter de esperar.

Obrigado por todas as dicas de como tratar a minha água de poço. Agora não preciso mais me preocupar com isso. O que ainda me preocupa é o lance da falta de ar no ambiente.* Por mais que eu tente não pensar nisso, Alan (que abriu o assunto no link de comentários) está certo. Portanto, acho que preciso agradecer a vocês por me oferecerem todas as informações.

Não é mesmo nada fácil fazer a família me ouvir. Levei uma semana para convencê-los de que precisamos de um poço. Há um lugar onde consegui ainda mais informação: Imshin** havia postado algo a respeito algum tempo atrás, então voltei para conferir e encontrei um post ainda mais informativo, contendo um link muito útil. (OK, não tenho mesmo certeza de como reagirão os proprietários do site se descobrirem que um iraquiano está achando sua informação muito útil.)

Imshin, espero que você e sua família fiquem em segurança. Hoje em dia, fico pensando nos versos que anya me enviou antes:

> Somos joguetes nas mãos do tempo
> Dançando uma música que não é nossa.

---

* *Salam se refere aos procedimentos de vedação de cômodos da casa e purificação da água para evitar intoxicação por armas químicas. (N. do E.)*

** *Imshin é um blogueiro de Israel.*

Ultimamente, tenho muito pouco controle sobre a minha vida, e muito menos capacidade de compreender para onde o mundo está indo. Espero que todos sejamos poupados de qualquer sofrimento desnecessário.

Saddam tem uma nova fotografia com seus filhos, tirada no dia 4 deste mês. Notem a pistola de aspecto amigável no cinto do Uday. Uma perfeita foto de família.

:: salam 1:34 AM [+] ::

SEXTA-FEIRA, 14 DE FEVEREIRO DE 2003

Eu não pretendia postar nada até o final do Eid, mas está rolando esse lance sobre a "autenticidade" deste blog.

As pessoas que andaram lendo este blog por algum tempo sabem que não é a primeira vez que isso acontece (o link é antigo: eu e Al, do Culpepper Log, estamos em ótimos termos agora — ele me dá umas palmadas sempre que faço algo estúpido), e não estou muito a fim de voltar ao assunto mais uma vez.

Para as pessoas que vierem da Wired.com, por favor lembrem a todo instante que não sou uma autoridade em coisa alguma. Citar o que eu disse, como fez lá aquele jornalista, me deixa um pouco nervoso: Salam diz isso, Salam diz aquilo... A grande mídia me assusta. Sempre há problemas por perto. Espero que o artigo não faça parte da edição impressa — isso, sim, me assustaria.

E estou apenas muito irritado, e me arrependerei deste post mais tarde.

:: salam 4:23 AM [+] ::

DOMINGO, 16 DE FEVEREIRO DE 2003

Pela primeira vez neste blog, aqui vai uma citação do Corão: *"qulna ya nar kuni bardan wa salamen ala ibrahim"* ["Nós dissemos, 'Oh fogo, sê frio e traz a segurança a Abraão!"], sura 21. Os Profetas.

Pano de fundo: Abraão/Ibrahim e os Hereges estão participando de um tipo de combate de luta livre (esmagamento de estátuas, duelo de milagres, essas coisas). Finalmente, os Hereges decidem jogar Abraão no fogo e lhe dizem: "Que o seu Deus o ajude a escapar disto!". E assim, o *nar* [fogo] é transformado em *bardan wa salamen* [frio e segurança], e Abraão escapa seguro e incólume.

Acho que escutei essa citação do *bardan wa salamen* mil vezes nos últimos quatro dias. As pessoas querem acreditar que o que ocorreu no Conselho de Segurança realmente enxotará o fantasma da guerra. Eu acho que não. Os relatórios do Blix e do Baradei* são tão aguados quanto os primeiros relatórios. Podemos citar os trechos que afirmam estarmos cooperando, e "os outros" podem citar frases que afirmam exatamente o oposto. Além disso, a esta altura eu acho que já não se trata apenas da questão do Iraque e das armas de destruição em massa. Está começando a parecer um acerto de contas entre os Estados Unidos da América e o restante do mundo. A nós, cabe o papel de exemplo.

De todo modo, desta vez, para assistir ao Conselho de Segurança não foi necessário camuflar a antena parabólica. Bastou encontrar um dos 4 mil iraquianos que possuem os catorze canais de satélite aprovados pelo Estado. O Syrian Sat Channel estava transmitindo a sessão ao vivo, com tradução. A maioria das pessoas acompanhou pela Rádio Monte Carlo, se é que acompanharam.

---

* Sobre Hans Blix, ver nota à página 49; Mohammed El-Baradei: diretor da Agência Internacional de Energia Atômica. (N. do E.)

Na verdade, a maioria das pessoas em Bagdá estava parada nas ruas, à espera de qualquer tipo de transporte público. Esse é o primeiro sinal de uma grande manifestação organizada. Todos os ônibus — de linhas privadas e estatais — são agrupados em diversos pontos da cidade para transportar os "manifestantes" de seus locais de trabalho até onde o show deverá acontecer.

Deixe-os no ponto A e pegue-os no ponto B. A garotada simplesmente sumia entre esses dois pontos — há algumas excelentes sorveterias em al-Mansour, onde uma dessas "manifestações" ocorreu.

Isso é o que acontece quando você participa de um desses negócios. Você desce do ônibus e espera por algumas horas atordoantes, até que lhe dizem para marchar. Você começa a caminhar até ver o sujeito na dianteira do grupo (em geral um membro ávido do Partido) começando a pular, a fim de injetar um pouco de ânimo no entediado grupo de pessoas. Você grita as palavras obrigatórias, passa pelo estrado onde os oficiais e a imprensa estão esperando, e então volta ao assunto que estava discutindo com a pessoa mais próxima.

A pior experiência com "manifestações" aconteceu em algum momento dos anos 80, não consigo lembrar exatamente quando, mas a Grande Praça dos Festivais (*sahat al ihtifalat*), aquela com as espadas cruzadas, tinha sido aberta havia pouco tempo, e esta foi a primeira GRANDE manifestação que ocorreu lá. Foi composta principalmente por estudantes universitários e do ensino médio. Em vez da estratégia de largar aqui e buscar ali, eles decidiram que todo mundo apenas devia esperar dentro dos limites da praça. Guardas estavam espalhados por todo o perímetro, ninguém podia sair. Então eles decidiram esperar. Isso foi durante o verão. Ao meio-dia, os garotos começaram a cair e desmaiar. Sem água, sem comida e sem ao menos um local à sombra para sentar. Quando perceberam que a situação estava ficando séria, trouxeram caminhões com pão e tanques de água. Dá pra imaginar o resultado, com milhares de garotos famintos e sedentos. Caos total. Ninguém morreu, mas muitos ficaram gravemente feridos, e nunca mais fizeram algo parecido. Manifestações? Não, obrigado. Me tornei mestre na arte de esquivar-me dos guardas de uniforme verde.

Em vez de ficar preso em alguma das ruas que eles fecharam para as manifestações, fiquei em casa e ajudei a minha mãe a empacotar coisas. Não decidimos abandonar Bagdá se "aquilo" acontecer, mas é uma precaução para o caso de uma fuga ser absolutamente necessária. Somos empacotadores muito eficientes, eu e minha mãe. Os piores empacotadores são os emocionais. Os empacotadores estilo oh-vamos-lembrar-de-quando-comprei-isso-aqui. Nós dois apenas empacotamos, a sangue frio. Já fizemos isso muitas vezes. Somos empacotadores pra valer, grrrrrr.

Não somos apenas nós que estamos fazendo as malas.

G. (aquele que lê romances em condições atmosféricas adequadas) também está ajudando a maioria de seus amigos estrangeiros a fazer as malas. Já nos despedimos da maioria deles. O Centro Cultural Francês encerrou todos os cursos de línguas ministrados por funcionários franceses, e eles transmitiram suas despedidas e votos de bem-estar aos estudantes. Os russos estão localizando seus 2 mil cidadãos e mandando todos embora (o que 2 mil russos estão fazendo no Iraque, por sinal?). A embaixada chinesa, que é do tamanho de uma pequena cidade, está vazia. Se você leu o relatório da ONU sobre os cenários humanitários, você deve ter visto algo que o relatório chama de "Quinta Etapa". Pelo que entendo, a Quinta Etapa é algo como "crise extrema, caia fora daí", esse tipo de coisa. No momento, os funcionários da ONU que não foram embora até a Quarta Etapa estão sendo instruídos a tirar longas férias com início no Eid. Perceba que é "férias", e não "esta é oficialmente uma situação de Quarta Etapa, junte suas malas e corra".

Agora, aquilo sobre o qual a Wired.com escreveu — não os e-mails, mas o bloqueio de sites e 8e6 Technologies. Sei que eu não deveria morder a isca, mas não consigo resistir. Meu chute é que a 8e6 Technologies não sabia que estava vendendo o programa a uma entidade iraquiana. Provavelmente foi comprado pelos franceses, pois foram eles que instalaram a internet no Iraque. Como eu estava um pouco preocupado acerca de quem estava lendo o quê, também dei uma xeretada para descobrir como eles decidem o que será e o que não será bloqueado, e parece que de fato *é* a confusão que eu imaginava.

P: O Google fica bloqueado por dias, às vezes. Por quê?

R: O supervisor Mukhabarat decide no provedor de acesso que não quer se incomodar com estas checagens aleatórias diárias, e simplesmente registra o Google como bloqueado. Leva alguns dias e mais um tanto de papéis embaralhados até que alguém explique para ele que o Google não é o vilão, e que é possível procurar as coisas em outros lugares. O firewall bloqueia URLs e termos dentro de uma URL ou entrada de busca, mas isso funciona apenas com os sistemas de busca populares. O restante é feito com checagens aleatórias de pedidos de URL que passam pelo servidor.

P: Há mais sites árabes bloqueados do que sites abertamente hostis em língua inglesa?

R: Para o trabalho do supervisor não há critérios especiais no que diz respeito a línguas.

P: Eles conhecem bem os sites pornô?

R: Bem, é mais interessante conferir esse tipo de site que os de política. Quem quer ler quando pode simplesmente olhar?

P: Há algum proxy que não esteja submetido a firewall?

R: Claro: o do Uday (o Ministro da Juventude / Comitê Olímpico).

P: Posso obter um nome de usuário e uma senha?

R: Vá à merda...

(Bem, não custava perguntar).

Você sabia que o Bowie diz que "Deus é americano", perto do final de "I'm afraid of Americans"?

Quer dizer, se o Bowie tá dizendo, ele deve saber o que fala. Ele tem *contatos*, pelo que fiquei sabendo.

:: **salam** 3:45 AM [+] ::

QUARTA-FEIRA, 19 DE FEVEREIRO DE 2003

Estou sentindo um grande prazer ao postar isso:

O *GUARDIAN* ESTÁ ERRADO. Chequem suas fontes, baby. No artigo intitulado "Ministro da Defesa iraquiano em prisão domiciliar", diz assim:

> Ele [Tenente-General Sultão Hashim Ahmad al-Jabburi Tai, ministro da Defesa] não é apenas um membro do círculo interno do presidente Saddam, mas também um parente próximo por casamento. Sua filha é casada com Qusay Hussein, o filho mais novo de Saddam, com 36 anos — considerado por muitos seu provável herdeiro.

Errado! *Falsch! Khata'a!* A esposa de Qusay é filha de Maher abdul-Rasheed, que é um militar muito importante. Ele liderou os exércitos que "liberaram" a região de Fao, no sul do Iraque, em abril de 1988. Por alguma razão, ele foi colocado em prisão domiciliar um ano depois daquilo, e agora vive no deserto ocidental do Iraque, criando camelos e se mantendo fora da política. Qusay não tem uma segunda esposa, só o Saddam. Portanto, é inútil dizer que aqueles muçulmanos pirados têm mais de uma esposa. Talvez ela seja a segunda amante de Q. Hussein.

> Na noite passada, um fonte independente contatada pelo *Guardian* em Bagdá confirmou que o General Sultão estava sob custódia. "Ele continua a freqüentar reuniões de gabinete e a aparecer na TV iraquiana, para que tudo pareça normal", disse a fonte, um oficial de alta patente com conexões no Baath, o partido da situação no Iraque. "Mas, na verdade, sua casa e sua família estão cercados pela guarda pessoal de Saddam. Eles estão lá para que ele não escape."

Eu — não um "oficial de alta patente" — posso afirmar que a família dele não está em prisão domiciliar. Seu filho ainda dirige aquele carrão pela rua Arasat, intimidando a todos, como fazem todos os bons filhos de ministros.

Eu ouvi isso primeiro no BBC World Service hoje de manhã, e depois meu pai me contou que leu o mesmo no website do *Guardian*. Achei que deveria dividir isso com vocês. Agora peço licença, preciso voltar a praticar meus passos de galinha amedrontada.

:: **salam** 2:05 AM [+] ::

De volta ao Iraque 2.0

Não consigo lembrar como fui parar nesse weblog, mas lê-lo, hoje, foi como ter alguém fazendo cócegas nas minhas orelhas, pelo lado de dentro (que nem aquele cara no comercial da MTV). Escutem só:

> Ao não apoiar um Iraque democrático, ao indicar o vigarista e mestre da trapaça Ahmad Chalabi como líder provisório, ao conclamar os turcos a ocupar o Curdistão iraquiano e ao promover uma visão doentia e inconsistente de um Oriente Médio democrático imposto pela força das armas, o idealismo das Grandes Idéias, que nunca combinou muito bem com um presidente que detesta a complexidade, revela-se imaturo, cínico e... quais eram as palavras? Ah, sim: "Besteira absoluta". As idéias e princípios sobre os quais os Estados Unidos foram fundados – "liberdade", "independência", "justiça para todos" – e pelos quais, alega-se, nós lutamos e vencemos duas guerras mundiais e a Guerra Fria, transformaram-se em meras palavras, assuntos de conversa e slogans proferidos inadequadamente, usados para criar argumentos em favor de uma guerra que ninguém, exceto uma pequena junta em Washington, deseja.

Ele é bom ou não é? Confira o link. Sabe aquela fotografia na parte de cima do artigo? Aquela loja, Mazi, é como uma lenda aqui nas províncias centrais. "É como um imenso supermercado onde se pode comprar *tudo*." Bagdá não tem supermercados, só aquelas vendas de esquina. Todo iraquiano que vai a Duhok (não são muitos, já que é como entrar em outro país) precisa ficar falando a respeito durante horas. É um supermercado, pelo amor de Alá — e bastante caro, por sinal. Mantenham a calma. Mas eu não tenho nada contra os presentes que me trazem de lá.

:: salam 1:37 PM [+] ::

SEXTA-FEIRA, 21 DE FEVEREIRO DE 2003

Estamos na época do clima louco, bem colorido. Tivemos cinza-nublado-chuvoso há dois dias, amarelo-claro-ensolarado no dia seguinte e vermelho-areia-deserto depois disso. Mas está mais quente, em geral, e as noites têm sido lindas, com uma lua que brilha quando pode ser vista por trás das nuvens ou da areia. A lua começou a ficar minguante, aproximando-se daquela fase de escuridão assustadora. A maioria das pessoas acha que, se alguma coisa acontecer durante este mês, vai ser nas noites mais escuras. Veremos.

Em Bagdá e em outras cidades do Iraque, as pessoas estão ocupadas dando boas-vindas aos *hajis** que retornam de suas viagens. Carros com bandeiras verdes e brancas carregam os novos *hajis* ao redor da cidade, e suas casas ostentam as mesmas bandeiras. As pessoas que foram a Meca por terra levam um bom tempo para retornar a Bagdá. O estranho é que mesmo os que foram de avião só estão chegando agora. Alguns deles dormiram três noites em aeroportos até conseguirem seus vôos fretados — e o governo saudita preferia manter os iraquianos nos aeroportos a deixá-los vagando por aí.

Agora precisamos passar pelo *haj mabrur*, "jogos do *haji* abençoado". Todo mundo visita todo mundo, e eles distribuem pequenos dedais com água de Zamzam, que supostamente possui

---

* Haji: *peregrino que vai a Meca, cumprindo uma das determinações dadas pelo profeta Maomé a todo muçulmano.* (N. do E.)

algum tipo de efeito curativo ou purificador sobre a alma, algo assim. Gente, eu quero fazer um documentário mostrando que o governo saudita tem prolongado a vida daquele poço despejando *água de torneira* lá dentro. Alguns *hajis* que estão dando essas garrafinhas de água como presente sorriem quando me vêem, e decidem que um tapete para rezar é uma opção melhor. Em primeiro lugar vai ser preciso me iniciar na estrada para a redenção; eles acham que um tapete voador para Meca será minha via expressa para Jennah, o paraíso.

Pondo de lado meus resmungos blasfemos, tornar-se um *haji* é um bom negócio. São umas duas semanas extenuantes, e qualquer um que se submeta a tais provações obtém, pelo menos, o direito de receber um nome especial — e "*haji*" tem uma ótima sonoridade. Pessoalmente, decidi ir a Meca o mais tarde possível em minha vida. Porque se a história de "tábula rasa" do *haji* está correta, e de fato existe um "Deus", faz sentido viver a vida como um porco, e *depois* ir a Meca purificar sua alma, vivendo os últimos dias como um santo. Já tenho tudo arquitetado. Esse é meu plano contingencial para a remota possibilidade de existência de uma divindade.

Um leitor me enviou um e-mail raivoso, há alguns dias, perguntando por que tenho tanta aversão aos "escudos humanos". Ele (ou ela) perguntou, na verdade, "Por que você cospe neles?". Eeeepa. Peraí, eu não fui *tão* hostil assim. Não conheci nenhum deles pessoalmente (mas isso poderá acontecer nos próximos dias); o que não me agrada é a idéia. Mas já que contrariá-los deixa as pessoas tão excitadas, aqui vamos nós fazer o que o Destiny's Child não faz, porque suas mamães não as ensinaram assim: vamos contrariar os escudos *de novo* na internet.

Um dos mais recentes grupos a chegar a Bagdá, formado principalmente por europeus, foi recebido no Hotel al-Rasheed, que é como o Waldorf-Astoria de Bagdá — nenhum outro é tão caro e exclusivo. Todos estavam vestindo camisetas com o que deveria ser "escudos humanos" em árabe, mas estava tudo errado. Dizia *Adra'a Basharia*, em vez de *Duru'u Basharia*, o que lhes rendeu algumas risadinhas e um novo nome: agora eles são conhecidos como os "*Adra'a*", apenas para evidenciar sua falta de noção. Tem muito árabe esquisito escrito por aí ultimamente, com todos esses escudos humanos circulando na cidade. Uma perua com número de placa estrangeiro, estacionada próxima ao Ministério da Informação, tem "Não à guerra" escrito por toda a carroceria, em diversas línguas, sendo que a versão em árabe é a maior de todas. Por toda a frente, está escrito "La Harba", o que está errado e parece o nome de uma boate. Meu primo achou simpático.

Enfim, o que realmente chamou minha atenção desta vez foi descobrir que os escudos humanos recebem três vales-refeição por dia, no valor de 15 mil dinares. Quinze mil!

Vocês sabem quanto vale a ração mensal de comida para uma família de quatro pessoas — por um mês inteiro, não *por refeição* (o custo real, sem subsídios)?

Trinta mil dinares — isso se você encontrar alguém que compre por um preço decente o arroz estragado que lhe dão.

E os Escudos Humanos recebem 15 mil! O que eles estão comendo? Um cordeiro inteiro em cada refeição? Vamos colocar isso dentro do contexto. Hoje cedo, eu, Raed e nosso amigo G. saímos tarde para um grande café-da-manhã. Consumimos dois *tishreeb bagilas* (não consigo explicar, você precisa ser iraquiano, senão parece incomestível) e um *makhlama* (omelete com carne moída), chá, refrigerantes e, depois, um *argila* (o tal cachimbo com água), tudo por 4750 dinares — e não fomos atrás do que há de mais barato. Um almoço em qualquer restaurante acima da média não custará mais do que 8 mil dinares, e isso inclui *tudo*. Quinze mil é uma refeição num restaurante supercaro na rua Arasat, num daqueles lugares em que só falta um aviso de ATENDEMOS APENAS ESTRANGEIROS, IRAQUIANOS NÃO SÃO BEM-VINDOS, A NÃO SER QUE TRABALHEM NA ONU. Deixarei de chamá-los de "turistas" quando eles pararem de aceitar toda essa paparicação do governo iraquiano. Contei a vocês sobre as visitas guiadas? Hoje foi a Babilônia. Vocês estão perdendo a oportunidade. É a forma mais barata de realizar aquela viagem que você sonhava fazer pelo Iraque, mas tinha medo.

132

E tenho uma dica para todos os jornalistas free lance que não estão conseguindo seus vistos: alistem-se nos Escudos Humanos. É a melhor forma de superar o lance do visto. Um em cada três desses "escudos" escreverá um artigo em algum lugar. Corra! Entre em contato com o seu agente de viagens para "turismo de guerra"!

Desculpem, eu realmente não entendo. *O que* eles estão fazendo aqui?

Pronto, isso deve me garantir e-mails enfurecidos suficientes para os próximos dias.

Chega. Hora da TV. O maior acontecimento televisivo da semana passada foi o primeiro show *Waznak Thahab* (*Seu peso em ouro*), com Noor al-Sharif (nenhum parentesco com o Omar) como apresentador. Noor é um ator egípcio muito sério — fiz um link para um de seus shows em um post que escrevi no último ramadã. Esta é a sua estréia como apresentador, e ele estragou tudo. Parecia assustado e nervoso. Os competidores pareciam mais calmos e tranqüilos do que ele. Aiman Zedan, um ator sírio, era o apresentador até agora. Ele era fera. O programa passa, na verdade, na Abu Dhabi TV, mas a nossa TV da Juventude simplesmente rouba o programa do ar e o exibe no dia seguinte. Pirataria promovida pelo Estado — o que mais se pode desejar?

:: **salam** 7:17 PM [+] ::

TERÇA-FEIRA, 25 DE FEVEREIRO DE 2003

Sabem qual a minha parte favorita nas duas últimas resoluções sobre o Iraque? A parte que diz que o Conselho de Segurança "DECIDE permanecer envolvido na questão".* Oooh, mal posso esperar pelo próximo episódio de *Drama na ONU*, o melhor programa deste lado da Via Láctea.

---

* *New York Times*.

Era de esperar que uma quase-declaração de guerra apresentasse uma escolha de palavras mais dramática do que:

> AGINDO de acordo com o capítulo VII da Carta das Nações Unidas, DECIDE que o Iraque não aproveitou a oportunidade final oferecida na Resolução 1441 (2002).

Eles definitivamente precisam de um roteirista melhor para este programa, mas acho que é para isso que a CNN e o resto servem.

O sábio <u>oráculo de Gotham</u> prevê que Você-Sabe-Quem entrará para a História até o dia 18 de março, mas não revela como chegou a essa data. Vamos lá, desembucha! Oquêporquêonde? E ela também me convidou para um chá em Palm Court, se eu for para Nova York algum dia. É isso aí, quem disse que não se pode conseguir um encontro de primeira classe pela internet?

:: **salam 10:58 AM** [+] ::

MARÇO DE 2003

SÁBADO, 1º DE MARÇO DE 2003

É bom ver o escritório iraquiano do programa Petróleo por Comida colocar-se à altura da ocasião e refazer seu site. Com toda a atenção que deverão receber caso o programa fique intacto após a "invasão", eles de fato precisavam de uma imagem melhor. O site deles era horrendo. Agora tem um mapa arrojado e até mesmo fotos. Olha só.

:: salam 11:41 AM [+] ::

DOMINGO, 2 DE MARÇO DE 2003

Eu não ia escrever sobre isso, mas já que foi mencionado pelo *Guardian*, não estarei entregando nenhum segredo de Estado.

Vocês leram este artigo no website do *Guardian*: "A grande partida une um país dividido ao meio: Luke Hardin, em Irbil, assiste a um dos grandes times de futebol de Bagdá enfrentar os curdos"?

É apenas um calhau, nada muito interessante, e se você o leu, provavelmente passou os olhos por cima deste parágrafo:

> Para chegar a Irbil, os jogadores de Bagdá precisaram viajar através de uma fronteira iraquiana reforçada, passando por trincheiras recém-cavadas pelo exército, cheias de petróleo, e subir as montanhas do Curdistão.

Se você piscar, passará despercebido. Ainda não viu? Escute: Trincheiras. Recém. Cavadas. Exército. *Cheias de petróleo.*

Historinha: Há uma semana, a caminho do trabalho, avistei uma imensa coluna de fumaça mais do que negra surgindo dos lados da refinaria Dorah, que fica dentro dos limites de Bagdá. Na hora, nem pensei nada a respeito. Algumas semanas antes, um tanque de combustível explodiu perto do acampamento militar de Rasheed e o efeito foi parecido — essas coisas acontecem. Mais tarde, meu pai passou de carro ali perto e disse que parecia que estavam queimando sobras de petróleo. Bem, pra começo de conversa, eles nunca foram ambientalistas — se não tivessem queimado, jogariam no rio ou algo assim.

A fumaça ficou lá por três dias, e a coluna podia ser vista de qualquer ponto de Bagdá, arrastada pelo vento e formando um risco no céu. Na mesma época e na mesma estrada que pego para o trabalho, vejo duas ENORMES trincheiras sendo cavadas. Parecia que iam colocar algum tipo de máquina lá dentro. Eram largas o suficiente para permitir a passagem de um caminhão, e comportariam facilmente três caminhões.

Alguns dias depois do show de fumaça sobre Bagdá, eu e meu pai estamos passando perto dessas trincheiras e vemos petróleo sendo despejado lá dentro. Dava pra ouvir o meu cérebro entrando em ação. Meu pai me lançou aquele olhar de cala-a-boca-seu-louco-paranóico, mas eu sabia que era verdade. Nos últimos dois dias, todo mundo só falava nisso. Querem fazer algum tipo de cortina de fumaça, usando petróleo negro bruto. Na verdade, os rumores dizem que eles fazeram experiências com diversas misturas de combustíveis para descobrir qual delas produziria a fumaça mais negra e odiosa, e os três dias de fumaça vinda de Dorah indicavam o teste final.

Ao redor de Bagdá, as trincheiras provavelmente seguiriam o contorno do cinturão verde, que foi concebido para barrar as tempestades de areia vindas dos desertos a oeste. Não faço idéia de como uma cortina de fumaça pode vir a ser útil, exceto para garantir que o povo em Bagdá morra asfixiado e coberto de fuligem. Acho que vou acabar comprando aquelas máscaras de proteção contra gás.

Fato Divertido: Depois que os poços de petróleo no Kuwait foram incendiados e toda a região foi coberta pela mais feia e negra das nuvens, choveu por dias em Bagdá, lavando tudo com água negra dos céus. As manchas levaram anos para serem removidas. Acho que Salman Rushdie teria achado isso muito divertido. Os personagens de seus romances são sempre assombrados da maneira mais estranha por coisas do passado, a vergonha de seus atos te perseguindo e te lavando com sua água negra — nada de abluções para você, sr. H., veja sua cidade coberta pela vergonha de seus atos. Temos uma expressão — *skham wijih* — que pode ser toscamente traduzida como "rosto coberto de fuligem", e é usada para descrever alguém que cometeu algo absolutamente desonroso. Ter sua cidade coberta uma vez por *skham* é suficiente para assombrá-lo pelo resto da vida. Mas agora temos *Skham dos Céus II: o retorno da nuvem do mal*. O mundo é apenas uma reprise de filmes ruins, mas o sr. Bush chegou antes de mim no uso dessa expressão.

:: **salam** 12:35 PM [+] ::

QUARTA-FEIRA, 5 DE MARÇO DE 2003

Maior, melhor, mais rápido — portanto, parem de me incomodar a respeito do tamanho da fonte. E prometo que hoje publicarei um post de verdade, mais tarde. Ando meio preguiçoso. Minha mente está cheia de penugem e números 18 — a culpa é de vocês. *É* uma idéia muito legal, mesmo, e se encaixará em muitas teorias conspiratórias e esse tipo de coisa, mas vocês terão que convencê-la a falar a respeito no dia 19.*

Desde ontem à noite, o Google e a msn.com estão bloqueados. Todos os sites de notícias usuais ainda estão acessíveis — inclusive o Google News, mas ao fazer uma busca chega-se à página que diz SEU ACESSO FOI NEGADO.

:: **salam** 11:03 AM [+] ::

---

* Isto se refere ao oráculo de Gotham.

QUINTA-FEIRA, 6 DE MARÇO DE 2003

Artigo no CSmonitor.com.* Estão vendo aquela mulher à direita na foto? Seu nome não é Janon, como diz o artigo; é Jinan (significa "céus"), e ela é a bruxa malvada do Departamento de Arquitetura. Dá para perceber no sorriso dela. A mulher à esquerda faz a Faculdade de Engenharia inteira marchar com um assobio. São mulheres realmente muito fortes e conhecidas na Faculdade de Engenharia. Uma delas, ao que parece, tem uma filha bastante eloquente:

"Espero que eles nos vejam como pessoas", diz Nihal, cada vez mais ansiosa, em uma outra entrevista. "É um sentimento que não dá para descrever. Você se preocupa consigo mesmo e com sua família, seus tios e tias nas casas deles — é como se o seu coração estivesse em milhões de pedaços espalhados por todo lugar, e você não sabe o que fazer para mantê-lo inteiro."

E Jinan também manda ver:

"É engraçado", diz ela a respeito do isolamento cultural. "Por que deveríamos ficar aqui sentados tentando convencê-los de que estamos bem? Por que eu deveria convencê-lo de que somos pessoas que merecem viver?"

O dinar, miraculosamente, está segurando as pontas e ainda se mantém em torno de 2360 por um dólar. A cotação mais baixa a que ele já chegou nos últimos dez anos foi a 2500 por um dólar, mas acho que atingiremos esse limite nas próximas semanas. Um parente meu que trabalha em um banco conta que todo mundo aparece por lá reclamando que *al suq wagut* [o mercado está estagnado]. Eles são um "banco privado" — não existem bancos privados; na realidade, eles são todos de propriedade parcial do Estado — e receberam a recomendação de

---

* "Iraquianos ensinados pelos Estados Unidos sentem o peso da guerra" (5 de março de 2003), por Scott Peterson, no CSmonitor.com.

estocar biscoitos, tâmaras e água. Não sei por quê. Como se alguém fosse trabalhar quando as coisas começarem a cair sobre nossa cabeça. Se bem que os bancos reabriram rapidamente depois da Guerra do Golfo I. As pessoas que moravam próximo ao local de trabalho e podiam ir trabalhar a pé fizeram justamente isto. Os bancos limitaram o valor dos saques a cem dinares, o que valia cerca de duzentos dólares na época. Hoje, cem dinares me compram uma embalagem de chicletes nacionais com sabor artificial.

Já que estamos falando de dinheiro, hoje foi dia de pagamento. É incrível o que a frase "Sentimos muito, mas você sabe como as coisas estão no momento blá-blá-blá" pode causar ao seu contracheque. Em um único ano, despenquei de duzentos para cem dólares, e atingi o fundo com cinqüenta dólares. Pensando bem, decidir voltar a morar com meus pais foi a decisão mais sábia que tomei nos últimos tempos. Meu amigo G. está recebendo metade do salário em dinheiro, e a outra metade em álcool — sério, sem brincadeira. Mas é coisa boa, importada, que não compraríamos de outro modo. O rico-porco-imundo do chefe dele converteu-se radicalmente ao islamismo e está doando seu estoque de bebidas do demônio. Bom para nós, digo eu.

Detonando os Escudos Humanos nº 124

"Basicamente, eles disseram que não nos alimentarão mais", disse John Ross, um americano que tem participado ativamente de causas radicais desde que rasgou seu certificado de alistamento militar em 1964.*

Com licença, vou limpar as lágrimas de meus olhos. Fora! Fora! Fora! Ele poderia, pelo menos, ter dito algo mais coerente com sua "causa radical". Isso é meio insultante, na verdade. Por alguma razão, sinto-me ofendido. ALIMENTAR VOCÊ? Por que o governo iraquiano deveria alimentá-lo? Você se ofereceu como voluntário para dar um "apoio" a um país que não consegue

---

* "Escudo Humano protesta contra cinismo de Bagdá" (3 de março de 2003), por Suzanne Goldenberg em The Guardian.

alimentar adequadamente sua própria população (bem, até que poderia, se gastasse um pouco menos com pessoas como *você*).

Há outro trecho ótimo:

> Os ativistas acusaram as autoridades iraquianas de tentar usá-los como reféns na guerra contra os Estados Unidos.

Oh, que horror! Que surpresa! Voltem para o lugar de onde vieram. Não esperem discursos de agradecimento — Fora! Fora! Fora!

> A viagem amarga para fora do Iraque seguiu-se a um acerto de contas com as autoridades iraquianas, *que exigiram que eles levantassem acampamento de seus hotéis no centro de Bagdá e assumissem suas funções autodesignadas de protetores civis.*

Não, não, permaneçam em seus hotéis, comprem souvenirs e tirem sarro dos modos esquisitos desses iraquianos. Espero que tenham enviado cartões-postais a todos os seus amigos, contando sobre o *pitta* e o *tahine** que estiveram comendo durante seus passeios por Bagdá, bando de turistas. Tiraram várias fotos de crianças mendigando nas ruas para mostrar aos amigos em casa o quanto se importam com o apuro dos pobres no Terceiro Mundo? Aposto que estavam todos trocando apertos de mão e prometendo verem-se novamente na festa da próxima "causa valiosa".

Hoje é dia de *mumarasa* [exercício] em Bagdá. Todas as forças de segurança — polícia, unidades de defesa civil etc., exceto o exército — estão participando das atividades. Além de realizarem paradas para cima e para baixo, em todo o país, todas as unidades deveriam simular uma "situação de emergência". Os mais engraçados foram os policiais. Eles receberam capacetes do exército cobertos com uma camuflagem de penugem verde. Em todos os principais quarteirões e cruzamentos havia pelo menos doze pessoas usando equipamento completo, carregando

---

* *Pitta: pão árabe; tahine: pasta de gergelim.* (N. do E.)

Kalashnikovs e alguns cartuchos de munição extra. Havia também bombeiros com carrões vermelhos *e* Kalashnikovs — todos portando armas (não entendo de onde veio o mito de que bombeiros são sexy). E outras máquinas assassinas variadas, montadas em carros. Todos pareciam um pouco constrangidos e com calor, por causa dos capacetes. Hoje fez uns 24°C ao meio-dia — um tanto quente para eles estarem vestindo toda aquela parafernália.

O povo em Basra está dizendo que, para eles, parece que a guerra já começou — há um monte de ataques por lá. Alguns dias atrás, eles mostraram no boletim de notícias locais das sete horas um punhado de membros do partido Baath supervisionando a queima de folhetos (aqueles que parecem notas de cem dólares). Disseram apenas que era na parte sul do Iraque. Gostaria que alguém pudesse me trazer um deles. Imaginem o preço que valerão no eBay daqui a alguns meses.

Há um rumor incrivelmente forte de que Uday está na Rússia (Bielo-Rússia). O que aumenta as suspeitas é isto: escrevi que o Google estava bloqueado desde a noite passada, e agora ele está liberado, mas digite uma busca para qualquer coisa na Rússia e você receberá a página de ACESSO NEGADO nos resultados.

E vocês viram o discurso do Izat Ibrahim* na Conferência Islâmica hoje? O que era aquilo, diplomacia em ação? Chamar o ministro do Exterior kuwaitiano de macaco — ele o chamou mesmo de macaco — e insultar o seu "bigode" — uma ofensa muito grave no código beduíno, um insulto ao seu orgulho masculino. Temos um mestre em ataques abusivos no nosso governo, embora a Líbia e a Arábia Saudita também tenham se saído bem alguns dias antes. E ainda perguntam por que as nações árabes são uma farsa tão grande. É porque temos reis e presidentes que se comportam como crianças num cercadinho.

:: salam 1:22 AM [+] ::

---

* *O vice-presidente iraquiano.*

DOMINGO, 9 DE MARÇO DE 2003

Dicas para você se tornar superpopular no escritório:

Escute o assunto sobre o qual todos estão falando, e então os surpreenda com uma informação legal tirada da web. Ajuda se o Google estiver bloqueado e ninguém tiver descoberto ainda que há vida depois dele. Hoje, a pergunta de 1 milhão de dólares era "Quem diabo é Barbara Bodine?".* Bem, aqueles que escutam o BBC World Service estavam perguntando, e o restante estava apenas naquele "O quê? Como? Hã?".

> Fontes informaram que o plano requer que os setores meridional e setentrional sejam administrados por dois generais aposentados do exército dos Estados Unidos. Um setor central, incluindo Bagdá, será administrado por *Barbara Bodine*, ex-embaixadora dos Estados Unidos no Iêmen, segundo as mesmas fontes.**

Por enquanto, tentaremos ignorar se isso significa um Iraque dividido, ou federalismo enfiado por nossa goela abaixo, ou um novo traçado do mapa iraquiano, porque isso será, afinal de contas, uma decisão dos libertadores. Temos o direito de permanecer calados, do contrário levamos um tapa no alto da cabeça.

De qualquer modo, www.dogpile.com veio nos salvar e eu fui o super-herói da internet quando lhes mostrei ISSO*** — e mais "Ahs" e "Ohs" quando lhes mostrei ISSO.**** Devia ter cobra-

---

* *Barbara Bodine, a ex-embaixadora dos Estados Unidos no Iêmen que serviu em Bagdá nos anos 80, foi indicada para cuidar da região central do país incluindo Bagdá, após a Guerra do Iraque. Ela foi mantida como refém na embaixada dos Estados Unidos no Kuwait durante a primeira Guerra do Golfo.*

** *"Três administradores americanos dirigirão o Iraque pós-guerra", por Barbara Starr, 7 de março de 2003, no site da* CNN.

*** *Biografia de Barbara Bodine em <www.state.gov>.*

**** *Fotografia de Barbara Bodine em <cnni.co.uk>.*

do 250 dinares por olhada. Na verdade, a maior surpresa foi descobrir que Barbara Bodine estava no Iraque em 1983 como ministro conselheiro da embaixada americana.

Reações gerais? Você pode imaginar o medo de castração pelo qual os machos iraquianos estão passando no momento. Não espere que isso vá ser facilmente engolido. E para disfarçar seu desconforto, eles diriam algo como "Ela não é muito bonita, não é mesmo?". Uma pessoa que na verdade não trabalha aqui, mas foi arrastada por um colega para ver a foto, disse: "Sabe, a intenção deles é destruir o orgulho do homem muçulmano". Avancem com cuidado, é o que eu digo. A mudança não deve ser enfiada na cabeça das pessoas deste jeito, principalmente quando já existe uma atmosfera de desconfiança e inimizade. Alguém disse que isso será como ter uma nova Gertrude Bell,* não tenho certeza de que é uma boa coisa. (Dois links interessantes: A Lawrence da Arábia Feminina e o Projeto Getrude Bell, que tem uma biblioteca de fotos inacreditável. Mil obrigados pelo link, A. — ele é o meu único leitor iraquiano, aparentemente).

:: salam 11:49 AM [+] ::

Um repórter da BBC, caminhando sexta-feira pelo mercado de livros de Mutanabi, termina (novamente) seu relato com: "Parece que os iraquianos estão fingindo um ar de normalidade".

Olha aqui, o que devíamos fazer? Correr pelas ruas sacudindo os braços? A guerra está batendo à porta, iiiiiiiiiiiiiii! Além disso, essa "normalidade" não vai além da superfície. Quase tudo está mais caro do que estava há alguns meses; as pessoas estão cavando poços em seus jardins;

---

*A arqueóloga Gertrude Bell (1868-1926) aprendeu árabe e viajou às profundezas do deserto para investigar sítios arqueológicos. Seu conhecimento do país e de suas tribos fez dela alvo preferencial de recrutamento da Inteligência Britânica durante a Primeira Guerra Mundial. Mais tarde, como funcionária política e depois como Secretária Oriental do Alto-Comissariado em Bagdá, se tornou influente no novo Estado iraquiano, que ajudou a criar. Como Diretora Honorária de Antigüidades no Iraque, estabeleceu o Museu Iraquiano em Bagdá.

ontem, no rádio, depois de tocarem um milhão de músicas do tempo da guerra contra o Irã (são que nem músicas de desenho animado para gente da minha idade, sabemos todas de cor), eles leram instruções sobre como cavar uma trincheira e se preparar para a guerra — isso depois de o presidente Saddam recomendar aos iraquianos que façam estas trincheiras no jardim.

Mas para não desapontar a BBC, eu, Raed e G. pusemos nossos rostos "normais" e fomos comprar CDs na rua Arasat, numa demonstração de normalidade. Depois de entrar na loja de sucos da Sandra e comprar o que os estrangeiros definiriam como uma imitação vagabunda de uma vitamina de banana e maçã, ficamos meia hora contemplando os porta-CDs na loja de música. Raed, um mestre na arte de falar e beber no canudo ao mesmo tempo, tentou sabotar a minha "normalidade" lembrando-me que eu estaria jogando fora meus 10 mil dinares porque não haverá eletricidade para o aparelho de CD. Expliquei a ele que tenho planos de operar uma estação de rádio pirata e preciso de um estoque de música para as massas que pretendo entreter. Disse isso num tom de voz descompromissado, e Raed nem sequer piscou, o que fez o sr. Dono da Loja de Música nos dirigir um olhar muito suspeito, ao que nos movemos para a próxima fileira de CDs. Mas como eu compro as coisas que, de outro modo, ficariam ali paradas acumulando pó, ele não disse nada e ficou muito satisfeito em receber 12 500 dinares. Comprei cinco, em vez dos quatro discos que pretendia comprar — muita gratidão aos pirateadores malaios por nos proverem de CDs baratos. The Deftones, Black Rebel Motorcycle Club, Erykah Badu e o novo Amr Diab (<u>trechos de áudio aqui</u>, caso se interessem) entraram para os porta-CDs da Rádio Pax.

Outras coisas normais que fizemos esta semana:

• Terminamos de colocar fita adesiva em todas as janelas da casa — um exercício muito relaxante, por sinal, se você esquece por que na verdade está fazendo isso.

• Instalamos uma bomba manual no poço que cavamos, porque até agora tínhamos uma bomba elétrica ali.

• Compramos sessenta litros de gasolina para fazer funcionar o pequeno gerador de eletricidade que possuímos. Compramos dois belos fogareiros a querosene e estocamos um monte de querosene em buracos cavados no jardim, para que a casa não se transforme em uma bomba.

• Preparamos um quarto de emergência para ataques graves e compramos "máscaras antipartículas" — era o que dizia na caixa — para usar caso eles acendam as trincheiras de petróleo. Pode ser que as máscaras impeçam que os nossos pulmões virem poços de alcatrão. Elas são itens muito em moda, pois o rumor sobre as trincheiras está se disseminando. Você pode comprar uma por 250 dinares; estão vendendo mais rápido do que os bolos quentes de Bab-al-agha.

• Deixamos dois quartos da casa preparados para receberem nossos primeiros deslocados internos: minha tia mais nova — mãe solteira com três filhos, porque ela vive muito longe de nós — e outra tia de Karbala, no sul. O Hotel Pax está oficialmente aberto para a temporada. Não são necessárias reservas, mas você pode precisar trazer um colchão caso venha tarde demais.

Outras notícias/rumores:

Membros do partido estão circulando pela cidade, dizendo às pessoas para permanecer em casa se algo acontecer. "Não saia para a rua." "Tudo será trazido até vocês." Eles cavaram poços em diversos locais, com geradores ao lado para retirar a água, e também distribuirão a água. Se houver necessidade de sair de casa, espere até que um carro do partido venha buscá-lo.

Eles perguntaram por aí quem tem mais do que um carro, e anotaram seus nomes e números — diz o rumor que eles confiscarão qualquer carro extra se houver necessidade. De todo modo, ninguém pode dirigir seu carro por aí. Gente como médicos de hospitais públicos recebeu distintivos para serem colocados em seus carros, assim como os membros do partido. Você vai precisar de algum tipo de permissão para se deslocar por aí quando ocorrer o toque de recolher, no momento de um ataque. Por causa disso, implementamos nosso próprio toque de recolher desde a última sexta. Contagem de cabeças às dez e meia da manhã. Com tanta gente em casa, uma lista de chamada é a única maneira de ter certeza de que todos estão aqui. E estamos contando com que os americanos ataquem à noite. Se eles iniciarem o ataque durante o dia, haverá um pandemônio nas ruas.

:: salam 6:43 PM [+] ::

TERÇA-FEIRA, 11 DE MARÇO DE 2003

Há algum tempo, prometi mostrar a nova nota de 10 mil dinares. Foi emitida há quatro meses, e poderá tornar-se parte da história deste país muito em breve.

Me desculpem pela qualidade, por favor. Não tenho scanner em casa. O que você vê ao lado da foto do presidente é o Monumento ao Soldado Desconhecido, em Bagdá.

O dinar atingiu um novo recorde negativo hoje: 1 dólar = 2700 dinares. Os mercados de atacado em Shorjah cessaram as compras e vendas, para aguardar o próximo movimento do dinar.

:: salam 2:41 AM [+] ::

Em um dos meus posts, escrevi que aparentemente tenho um único leitor iraquiano. Bem, eu estava errado. Eu tenho dois leitores e meio (metade iraquiano, metade chinês). O que é realmente empolgante é que um desses leitores é uma garota aqui de Bagdá. Ela tem 23 anos de idade e é uma viciada (quer dizer, engenheira) em computação, e concordou em escrever algo para o blog. Ela usará o nome "riverbend". Por favor, dêem a ela uma recepção calorosa. Espero que ela decida tornar-se parte integrante do blog e escreva o máximo que puder durante as próximas semanas.

Portanto, sem mais delongas, com vocês, "riverbend":

Salam, você me lembrou que precisamos passar fita nas janelas (você usou o desenho de um "X" ou o tradicional "*"?). [*Salam: o asterisco é legal, mas com janelas especialmente grandes tenho feito um + grande e um Xs em cada quadrante*]. Estivemos todos conversando sobre a guerra, discutindo as possibilidades, implicações etc. mas eu só me toquei ontem, quando cheguei em casa e — "vejam só!" — não havia fotos e quadros nas paredes! Então perguntei, estupidamente: "Onde estão todas as fotos?". Me disseram que elas foram "recolhidas", porque quem pode prever o que despencará quando as bombas caírem no nosso quintal? Daí eu apontei para um estranho candelabro de aço preto e lembrei que ele devia ser uma preocupação mais urgente, em vez das fotos... Está começando a parecer uma armadilha mortal gótica. Tenho visões dele caindo sobre a minha cabeça...

Fora isso, sim, estamos vivendo normalmente — indo ao trabalho, limpando a casa, comendo, bebendo. A vida não fica suspensa cada vez que os Estados Unidos ameaçam nos atacar.

Fica mais difícil, é bem verdade, mas continua — o que, por sinal, está levando os jornalistas estrangeiros à loucura. Eles querem ver ação por aqui, e assistir às pessoas tocando sua vida cotidiana parece um desperdício de tempo e filme.

Tome cuidado com a gasolina, Salam. Uma família inteira morreu queimada, um dia desses, porque seus locais de estoque de gasolina não eram adequados (isso pode ser considerado "fogo amigo"?) — espero que você a tenha guardado num local seguro. [*Salam: Sim, vimos aquilo na TV. Muito feio — minha mãe teve chiliques, é claro.*] Estocamos velas (dezenas delas), mas minha mãe já está de olho na minha coleção de velas perfumadas, de qualquer modo. Então você pode imaginar a cena — centenas de bombas voando sobre nossa cabeça, o som ensurdecedor dos aviões, misturado a orações murmurantes, numa sala semi-escura recendendo levemente a... lavanda. E aquele cheiro ficará impresso na minha mente para sempre, junto com as demais "memórias de guerra": velas, fita isolante, lampiões a querosene e lavanda...

Mudando não tão radicalmente de assunto: tive um instante de *déjà vu* esta manhã enquanto lia as notícias. *suspiro* Será que os americanos *nunca* se cansarão da guerra?

riverbend

Na próxima vez, se "riverbend" decidir participar, ela fará parte deste blog grupal (sim, era para ser um blog grupal, mas o Raed é um preguiçoso imprestável). Reencaminharei com prazer quaisquer mensagens para ela, até que decida se quer assinar os seus posts ou não.

:: salam 1:30 PM [+] ::

QUARTA-FEIRA, 12 DE MARÇO DE 2003

Eis aqui algo divertido de ler, ao contrário dos comentários lá embaixo, onde fazemos uma guerra de dedos apontados uns para os outros. Recebi isso do Douglas, que tem sempre pensado sobre as coisas e me envia artigos traduzidos de revistas e jornais franceses. Obrigado, Douglas. Este aqui é excepcionalmente bom. Trata de eventos anteriores à Guerra do Golfo.

Si vous parlez français, visite este link: *Un après-midi avec Saddam*.*

Mas se você não é muito de francês, então vá neste link. Espero que eu não tenha cometido um *faux pas* ao postar sua tradução, Douglas: "<u>Uma tarde com Saddam</u>". Está em um blog abandonado.

Meus pedaços favoritos:

> [...] blá-blá-blá [...] "Você pode dizer ao camarada Fidel Castro", ele [Saddam Hussein] disse, levantando-se, "que lhe agradeço por sua solicitude. Se as tropas dos Estados Unidos invadirem o Iraque, haveremos de esmagá-las desse jeito!", concluiu ele, aos brados, pisoteando o carpete diversas vezes com suas brilhantes botas militares. [...] A audiência havia terminado [...] blá-blá-blá [...] Sem pedir que repetíssemos mais uma vez o que aconteceu, ele [Fidel Castro] apenas pediu ao Gallego para imitar com seus próprios pés o gesto com o qual Saddam mostrou como pretendia esmagar os americanos.

É como assistir a duas crianças conversando sobre uma briga no parquinho: vou te esmagar que nem uma barata, seu bobo!

É melhor não falarmos sobre quem esmagou quem. E sobre a próxima "Mãe de Todas as Batalhas"... uma palavra: choquepavor. Aprenda a dizer em árabe: *al-ithara wa al-faza*. Isso é como esconder pedras dentro de bolas de barro e atirá-las em mim, seu trapaceiro.

:: salam 12:49 PM [+] ::

---

* Artigo de Alcibiades Hidalgo no jornal francês <u>Le Monde</u>, 11 de março de 2003.

QUINTA-FEIRA, 13 DE MARÇO DE 2003

Hoje é feriado. No calendário islâmico, é o décimo dia do Muharam — ou Ashura (*3ashura2*) para os muçulmanos xiitas. Uma data essencial na história dos xiitas. Hoje é o dia em que o imã Hussein foi morto em Karbala/Iraque. O que, nas palavras de Shiapundit, "é um momento de dor, reflexão e *ibadat* (orações). Nada mais".

Minha mãe é xiita de Karbala, portanto acordamos todo ano de madrugada (é uma da manhã enquanto escrevo isto) ao som do *3azah al 7ussain* ("O lamento de Hussein") vindo do rádio — nada muito agradável. Depois ouvimos histórias dos lamentos públicos que costumavam acontecer em Karbala (agora eles estão proibidos). Os últimos três dias da vida do imã são encenados por toda a cidade de Karbala. Vou lhes dar uma idéia desses três últimos dias. Espero que os leitores xiitas me perdoem se eu não acertar em tudo:

Basicamente, é a história da batalha entre o imã Hussein, neto do profeta Maomé, e o califa Yazid no deserto de Karbala em 680 d.C.

O imã Hussein deve retornar a Kufa/Iraque depois de ter confirmado que o povo de lá o ajudará em sua luta — após ele ter fugido para Meca sob ameaças de assassinato do pessoal de Yazid. No caminho de volta, seu cavalo pára em um determinado local, próximo ao Eufrates, e não se move mais. Quando o imã pergunta o nome do lugar, dizem-lhe que é o deserto de Karbala (*karrun wa bala2*), que significa aproximadamente "dano e calamidade". Ele diz a seus seguidores que este é o local onde será morto, como disse a profecia. Tendas são levantadas, e logo eles são cercados pelo exército de Yazid. O imã não tem muitas pessoas ao seu lado, e a maioria são membros da família com seus filhos. Avançaremos rapidamente pelos eventos, a partir de agora.

Primeiro, o suprimento de água é cortado por três dias, e então a batalha começa. Membros da família do imã, inclusive seus próprios filhos, morrem um depois do outro na tentativa de protegê-lo. Quando todos os homens foram mortos, o exército de Yazid transita pelo acampamento, queimando todas as tendas. Então a cabeça do imã Hussein é levada a Damasco, como prova de que al-Hussein foi morto.

Agora, imaginem isso sendo encenado na vida real, por toda a cidade, até os nossos dias. Há um bairro em Karbala chamado Mukhayam ("o acampamento"), que na verdade costumava ser o cenário das tendas para a peça. O papel mais da encenação é o do soldado que mata al-Hussein. Minha tia me conta que, em geral, tudo termina com o povo correndo atrás dele, atirando pedras, até que ele se esconda em uma das casas. Grupos de lamentadores se movem então pela cidade, variando do assustador — grupos de pessoas flagelando as próprias costas com chicotes, por não terem estado lá para ajudar al-Hussein na tragédia — aos grupos de estudantes lendo poesia e aos advogados solenes. As pessoas vinham de todas as regiões do Iraque, e de lugares distantes como o Paquistão, para contribuir com seus próprios lamentadores. Nas casas e mesquitas, viam-se montes de homens e mulheres escutando o *maqtal* ("o assassinato de Hussein"), batendo no peito e chorando. Há até mesmo comidas especiais, preparadas na rua, para esse dia.

Nunca vi nada disso. É proibido desde que me entendo por gente. É considerada uma demonstração pública não autorizada. Lamentos podem ocorrer nas casas, mas a grande encenação nas ruas de Karbala, não. No final, até mesmo o preparo de *qima* (carne moída com grão-de-bico) e *harissa* (algo que se parece um pouco com mingau, na verdade) em público foi banido. Minha tia, que voltou hoje mesmo de Karbala, disse que o exército está espalhado por toda a cidade, o que acontece todo ano.

:: **salam** 2:17 AM [+] ::

SÁBADO, 15 DE MARÇO DE 2003

A grande mãezona de todas as manifestações está acontecendo, e ficarei preso no escritório para sempre. Talvez eu vá dar um passeio para assistir ao show. A Operação Evacuação do Escritório entra agora em sua fase final. Pode acontecer qualquer dia destes.

:: **salam** 10:30 AM [+] ::

DOMINGO, 16 DE MARÇO DE 2003

RECLAMAÇÃO

Ninguém que more no Iraque é a favor da guerra (perceba que eu disse "guerra", não "mudança de regime"). Nenhum ser humano com a cabeça no lugar vai pedir para receber a surra de sua vida — a não ser que ele seja membro do Clube da Luta,* é claro — e se você escutar algum iraquiano (dentro do Iraque, não fora do país) dizendo "Vamos lá, bombardeiem-nos!", ele diz isso por causa da exasperação e de dez anos de sanções e miséria. Ninguém que *more* no Iraque estará dando pulinhos, pedindo que as bombas caiam. Não somos suicidas, sabe. Não todos nós, pelo menos.

Eu acho que a guerra iminente não é justificada (e agora ela está muito próxima, dá para ouvir os tambores de guerra em alto e bom som — se você não está escutando, então tire os tampões do ouvido!). As desculpas usadas em seu favor foram esticadas até o limite, quase ao ponto de romperem-se. Foi tomada a decisão, algum tempo atrás, de que é necessária uma "troca do regime" em Bagdá, e as desculpas para essa mudança forçada precisam ser forjadas. Eu acho que a guerra poderia ter sido evitada. Não correndo de um lado para outro nos últimos dois meses, isso é ridículo. Mas toda a questão do Iraque deveria ter sido tratada de outro modo, desde o primeiro dia após a Guerra do Golfo.

---

* *Referência a* O Clube da Luta (1999), *filme de David Fincher.* (N. do E.)

As entidades que dizem ser "a comunidade internacional" deveriam ter assumido sua responsabilidade há muito tempo; deveriam ter raciocinado a respeito do verdadeiro significado das sanções que impuseram; deveriam ter olhado os relatórios sobre armas e direitos humanos muito tempo antes de todos esses relatórios serem arremessados na cara deles, como desculpas para uma guerra, cinco minutos antes da meia-noite.

O que está motivando esta reclamação é a pergunta que tem me cutucado há dias: como é que "apoiar a democracia no Iraque" tornou-se "encher o Iraque de bombas"? Por que chegamos ao ponto em que a democracia não ocorrerá, a não ser que passemos por uma guerra? Ninguém se importou com um Iraque não democrático por um longo tempo. Agora decidiram nos enfiar a democracia na base do bombardeio? Bem, obrigado! Que atenciosos.

A situação no Iraque poderia ter sido resolvida de maneira diferente do que acontecerá com o mundo nas próximas semanas. Não pode ter sido tão impossível. Vejam as regiões do norte do Iraque — aquilo é um modelo que funcionou muito bem. Por que ninguém se interessou em fazer o mesmo no sul? Assim como a ONU criou uma área protegida lá, por que o modelo não pôde ser testado no sul? Teria cortado fora as pernas e braços do regime. E uma vez que as pessoas vêem aquilo de que foram privadas, não ficam mais dispostas a voltar atrás. Pergunte a qualquer iraquiano das áreas curdas.

Em vez disso, o mundo ficou assistindo os xiitas serem esmagados por Saddam após a guerra, de um modo que não acontecia antes da Guerra do Golfo. Alguém mais consegue ver as palavras "Irã/fora do interesse dos Estados Unidos" flutuando, ou eu é que estou alucinando?

E há a questão das sanções. Agora que o Iraque passou por uma década delas, posso apenas torcer para que seus efeitos sejam claros o suficiente para que elas nunca mais sejam tentadas em nenhuma outra nação. As sanções, que em tese deveriam ter mantido sob controle uma situação potencialmente perigosa no Iraque, acabaram, em vez disso, colocando um país inteiro de joelhos. E quem tirou proveito das sanções, em última instância? Não a comunidade internacional, e muito menos o povo iraquiano, mas sim *ele*, que estava no poder, e ainda está. Essas sanções fizeram o povo iraquiano refém nas mãos do regime; apertaram um nó já bastante estreito ao redor do nosso pescoço. Uma nação inteira, uma nação orgulhosa e erudita, foi devastada não pela guerra, mas por sanções. Nossas cabeças mais brilhantes e criativas abandonaram o país não somente por causa da opressão, mas porque ninguém dentro do Iraque era capaz de ganhar a vida ou sobreviver. E alguém pode me dizer o que as sanções realmente mudaram em relação às armas? Caiam na real. Sempre haverá nações dispostas a ajudar; sempre haverá organizações que adorarão o sabor do dinheiro dele. Petróleo por Comida? Sanções Inteligentes? Se liguem. Quem vocês acham que está ganhando todos aqueles contratos para fornecer "comida" às pessoas? Quem vocês acham que está estufando de dinheiro contas bancárias no exterior? São as pessoas *dele*, a família *dele*, e as pessoas que jogam o jogo *dele* — dentro e fora do Iraque. Iraquianos e não-iraquianos.

O que eu quero dizer é que as coisas poderiam ter sido diferentes. Não posso deixar de olhar para as regiões do norte do Iraque, invejar e me perguntar por quê.

Apóiem a democracia no Iraque, mas não a igualem à guerra. O que vai acontecer é algo que poderia e deveria ter sido evitado. Não esperem que eu vista uma camiseta "Eu ♥ Bush". Apóiem a

democracia no Iraque, não apoiando um bombardeio seguido de reconstrução (bem, isso vai acontecer de qualquer forma), não enviando escudos humanos (sejamos francos, a guerra vai acontecer e Saddam vai usá-los como reféns), mas ficando de olho no que acontecerá depois da guerra.

Para concluir esta reclamação, uma palavrinha sobre os *fundis/wahabisim/qaeda* islâmicos e toda essa coisa.

Sabem quando a imagem de mulheres cobertas por véus da cabeça aos pés tornou-se comum nas cidades iraquianas? Sabem quando a questão da segregação entre meninos e meninas esquentou? Quando a lei tribal substituiu A LEI? Quando *Wahabi** tornou-se parte do nosso vocabulário?

Isso só aconteceu *depois* da Guerra do Golfo. Eu acho que foi o Cheney ou a Albright** que disse que eles bombardeariam o Iraque até trazê-lo de volta à Idade da Pedra... Bem, vocês conseguiram. Os iraquianos nunca aceitaram o extremismo religioso em suas vidas. Eles ainda não aceitam. *Wahabis*, em suas *dishdasha* curtas, ainda são vistos como ovelhas afastadas do rebanho. Mas eles estão se espalhando. A combinação de pobreza/desemprego/baixa auto-estima e a amargura de ver gente rica que subiu ao poder sem nenhum mérito real (mas com o sobrenome ou contato certo) sacudiu todo o tecido social. Situações que seriam consideradas intoleráveis no passado são toleradas hoje.

Eles chamam isso de *al hamla al imania* [a campanha religiosa]. Claro, ela foi apoiada pelo governo: inflá-los com palavras como "pobre na terra, rico no céu" manteve o povo quieto. Ou então o outro lado da moeda está sendo pago por organizações *Wahabi*. Venha rezar e receba dinheiro — sem brincadeira, isso é muito sério. Se o governo não pode lhe dar um emprego, corra

---

* Wahabi: membro de uma seita de muçulmanos puritanos que seguem estritamente as palavras originais do Corão. Receberam o nome em homenagem a Mohammed ibn Abd-el-Wahhab, que fundou a seita no século XVIII.

** [Dick] Cheney: vice-presidente americano; [Madeleine] Albright: secretária de Estado na gestão de Bill Clinton.

até a mesquita mais próxima e eles o apoiarão e lhe pagarão. Isto nunca aconteceu antes, é ultrajante. Mas o que as pessoas deveriam fazer? O governo não recebe recursos para pagar salários decentes, e o que ele recebe desaparece no bolso dos governantes. Portanto, por favor, parem de me falar sobre os fundamentalistas — eu nunca soube quem eram, e por aqui eles nunca passaram.
FIM DA RECLAMAÇÃO

:: salam 1:37 AM [+] ::

SEGUNDA-FEIRA, 17 DE MARÇO DE 2003

Filas impossivelmente longas em frente aos postos de gasolina, ontem à noite — alguns chegavam a ter duas viaturas policiais na frente, para garantir que nenhum "incidente" ocorresse.

O preço da água em garrafas triplicou.

Na Shabab TV (TV da Juventude), anúncios de que a União Nacional dos Estudantes Iraquianos (NUIS) está vendendo bombas d'água e tanques, capacetes protetores, pequenos geradores elétricos e, o que é mais surreal, câmaras protetoras contra ataques químico-biológicos. Na foto que eles mostraram, parecia um barril octogonal deitado de lado, com duas camas dentro e uns equipamentos estranhos por fora.

Rumores de fotos do Saddam com o rosto rasgado nos bairros de Dorah e Thawra (talvez seja verdade, talvez não). E agora as cidades de Rawa e Anna estão tão lotadas de gente que não se encontra uma cabana para alugar. Eram locais muito seguros durante a Guerra do Golfo, e quem tem dinheiro está alugando lugares por lá, esperando que desta vez também seja seguro.

O dinar está pairando ao redor de 2700 por dólar, e os itens mais em voga depois das "máscaras antipartículas" são os protetores de ouvido — eles não podem ser encontrados em lojas, precisam ser encomendados.

:: salam 8:48 AM [+] ::

QUARTA-FEIRA, 19 DE MARÇO DE 2003

Eu ia postar algo mais cedo hoje, mas tinha muito o que fazer, e meu irmão me lembrou que precisamos sair para reabastecer o carro, o que resultou em duas horas de tempo perdido na espera. Não está tão ruim quanto há dois dias, mas os postos de gasolina ainda estão lotados. Algumas horas depois que escrevi sobre as duas viaturas policiais de plantão em frente a cada posto, para manter as coisas em ordem, saímos novamente e vimos mais membros do partido nos postos de gasolina, vestindo seus uniformes verde-oliva, com Kalashnikovs mas hoje voltamos às duas viaturas. Há um rumor de que eles liberarão os postos de gasolina "especiais" para o público também. Há quatro desses postos em Bagdá, utilizados apenas por *eles*, ou por quem possua a identificação adequada.

Antes de entrar no que está se passando hoje, quero realmente agradecer a todo mundo que tem me enviado e-mails mostrando que se importam e se preocupam com o que acontecerá com o Iraque. Muito obrigado. Espero que compreendam que leva algum tempo para responder às suas perguntas, então por favor não fiquem chateados se eu não responder imediatamente. Eu as imprimo para mostrar ao Raed, e ele fica totalmente desconcertado. Gostaria de poder publicar algumas delas, ou imprimi-las e colá-las em postes de luz. Muito obrigado mesmo.

Algumas semanas atrás, jornalistas ficaram exasperados com o fato de que os iraquianos simplesmente seguiram tocando a vida e não entraram em pânico. Bem, hoje há uma situação bem diferente. Chega a ser um pouco assustadora — e bastante perturbadora. Para começar, o dinar bateu outro recorde negativo: 3100 dinares por dólar. Não havia nenhuma casa de câmbio aberta. Se você fosse até lá e pedisse, eles apenas te olhavam como se você fosse um louco. Onde quer que vá, você só vê lojas fechadas, não no sentido de meras-portas-trancadas, mas no sentido de placas-de-metal-soldadas-nas-fachadas; de janelas-arrancadas-e-emparedadas-com-tijolos; portas-sendo-soldadas. Havia caminhões carregados com todo tipo de coisa retirada das lojas, a caminho de qualquer lugar seguro de que o dono dispusesse. Tem gente erguendo enormes paredes sem portas na frente de casas ainda em construção, para garantir que não serão usadas como quartéis, acho. Dirigir por Mansur, Harthiya ou Arasat é bem deprimente. Ainda assim, eu, Raed e G. saímos para um último almoço juntos.

O rádio toca sem parar canções de guerra dos anos 80. Sabemos todas de cor. Dirigir por Bagdá, acompanhando músicas que dizem coisas como "estaremos com você até o dia de nossa morte, Saddam" foi, de repente, um pouco pesado demais. Ninguém tinha pensado muito sobre aquela frase, mas hoje em dia, de alguma forma, ela parece sinistra, já que ontem à noite a música "patriótica" mais tocada foi a da juventude *al-fituuwa*: é o código para todos os *Fedayeen** reunirem-se com suas respectivas unidades. E ela ainda está sendo tocada.

Algumas horas mais cedo, fomos a uma loja e uma mulher se despediu assim (e esta é uma frase muito comum): *itha allah khalana taibeen* [Nos vemos amanhã, se o bem nos mantiver vivos] — e o lugar inteiro ficou paralisado. Ela deu um riso nervoso, e disse que não estava se referindo *àquilo*, e todos rimos, mas estas coisas estão começando a adquirir um significado que ultrapassa meras figuras de linguagem.

Ainda não há presença militar na ruas, mas achamos que isso vai acontecer após o ultimato. Aqui e ali, você vê carros com metralhadoras percorrendo as ruas, mas não muitos. O suficiente para te deixar nervoso.

O preço das coisas está cada vez mais alto, não apenas por causa da queda do dinar, mas porque não há mais fornecimento. As empresas estão fechando e fazendo as malas. Apenas as lojas pequenas estão abertas.

As farmácias ajudam bastante na hora de conseguir os suprimentos de que você precisa, mas elas também têm apenas um estoque limitado de medicamentos e itens de primeiros socor-

---

* *Fedayeen: guerreiros fiéis a Saddam.*

ros. Portanto, se você não comprou aquilo de que precisa, talvez tenha que pagar preços inflacionados.

E se você deseja fugir para a Síria, a viagem vai lhe custar seiscentos dólares. Costumava ser cinqüenta. Agora, é mais barato ficar. De todo modo, passamos na frente dos escritórios que emitem autorizações de viagem, e eles estavam fechados com correntes e cadeados.

Alguns rumores:

Estão dizendo que Barazan (irmão de Saddam) sugeriu a ele que fizesse a coisa mais decente e se rendesse. Acabou sendo condenado a prisão domiciliar em um dos palácios presidenciais, provavelmente um dos que serão atingidos primeiro.

As famílias dos manda-chuvas e a família *dele* próprio estão se armando até os dentes. Mais por medo de iraquianos em busca de um acerto de contas que dos americanos.

E, pelo cheiro, parece que teremos uma tempestade de areia hoje, o que significa que o pessoal nas fronteiras já está coberto de areia. Tempo louco. Ontem chove, e hoje areia.

:: salam 3:13 AM [+] ::

QUINTA-FEIRA, 20 DE MARÇO DE 2003

É tarde demais até mesmo para comprar coisas de último minuto — não há suficientes lojas abertas. Saímos de novo para um passeio de carro pelas principais ruas de Bagdá. Deprimente demais. Nunca vi Bagdá deste jeito. Hoje o pessoal do partido Baath começou a tomar posição nas trincheiras, principais quarteirões e cruzamentos, totalmente armados e barbeados. Eles parecem limpos e bem enfeitados demais para defender qualquer coisa. E o mais chocante de tudo era o número de garotos. Não deviam ter mais que vinte anos, sentados em trincheiras, tomando refrigerantes Miranda e comendo chocolate (isso foi no final da nossa rua);

em outros locais, eram vistos sentados ao sol, entediados. Mais carros com armas e toneladas de Kalashnikovs por toda parte.

O pior é ver e sentir a cidade estagnada. Nada. Ninguém compra, ninguém vende, ninguém corre atrás de ônibus. Voltamos correndo pra casa. Dentro, pelo menos, a sensação de tristeza é menor.

O ultimato termina às quatro da manhã aqui em Bagdá, e a grande questão é se o ataque acontecerá na mesma noite ou não. Histórias sobre a Guerra do Golfo estão sendo contadas pela centésima vez.

A fronteira com a Síria agora está fechada para os iraquianos. Eles estão sendo mandados de volta. O pior é que as pessoas que desejam ir a Deyala, que fica *dentro do Iraque*, são forçadas a retornar a Bagdá. Havia um rumor correndo por aí, dizendo que Bagdá será "fechada": ninguém entra nem sai. Tem gente recebendo ordens de fazer meia-volta ao chegar à fronteira da cidade de Bagdá. Há um ponto de controle, e eles não deixam passar. Rumores dizem que muita gente tomou o caminho que atravessa Deyala para alcançar a fronteira com o Irã. Talvez seja verdade, talvez não.

Se vocês lembram, contei há algum tempo que se pode ter catorze canais de satélite liberados pelo Estado, retransmitidos e decodificados por receptores que devem ser comprados de uma companhia estatal. Esse serviço foi suspenso. A próxima será a internet, tenho certeza.

Coisas na TV iraquiana, hoje:

- uma entrevista com o ministro das Relações Interiores. Abaixei o volume, não quis escutar nada.
- manifestações em cidades iraquianas.
- ontem, os últimos quinhentos prisioneiros da Guerra Irã-Iraque foram negociados. Não acredito que ainda estão fazendo isso. Porra, essa guerra terminou em 1989! Cada família iraquia-

na é capaz de contar umas cem histórias tocantes sobre o que acontece quando você achava que um irmão/pai/filho estava morto, e ele reaparece de repente depois de dez anos.

:: salam 12:21 AM [+] ::

Sirenes de bombardeio em Bagdá, mas os únicos sons que dá para ouvir são as metralhadoras antiaéreas. Preciso ir.

:: salam 5:56 AM [+] ::

Ainda não está acontecendo nada em Bagdá. Só podemos ouvir explosões distantes, e ainda não soou a sirene indicando fim do perigo. Alguém na BBC disse que a rádio estatal foi tomada por uma transmissão norte-americana. Isso não aconteceu. As três emissoras estatais continuam operando.

:: salam 6:40 AM [+] ::

Isto, sim, foi realmente inesperado. Quando as sirenes foram acionadas, pensamos que teríamos toneladas de bombas largadas sobre nós, mas não aconteceu nada, pelo menos nesta parte da cidade. Canhões antiaéreos puderam ser ouvidos por algum tempo, mas eles também pararam e então veio a sirene indicando fim do perigo.

Hoje, pela manhã, saí com meu pai para um passeio por Bagdá, e não havia nada diferente de ontem. Não há toque de recolher, e carros são vistos em alta velocidade, indo de um lado para outro. O comércio está fechado. Apenas algumas padarias estão abertas e, é claro, os centros do partido Baath. Tem mais gente do Baath nas ruas, e eles têm mais armas. Nada de exército nas ruas. Ainda temos eletricidade, obviamente, os telefones ainda funcionam e recebemos chamadas do exterior, portanto as linhas internacionais continuam ativas. Ainda há água nos canos.

A estação de rádio FM em inglês foi substituída pela programação da rádio estatal em árabe, que está transmitindo na mesma freqüência. Digo isso apenas porque, ontem à noite, quando a BBC estava transmitindo de Bagdá (sim, instalamos a parabólica de novo), sua barra de notícias (ou seja lá como eles chamam aquela faixa vermelha na parte de baixo da tela) informou que a rádio estatal iraquiana foi tomada por uma transmissão dos Estados Unidos. Assistimos ao discurso do Saddam esta manhã: incluiu até versos!

:: salam 1:23 PM [+] ::

Assisti ao al-Sahaf na al-Jazeera. Ele contou que os Estados Unidos bombardearam o Canal de Satélite do Iraque (ISC), mas enquanto ele dizia isso o ISC estava operando, e se eles realmente acertaram o centro de operações do ISC, teria sido bem no centro de Bagdá. O que foi atingido, provavelmente, foram transmissores ou algo assim. Todas as estações de TV ainda estão no ar.

:: salam 4:28 PM [+] ::

A sirene de situação segura acabou de soar.

As bombas iam e vinham em ondas, nada muito pesado, e incomparável, até agora, com o que aconteceu em 1991. Todas as estações de rádio e TV permanecem no ar e, no início do ataque aéreo, a TV iraquiana exibia vídeos patrióticos e nem se deu ao trabalho de informar os espectadores de que estávamos sendo atacados. No momento, estão reprisando a entrevista de ontem com o ministro das Relações Interiores. O ruído da artilharia antiaérea é ainda mais alto do que os bums e bangs, o que significa que eles ainda estão longe de onde moramos, mas as imagens que vimos no canal de notícias da al-Arabiya mostraram um prédio em chamas perto da casa da minha tia. O Hotel Pax foi uma boa idéia.

Temos dois recintos seguros, um sintonizado na "mídia internacional" e outro na TV iraquiana. Todos estão esperandoesperandoesperando. Os telefones ainda estão OK. Ligamos para diversos locais da cidade há alguns instantes, para checar como estão os amigos. É de informação que eles precisam. A TV iraquiana não diz nem mostra nada. Para que servem canções patrióticas quando as bombas estão caindo?

Lá pelas seis e meia da manhã meu tio saiu para comprar pão. Ele disse que todas as ruas que conduzem às principais vias arteriais estão sob controle do pessoal do Baath. Não é um toque de recolher, mas você precisa ter uma boa razão para sair do seu bairro — e as padarias, por instrução do partido, vendem apenas uma quantidade limitada de pão a cada freguês. Meu tio também disse que, perto das ruas principais, todas as casas em construção foram tomadas pelo partido ou por integrantes do exército.

:: **salam** 10:33 PM [+] ::

SEXTA-FEIRA, 21 DE MARÇO DE 2003

As notícias mais perturbadoras de hoje vieram da al-Jazeera. Eles disseram que nove bombardeiros B-52 deixaram a base aérea na Grã-Bretanha e estão, "presumivelmente", voando na direção do Iraque. Como se eles pudessem ter ido dar uma voltinha no quarteirão! Mas enfim, eles levarão seis horas para chegar aqui.

A noite passada foi muito quieta em Bagdá. Hoje pela manhã, saí para comprar pão e outros comestíveis. Não havia gente do partido nos impedindo de sair da área onde moramos — isso acontece, aparentemente, após as orações noturnas. Mas eles ainda estão por toda parte. As ruas estão vazias. Apenas as padarias abrem, além de algumas mercearias que cobram quatro vezes o preço normal.

Enquanto eu comprava pão, um carro de polícia parou em frente à padaria e perguntou se eles tinham farinha suficiente e a que horas abriam. O padeiro me contou que todos precisam abrir suas padarias, e que recebem entregas diárias de farinha. Com produtos de mercearia, laticínios e carnes é outra história. Uma empresa de laticínios (não estatal) parece ainda estar funcionando, e seus carros estavam percorrendo a cidade distribuindo manteiga, queijo e iogurte a qualquer mercado que estivesse aberto. Comprar carne não é seguro, porque não se sabe de onde vem, nem como chegou às lojas.

De todo modo, compramos tomates frescos e abobrinha por mil dinares o quilo, quando o preço normal seria 250 dinares. E, o mais incrível de tudo, o caminhão de lixo passou.

O Canal de Satélite Iraquiano não está mais transmitindo. O segundo canal jovem de TV (exibe novelas egípcias pela manhã e esportes depois disso) também parou de transmitir. Com isso, restam dois canais: a TV Iraque e TV Shabab [Juventude]. Ainda estão repletos de canções patrióticas e "notícias" inúteis — eles adoram os franceses por aqui. Também vimos o programa mais recente do Sahaf na al-Jazeera e na TV Iraque, e o irritante ministro das Relações Interiores com suas armas. Aberrações. Agredir o mundo verbalmente é tudo o que sobrou para eles fazerem.

Na BBC, assistimos a cenas de iraquianos se rendendo. Meu primo mais novo estava resmungando "Que vergonha" para si mesmo. Sim, é a melhor coisa que eles podem fazer, mas, ainda assim, vê-los carregando aquela bandeira branca faz algo se contrair dentro da gente.

Nos sentamos em frente à TV com o mapa do Iraque no colo, tentando entender o que se passa no sul.

:: salam 3:13 PM [+] ::

Como sempre, Diana vem me salvar:

SALAM PAX É REAL?

Por favor, parem de enviar e-mails perguntando se eu existo. Não acreditam? Então não leiam. Não sou truque de propaganda de ninguém — quer dizer, exceto de mim mesmo.

Mais duas horas até que os B-52s cheguem ao Iraque.

:: salam 6:05 PM [+] ::

SÁBADO, 22 DE MARÇO DE 2003

4:30 PM (3º dia)

Há meia hora, as trincheiras de petróleo foram incendiadas. Primeiro ouvi na al-Jazeera que esses foram os locais atingidos por bombas de um ataque aéreo ocorrido cinco minutos antes, mas quando subi ao telhado para dar uma olhada, vi que havia uma quantidade muito grande de focos de fumaça — ouvimos apenas três explosões. Tirei fotos do mais próximo. Meu primo veio e me contou que viu carros de polícia parados ao lado de uma das trincheiras, que estava sendo incendiada. Agora dá para ver as colunas de fumaça por toda a cidade.

Hoje tivemos um bom número de ataques durante o dia — alguns sem as sirenes de alerta contra bombardeios. Eles provavelmente desistiram de tentar chegar a tempo às sirenes. Noite passada, depois de ondas e mais ondas de ataques, eles acionavam a sirene de fim do perigo apenas para acionar novamente a de ataque aéreo trinta minutos depois.

As imagens que vimos na TV ontem à noite (não na iraquiana, e sim na Jazeera/BBC/Arabiya) foram terríveis. A cidade inteira parecia estar em chamas. A única coisa que pude pensar foi "Por que isso precisa acontecer a Bagdá?". Quase chorei quando um dos edifícios que adoro foi-se numa grande explosão.

Hoje meu pai e meu irmão saíram para ver o que está acontecendo na cidade. Eles dizem que os ataques parecem ter sido muito precisos, mas quando os mísseis e bombas explodem, semeiam destruição por toda a vizinhança onde caíram. Casas próximas ao palácio al-Salam (aonde o ministro Sahaf levou jornalistas) tiveram todas as janelas quebradas e portas arrebentadas, e o telhado de uma delas ruiu. Acho que é o que chamam de "danos colaterais". Isso torna a destruição aceitável?

Estamos preocupados com os bombardeios diurnos, com a próxima rodada de ataques nesta noite, e com o adicional da cortina de fumaça em nosso céu.

DOMINGO, 23 DE MARÇO DE 2003

Tenho internet novamente — postarei em breve.

Mas preciso muito me desculpar com as pessoas do industrialdeathrock.com, porque a quantidade de acessos que este blog vem gerando provoca a queda de seus servidores. Sinto muito. Eu deveria ter tomado mais cuidado.

Olhando meus e-mails, vejo que este blog também esteve causando problemas ao Blogspot. Me desculpem. E mais uma vez o Blogger foi generoso comigo, permitindo que isso acontecesse até terminar. Obrigado. Minha caixa de mensagens está cheia devido aos dois últimos dias de blecaute na internet — relatarei agora o que se passou neles.

:: salam 3:24 PM [+] ::

8:30 PM (4º dia)

Começamos a contar as horas a partir do momento em que um dos canais de notícias informa que os B-52s deixaram a base aérea. Leva cerca de seis horas para chegarem ao Iraque. No primeiro dia de bombardeio, isso funcionou com precisão. Ontem, ficamos um pouco surpresos quando as seis horas se passaram e as bombas não começaram a cair.

Os ataques a Bagdá foram muito menores do que há dois dias. Descobrimos hoje, pelo noticiário, que a cidade de Tikrit foi coberta de bombas. Hoje os B-52s decolaram às três da tarde

— em meia hora saberemos se o alvo desta noite é Bagdá ou outra cidade. Karbala também foi atingida ontem à noite.

Os ataques de choque de hoje (e da noite passada) não vieram de aviões, mas de ondas aéreas. As imagens que a al-Jazeera está transmitindo vão além de qualquer descrição. Primeiro, foi o ataque ao acampamento de Ansar el Islam, no norte do Iraque. Depois as imagens de vítimas civis na cidade de Basra. O mais perturbador foram as imagens dos hospitais. Eles simplesmente não estão preparados para lidar com esse tipo de coisa. As pessoas ficavam deitadas no chão, com ataduras e sangue por todo lado. Se é isso que eles querem dizer com "guerrilha urbana", então devemos nos preparar para um desastre. E, agora há pouco, imagens de prisioneiros e mortos dos Estados Unidos/Inglaterra — vimos mais cedo na TV iraquiana. Esta guerra está começando a mostrar seu lado feio, muito feio, para o mundo.

As guerras de mídia também já começaram. A al-Jazeera está acusando o Pentágono de não mostrar quão horripilante a guerra vai ficando, e Rumsfeld diz que é lamentável que algumas redes de TV tenham mostrado as imagens.

Hoje, antes do meio-dia, saí com meu primo para dar uma olhada na cidade. Duas coisas: 1) os ataques são precisos; 2) estão atacando alvos que ficam próximos demais a áreas civis de Bagdá. Vejam o palácio Salam e as casas ao redor. De perto, é bem assustador — e dá para ver janelas com vidros quebrados até pontos muito distantes. Em outro bairro, vi um "alvo" um tanto inesperado: é algum tipo de clube de oficiais, no meio do bairro de [...]. Acho que não foi gravemente atingido, porque ainda estava de pé, mas as casas em volta — e as casas vizinhas e no lado oposto da rua — estavam danificadas. Uma delas virou entulho, e nas outras estavam limpando vidro e destroços. Um caminhão de lixo estaciona ao lado da maioria das casas danificadas e auxilia na limpeza.

Em geral, as ruas estão bem movimentadas. Muitos carros, mas poucos estabelecimentos abertos. Agora, o mercado perto de casa já está quase vazio. O dono da loja diz que no momento quase todos os atacadistas em Shorjah estão fechados, mas os preços de verduras, legumes e frutas voltaram ao normal, e eles não estão em falta.

Enquanto eu comprava comida, a mulher que vende verduras e legumes conversava com uma outra sobre a aproximação do exército americano da cidade de Najaf e sobre o que está acontecendo em Umm Qasar e Basra. Se Umm Qasar é tão difícil de controlar, o que vai acontecer quando chegarem a Bagdá? A coisa vai ficar mais feia, e isso é muito preocupante. As pessoas (e aposto que as "forças aliadas" também) esperavam que fosse muito mais fácil. Não há massas ondulantes de gente dando boas-vindas aos americanos, e tampouco se vêem rendições aos milhares. As pessoas fazem o que todos nós fazemos: ficam sentadas em casa, com as portas fechadas, esperando que uma bomba não caia em cima delas.

Agora as colunas de fumaça engolfaram Bagdá, ou quase toda ela. Os ventos costumam soprar para o leste, o que deixa limpa a parte ocidental da cidade. Mas quando o vento vem na direção do sol, a fumaça cobre inteiramente a cidade — é uma nuvem muito grossa. Temos pela frente alguns dias muito negros, literalmente.

Ainda há eletricidade; depois do ataque da última noite, algumas áreas de Bagdá estão no escuro. A água encanada e os telefones estão em ordem.

Ontem, muitos folhetos foram jogados sobre Bagdá. Ao circular pelas ruas, tive sorte e peguei dois. Depois de ter sido tão mau com o pessoal do <www.industrialdeathrock.com>, não sei se devo postar imagens ou não.

E tivemos um novo ataque por e-mail, tive sorte novamente e fiz cópias destes posts, o remetente é alguém chamado blablabla@hotpop.com. Ainda não dei uma olhada. Três deles são dirigidos aos militares, e dois ao público em geral, revelando as freqüências de rádio que devemos escutar. Eles chamam isso de "Rádio da Informação".

:: **salam** 4:41 PM [+] ::

SEGUNDA-FEIRA, 24 DE MARÇO DE 2003

Não tivemos acesso à internet nos dois últimos dias. Achei que já era, e iniciei o que um amigo chamou de "pblog" — o que você lerá agora é o que deviam ter sido os textos dos dias 22 e 23.* O Blogger e o Google criaram um mirror** para este weblog em <www.dearraed.blogspot.com>, para os que têm problemas com o *underscore* na URL. Não há palavras suficientes para agradecer ao pessoal do Blogger pelo apoio e ajuda.

9:29 PM (5º dia)***

Hoje não vimos nenhum canal de notícias informar nada de Fairford a respeito dos B-52s, mas por outro lado os bombardeios não pararam durante o dia inteiro. O bombardeio da noite passada foi bem diferente dos anteriores. Não apenas foi mais pesado, mas o som das bombas também era diferente. Os buums e bangs foram muito mais altos. Ouvia-se um grande bang, seguido por uma série de tremores que sacudiam tudo. E há, claro, as séries de profundos "dob-dob-dobs" das explosões mais distantes. De qualquer modo, ainda é cedo (são 9h45 da noite). Na noite passada, a coisa ficou séria à meia-noite, depois com bombardeios às três, quatro e seis da manhã — cada um durava quinze minutos. As sirenes de ataque aéreo sinalizaram um ataque por volta da meia-noite, e o alarme de fim do perigo não soou mais. Sono é o que você consegue dormir entre os momentos em que é despertado pelos tremores, ou quando conse-

---

* Estes textos foram devolvidos à ordem original.

** Mirror site: jargão da área de informática. Um mirror é um servidor que contém um conjunto de arquivos que é uma duplicata do conjunto existente em outro servidor. Os mirrors existem para dividir a carga de distribuição entre sites. (N. do T.)

*** Os textos seguintes, até o dia 1º de maio de 2003, foram inicialmente publicados por Diana em maio, devido à queda da internet no Iraque. Durante este período, Salam escreveu num diário e enviou os textos a Diana por e-mail no dia 7 de maio.

gue tirar os olhos dos noticiários. Escutamos as mesmas notícias repetidamente. Mas é impossível deixar de ouvi-las.

Na verdade, as sirenes de ataque aéreo não são tão confiáveis. Se a de fim do perigo não soa no intervalo de uma hora, você já fica inquieto. O melhor sistema de alarme é um tanto acidental. Tornou-se um hábito dos *muezzins* (os puxadores de orações) das mesquitas começar a cantar *allahu akbar — la illaha ila allah* no momento em que um deles escuta uma explosão. O *muezzin* seguinte começa no momento em que ouve o outro chamando, e assim por diante. Isso se espalha pela cidade rapidamente, e logo todas as mesquitas estão fazendo o Takbir por uns cinco minutos. É muito lúgubre, mas funciona bem para alertar todos.

Leia abaixo um dos e-mails que recebemos, traduzido sem muito rigor para o inglês.

A linha do assunto diz "informação importante":

> O mundo uniu-se em uma causa comum. Esses países formaram uma aliança para remover o pai de Qusay e seu regime brutal. O pai de Qusay tiranizou os filhos do Eufrates e aproveitou-se deles por anos, e deve ser removido do poder.
>
> As forças de coalizão não estão aqui para ferir você, mas sim para ajudá-lo. Para seu bem-estar, as forças de coalizão prepararam uma lista de instruções para manter você e sua família em segurança. Queremos que perceba que estas instruções são para mantê-lo em segurança, mesmo que sejam, talvez, (inapropriadas) [isso é um pouco difícil, porque mesmo em árabe eu não entendo muito bem o que eles querem dizer, mas com certeza chamou a minha atenção – será que vão pedir que eu fique nu e em pé no jardim, ou algo parecido?]. Acrescentamos que não queremos machucar pessoas inocentes.
>
> Por favor, para sua segurança, permaneça longe de alvos em potencial, como estações de rádio e televisão. Evite viajar ou trabalhar próximo a campos de petróleo. Não dirija carros à noite. Fique distante de prédios militares ou áreas usadas para armazenar armas. Todos

os mencionados são alvos possíveis. Para sua segurança, não fique próximo desses prédios e áreas.
Para sua segurança, fique distante das forças de coalizão. Embora eles estejam aqui para não o seu machucar [sic], estão treinados para defender a si mesmos e a seus equipamentos. Não tente interferir nas operações das forças de coalizão. Se você o fizer, estas forças não o verão como um civil, mas como uma ameaça e como também um alvo.
Por favor, para sua segurança, fique longe das áreas mencionadas. Não deixe seus filhos brincarem nesses locais. Por favor informe sua família e seus vizinhos sobre nossa mensagem. Nosso objetivo é remover o pai de Qusay e seu regime brutal.

E então eles listam as freqüências das "Rádios de Informação". Eles planejam até mesmo transmitir em FM. O que chamou a minha atenção imediatamente é a expressão "pai de Qusay". Nós não dizemos *walid Qusay* em árabe iraquiano, mas usamos *abu Qusay*, e em geral ele é referido como *abu Uday*, e ainda assim Uday foi obviamente deixado de fora do jogo. Ninguém o vê em reuniões. Oficialmente, os e-mails vieram de uma conta no hotpop.com, um do Lycos e outro do Yahoo. Não acho que eles esperem que alguém responda. Mas será muito interessante ver o que acontece se eu escrever para um deles.

Estava assistindo a uma reportagem na al-Jazeera há pouco, sobre Mosul e os preparativos por lá. O repórter entrevistou alguém do Fedayeen Saddam. Ele disse que está em Mosul para matar americanos e matar qualquer um que não lute contra os americanos — ali, em uma frase, está explicada toda a situação em Basra, e provavelmente em várias cidades iraquianas. O medo é profundo, e a confiança no povo-do-estrangeiro não é alta.

:: salam 5:50 PM [+] ::

TERÇA-FEIRA, 25 DE MARÇO DE 2003

10:05 AM (6º dia)

Uma poderosa explosão exatamente à meia-noite. O ataque durou dez minutos, e então mais nada. Tivemos, e ainda temos, um tempo horrível. Ventos muito fortes — espero que não haja uma tempestade de areia.

Na seção oh-a-ironia-disto-tudo da minha vida, posso incluir a inacreditável falta de sorte de ter enjoado das notícias, querer assistir a um filme e descobrir que o único filme que tenho e que ainda não vi uma centena de vezes é *Meu querido presidente* [*The American president*]. Sem brincadeira. Um amigo me deu esse vídeo meses atrás, e eu nunca assisti. Fiz isso ontem à noite. O "palácio presidencial" americano é bem bonito. Mas o Michael Douglas é um presidente lamentável.

Sem internet esta manhã, sem internet ontem à noite. E acabamos de ter uma explosão (12h21). Sem sirenes, sem nada. Apenas um "buum".

E outro.

Dá para escutar o som dos aviões. Olha, é isso que se escuta nos últimos dois dias quando uma enorme explosão está chegando: primeiro, o zumbido do que é (eu acho) um avião, depois um pequeno bum, seguido por um rumor giratório que vai aumentando de volume, e de repente BUUM! e de novo, o avião.

Acho que isso é um ataque pra valer, porque ainda ouço explosões.

Té mais.

QUARTA-FEIRA, 26 DE MARÇO DE 2003

11:50 AM (7º dia)

Bem, sobre a esperança de que não houvesse tempestade de areia: posso dizer que os deuses definitivamente não me ouvem. Tivemos a tempestade mais feroz de todos os tempos. Parecia que não ia acabar. Hoje de manhã, tudo estava coberto de areia. Não apenas uma leve película de areia, mas uma camada grossa e vermelha. E para acrescentar algo à comédia absurda que estão curtindo às nossas custas, os deuses respingaram um pouco de chuva para garantir que ela se assentasse, mas não fosse lavada.

Hoje de manhã, lá pelas oito horas, o céu limpou por algumas horas e, aproveitando a deixa, os americanos entraram em cena para garantir que seu papel na comédia não fosse esquecido, iniciando o bombardeio. Agora estamos sendo cobertos mais uma vez por outra camada de areia.

Meu amigo Stefan me mandou um e-mail há quatro dias, descrevendo tudo isto como uma peça dadaísta. Depois da tempestade de areia, da chuva e das bobagens que o noticiário está mastigando, concordo plenamente. Umm Qasar está controlada. Umm Qasar não está segura. Basra não é um alvo. Basra será atacada. Nasiriyah está controlada. Nasiriyah é palco de combate pesado. Pessoal do jornalismo, por favor, decidam-se. E a novidade no absurdo do noticiário de guerra é a "Revolta em Basra". De um lado, Estados Unidos e Inglaterra gritam sua esperança/espera de que os iraquianos covardes lutem contra o regime, e do outro aparece o Rumsfeld na TV dizendo "Bem... se eles enfrentarem o regime, não poderemos ajudá-los agora".

Hoje conversei com G. no telefone. Ele parou de acompanhar as notícias há dois dias. Não acusem a mídia iraquiana de mentirosa, o resto não é diferente.

As informações de que a TV iraquiana saiu do ar são parcialmente verdadeiras. Não conseguimos sintonizar a TV iraquiana, mas outras áreas conseguem. Talvez estejam emitindo um sinal fraco, algo do tipo. E temos, sim, problemas com a eletricidade. Ontem, faltou energia em muitas regiões de Bagdá depois das cinco da tarde, mas numa região de cada vez, e não em todas ao mesmo tempo. Aí ela voltava por uma hora, e sumia novamente. Não sei dizer se isso se deve ao mau tempo ou ao bombardeio. Em algumas áreas, a causa foram árvores que tombaram sobre cabos de energia. Os telefones ainda funcionam. A não ser que, no local onde você mora, os postes telefônicos tenham sido derrubados pelo vento.

Também encontrei, hoje de manhã, alguns parentes do sul e do sudoeste de Bagdá (nas cercanias, não dentro dos limites da cidade). Eles dizem que sofreram um bombardeio muito pesado, provavelmente uma forma de preparar o terreno para uma invasão à cidade. Eles também dizem que, de vez em quando, alguns helicópteros passavam voando rente ao chão. Em uma ocasião, os helicópteros foram perseguidos por tiros dos proprietários de terras.

Gostaria muito de dizer algo sobre as tribos iraquianas e suas fazendas. Não há nada mais importante para eles do que a terra. E eles se contorcem ao ver o exército iraquiano ocupando-a. Isso tem acontecido há algum tempo, não somente desde que a guerra começou. Eles não podem fazer nada quanto à ocupação pelo exército iraquiano, mas ninguém se importa se eles atirarem para expulsar qualquer outra pessoa. Se os membros de uma tribo viverem próximos uns dos outros, ocupando pedaços de terra adjacentes, eles vão se unir para garantir a segurança da área, e isso inclui manter as "forças aliadas" distantes de seus lares — e eles estão armados. Falando em tribos, líderes tribais estão sendo chamados a diversos hotéis de Bagdá e recebendo grandes pilhas de dinares iraquianos.

QUINTA-FEIRA, 27 DE MARÇO DE 2003

3:35 PM (8º dia)

Passamos a manhã inteira limpando a bagunça criada pela tempestade de areia-chuva-areia-de-novo. Evidentemente, isso foi feito no ritmo do bombardeio. Ele se tornou a trilha sonora de nossas vidas. Você acorda ao som do bombardeio; escova os dentes ao som dos "ra-ta-ta-tás" da artilharia antiaérea. Então vem o ataque, sincronizado com nosso horário de almoço.

É divertido lavar os pratos enquanto se pensa na possibilidade de a grande janela à sua frente ser arrebentada pelas toneladas de explosivos cadentes e tudo o mais. Nos primeiros dois dias, corríamos para dentro e ouvíamos tudo com preocupação, mas agora apenas suspiramos, olhamos para o céu, xingamos e voltamos ao que estávamos fazendo. Isso só é assim, é claro, porque moramos relativamente longe do local onde a ação está acontecendo nestes dias. Só nos preocupamos seriamente com dois canhões antiaéreos situados a algumas centenas de metros. Pelo que dizem as pessoas que moram perto de "alvos", podemos agradecer a qualquer deus ou casualidade que nos fez morar onde estamos agora.

Ontem à noite, as bombas acertaram uma grande central de comunicação em Bagdá. Agora existem áreas da cidade para as quais não conseguimos telefonar, e as linhas que comunicam com o exterior estão "pfffffs"... perdi toda a esperança de voltar a ter internet. Saímos de carro para dar uma olhada, e é chocante. Parece que o prédio explodiu de dentro para fora. Dá pra enxergar dentro dos três andares. É bem perto da torre Saddam, na área de al-Ma'amun. Graças a Deus, ainda consigo ligar para Raed. Mas ele não consegue ligar para alguns parentes dele. A operadora só lhe dá a resposta automática de "Este número não está em uso".

As ruas estão muito agitadas. Mas a aparência de Bagdá está péssima, por causa da poeira. Parece que tudo foi camuflado. E todos estão nas ruas, lavando carros e entradas de automóveis. Mais algumas lojas estão abertas e, incrivelmente, o restaurante al-Sa'a não fechou um único dia. Todos nós em Bagdá temos muita consciência de que ainda não vimos os dias realmente ruins.

Basra, por sua vez, está atolada na merda. Mais uma palavra dos americanos na TV sobre "ajuda humanitária", e eu mato minha televisão. Eles têm a audácia de nos transformar em mendigos, enquanto teremos de pagar pela pesquisa e desenvolvimento das armas que estão testando *em nós*, e eles fazem isso como se estivessem nos ajudando, com sua "ajuda humanitária".

Com licença, mas ajudaria bem mais se vocês parassem de soltar aquelas bombas de milhões de dólares em cima da gente — a longo prazo, é mais barato pra nós. Por mais que eu não goste dele, al-Sahaf falou bem: "lágrimas de crocodilo", de fato. Uma coisa me fez rir com deleite: quando os carros do Crescente Vermelho* (kuwaitianos — e é melhor eu não dizer o que penso sobre isso) estacionaram em Safwan e começaram a descarregar, foram saqueados! As pessoas simplesmente entraram nos caminhões e fizeram a distribuição por si próprias, enquanto os soldados dos Estados Unidos e da Inglaterra ficaram olhando. *Bil rooh, bil daam nafdeek ya Saddam!* [Sacrificaremos nossas almas e sangue por Saddam!]. Catastrófico, e é só o começo.

A notícia mais preocupante é o informe que ouvi, do governo dos Estados Unidos: o exército iraquiano está forçando todos os homens a participarem da batalha contra os americanos, com ameaças de matar suas famílias caso não obedeçam. Acho que dizer a eles que não estou com vontade de lutar não vai ajudar muito.

DOMINGO, 30 DE MARÇO DE 2003

7:30 PM (11º dia)

Hoje, duas manifestações de um homem só, no passeio de carro pela cidade.

Um homem acorrentado a uma árvore na frente do prédio da ONU em Abu Nawas. Era cômico, na real. Estava preso por uma corrente comprida, e mais parecia um sujeito perigoso mantido sob observação do que um manifestante raivoso. O prédio está vazio, e o vidro foi arrancado da maioria das janelas porque fica de frente para o rio e para a maioria dos palácios e edifícios bombardeados.

---

* *O equivalente muçulmano da Cruz Vermelha.*

O outro esforço de um homem só foi muito mais admirável — decidimos até tocar a buzina e gritar palavras de apoio. Ele estava em pé no cruzamento próximo a al-Salhia, bem ao lado do Ministério da Informação, sozinho, segurando um cartaz que dizia, em árabe, OS IRAQUIANOS SE RECUSAM A ACEITAR QUALQUER AJUDA HUMANITÁRIA DOS JORDANIANOS E EGÍPCIOS. É isso aí! Queria ter coragem de me juntar a ele, mas o homem estava de pé em uma das áreas mais bem guardadas no momento. O Ministério da Informação está na mira, bem como o prédio da TV iraquiana na saída da estrada, e há *Hizbis** por todo canto. Isso provavelmente significa que o homem é, ele mesmo, um Hizbi, mas ainda assim nos recusamos a aceitar qualquer socorro daqueles países, depois de eles terem recebido dinheiro para ficarem calados quando o assunto é o Iraque.

O prédio do Ministério da Informação está sendo evacuado. Ontem, havia um milhão de pessoas ao seu redor — os jornalistas estavam todos de plantão ali. Hoje, todas as parabólicas se foram, as tendas estavam sendo desmontadas e havia pouquíssimos carros com as letras "TV" marcadas com fita adesiva. Vimos os jornalistas perto do Hotel Palestine-Meridian. Mas estávamos assistindo à al-Arabiya e à BBC — elas parecem ter posicionado as câmeras em outro lugar.

O passeio de hoje pela cidade seguiu-se ao bombardeio das estações de telefone, ocorrido ontem à noite. Muitas delas foram reduzidas a entulho. A noite passada trouxe um dos bombardeios mais pesados. Logo depois que escrevi no diário, abriram-se as portas do inferno. Houve duas explosões, ou séries de explosões, que sacudiram a casa como nunca. Dava pra sentir as paredes retumbando e o chão tremendo debaixo dos meus pés antes de escutar o som das explosões.

Depois de ver o que foi feito às pequenas estações telefônicas, temo que a pequena estação de al-Dawoodi também seja atingida, e isso seria perto demais de nós. Desde os bombardeios de ontem à noite, também não consigo mais ligar para o Raed. G. não consegue ligar para nenhum

---

* Hizbis: *membros do partido Baath.*

de nós desde que a primeira estação foi bombardeada. Parece que ele mora em uma cidade diferente. Ele está longe demais, e não pode ligar para cá.

Não há boas notícias em lugar nenhum. Nenhuma luz no fim do túnel — e o avanço americano não parece muito tranqüilizador. Se tivéssemos um barômetro de humor na casa, ele indicaria QUE SADDAM VÁ PRO INFERNO, E GANHE RAPIDAMENTE A COMPANHIA DE BUSH. Ninguém tem a sensação de que deveria dar boas-vindas ao exército americano. O governo americano tem recebido tantos xingamentos quanto o iraquiano.

ABRIL DE 2003

TERÇA-FEIRA, 1º DE ABRIL DE 2003

6:50 PM (13º dia)

Há um item que eu não imaginava que precisaria estocar: antiácido. As sirenes de ataque aéreo começam a tocar, ou as bombas pesadas começam a cair, e cinco minutos depois preciso correr à gaveta do antiácido. Agora, toda vez que o bombardeio começa, meu irmão começa a cantarolar "Pennyroyal tea", do Nirvana... mas os antiácidos iraquianos não têm sabor — parece que você está mastigando gesso.

Bombardeio muito pesado nos últimos dois dias. Embora hoje o dia tenha sido bastante quieto, aposto que o bombardeio pesado vai continuar à noite. É mais pesado a cada dia. Quando cai alguma das bombas mais pesadas, parece que a casa vai desmoronar em cima de você. Ontem, perto das duas da manhã, algumas explosões fizeram a casa inteira oscilar — você sente o chão se mover sob seus pés. Dizem que essas bombas caíram na "Aldeia Iraquiana" — um orfanato. Bem... todos sabemos que o que chamam de "Aldeia Iraquiana" na verdade é parte de uma área imensa usada pelo Exército Republicano. Portanto, não surpreende que tenha sido atingida pela segunda vez.

Hoje, fomos ao distrito de Adhamiya para olhar o estrago feito por lá. Outra pequena estação telefônica bombardeada até cair no chão. Os prédios comerciais ao redor foram transformados em cascas inúteis. Dá a impressão de que, ao empurrar uma das paredes, eles vão desmoronar. E apenas alguns metros adiante, o que já foi uma casa é agora uma pilha de destroços. A algumas ruas dali fica o Canal de Satélite Iraquiano. Dá pra ver a torre de transmissão torta e quebrada, mas não conseguimos nos aproximar — puseram barricadas em todas as ruas que conduzem ao local. A Adhamiya é uma área muito densa. Essas bombas devem ter abalado gravemente as pessoas.

As ruas estão mais povoadas a cada dia, e mais lojas já estão abrindo. Vocês conseguem imaginar o que é ter que parar de trabalhar por duas semanas? Uma imensa parte da população — especialmente donos de lojas, mercearias e assemelhados — depende de uma renda diária. Duas semanas é muito tempo para ficar sem dinheiro. Na maioria dos trabalhos manuais se paga por dia, e todas essas pessoas têm que ficar em casa porque não há trabalho.

Lojistas que moram perto da loja estão abrindo; os bancos estão abertos (mesmo os privados), e a vida continua. As coisas custam duas vezes o preço normal, mas ficamos felizes por ainda poder comprar aquilo de que precisamos, pois assim podemos manter o que foi estocado para dias piores, que certamente virão.

Se Basra pode ser tomada como exemplo, Bagdá será um inferno. Parece que os exércitos dos Estados Unidos e da Inglaterra entrarão em Bagdá pelo oeste, o que nos põe bem no seu caminho. O governo iraquiano também é dessa opinião, porque o local onde moramos começa a ter o aspecto de uma base militar.

A pior coisa que pode acontecer com você, nesses dias, é ter uma casa vazia ou semiconstruída próxima ao lugar onde mora. O governo se apossará dela. Agora temos Hizbis como vizinhos. Duas ruas atrás há algo que, provavelmente, é ainda mais ameaçador, pelo tipo e pela quantidade de carros que ficam estacionados por ali durante o dia. Com tantas trincheiras a rua principal já se parece com um campo de batalha. Não aquelas feitas de sacos de areia, mas verdadeiras trincheiras escavadas, com gente empunhando lançadores de foguetes. Uma grande diversão à espera de todos. De que jeito eles vão tomar Bagdá? Temo que as áreas onde vivemos, nas bordas externas da cidade, virarão zonas de combate.

Ainda estou tentando ignorar o bombardeio televisivo incessante, 24 horas por dia. As notícias só elevam o nível da minha paranóia. Estou vivendo dentro dos meus fones de ouvido, ou assistindo a vídeos bobinhos. *A era do gelo* já é um dos favoritos da casa.

QUARTA-FEIRA, 2 DE ABRIL DE 2003

Na verdade estou cansado, amedrontado e chocado demais para escrever qualquer coisa. Sim, saímos mais uma vez para ver o que foi atingido. Sim, tudo causa dor. As conversas incluem, invariavelmente, a frase "O que há de errado com eles? Enlouqueceram?". Não suporto mais a TV e as mentiras no noticiário. Nenhuma boa notícia, onde quer que se olhe.

Bagdá fica mais assustadora a cada minuto. Agora, há gente do exército por toda parte. Meu tio precisará sair de casa porque há uma bateria antiaérea instalada muito perto. A área onde moramos também não está com um aspecto muito bom. Estamos cercados por todo tipo de aparato militar. Todas as escolas da região se converteram em centros do exército ou do partido. Evito caminhar pela frente da escola de nosso bairro. Tento a manobra do avestruz: o que os olho não vêem, o coração não sente.

A programação de notícias me leva à loucura, mas é tudo a que estamos assistindo. Gosto, especialmente, do show do Pentágono: ele com suas expressões faciais perturbadoras, ela com seus trajes berrantes. Ainda assim, o melhor nível de entretenimento que se obtém ultimamente é o dos relatórios — iraquianos e americanos. Al-Sahaf está se superando cada vez que aparece na TV — e não conheço ninguém que possa me explicar o que significa *oolouj*. A melhor maneira de se esconder das notícias é viver dentro dos fones de ouvido.

Há duas horas, podíamos ouvir o ronco dos aviões sobre nós, e eles levaram décadas para passar. "Amedrontado" não é a palavra certa. Nervoso, agitado — às vezes você só quer poder gritar com alguém —, raivoso. Gostaria que os governos iraquiano *e* americano parassem de dizer que estão fazendo isso por seus povos. Também quero segurar uma placa dizendo NÃO EM MEU NOME.

Pachechi* esteve em todas as estações de TV iraquianas que têm programas de entrevistas e de auditório. Se a escolha é entre ele e Chalabi, fico com ele.

Bombardeio ininterrupto. No momento, os Estados Unidos e a Inglaterra não estão vencendo nenhuma batalha para "conquistar o coração e a mente" deste indivíduo que vos fala. Não importa para que lado isto vá; minha vida ficará mais difícil no fim das contas. Você vê os âncoras de noticiários da BBC, Jazeera e Arabiya com tanta freqüência que começa a sonhar com eles, e até mesmo a perceber quando aparecem com um novo corte de cabelo ou, em um caso da al-Jazeera, com cabelos mal tingidos.

SEXTA-FEIRA, 4 DE ABRIL DE 2003

4:30 PM (16º dia)

Não consegui dormir ontem à noite. Se é verdade que o exército dos Estados Unidos está no Aeroporto Internacional Saddam, eles estão a trinta minutos de carro do local onde Raed mora. Não há telefone, e estou um pouco amedrontado demais para dirigir até a sua casa. O telefone andou meio esquisito nos últimos dias. É mais um sistema de interfone do bairro do que um telefone — você consegue me ligar se estiver sob a cobertura da mesma estação telefônica.

Muitas pessoas no Jihad, Furat e ao longo da estrada Amiriyah estão abandonando suas casas, com medo de que elas terminem na linha de frente. Enquanto ajudávamos um dos meus tios a levar seus suprimentos de água e comida para a minha casa, sentimos por uns trinta minutos que estávamos no meio de uma terra-de-ninguém. Fomos lá bem na hora em que a "bata-

---

* Adnan Pachechi, ex-ministro do Exterior iraquiano, é o estadista veterano dos exilados anti-Saddam. Ele é líder do Grupo Democrático Iraquiano.

lha pelo aeroporto" teve início. Houve também um outro avanço, a partir de uma posição mais ocidental, e foi aí que nós fomos apanhados.

Em dez minutos, a região inteira começou a se movimentar. Os carros que saíam de Bagdá pela estrada rumo ao oeste começaram a voltar pela contramão o mais rápido que podiam. O barulho da artilharia estava muito próximo. Enquanto íamos em dois carros para casa — que não fica muito longe — pudemos ver os Hizbis, o exército e os Fedayeen tomando suas posições nas entradas da auto-estrada que sai de Bagdá pelo oeste; cruzamos a ponte Ghazalia minutos antes de decidirem bloqueá-la. Todos se movimentavam freneticamente.

Duas horas mais tarde, a cidade inteira estava às escuras. Sem eletricidade (pelo menos nas parte ocidental de Bagdá). A água também parou, mas voltou algumas horas depois. Iraquianos ou americanos cortando a energia da cidade?

O bombardeio e o fogo da artilharia continuaram das seis às nove ou dez horas daquela noite, e recomeçaram às duas da manhã, com três explosões gigantescas. Alguns imbecis começaram a disparar suas Kalashnikovs e seus revólveres, fazendo minha tia paranóica acreditar piamente que as tropas americanas estavam na rua.

Naquela noite, havia um carro com uma arma no teto patrulhando as ruas escuras como breu. Meu tio que mora na rua principal telefonou e disse que, com a quantidade de tropas, a rua parece um campo de batalha. Há Hizbis estacionados bem na frente da casa dele. De manhã, deram chá com bolo para os Hizbis e fizeram as malas. Eles são os únicos moradores da rua que ainda não foram embora.

Coisas na TV:

• Diar al Umari e Tayseer Alluni: dois repórteres da al-Jazeera que foram obrigados a abandonar o país (Diar é iraquiano, e isso pode significar que ele está em apuros). Provavelmente, eles foram vistos com telefones Thuraya* e acusados de espionagem, o que tem acontecido muito, ultimamente.

• Imagens de pessoas em Najaf impedindo o exército americano de entrar nos santuários do imã Ali. As tropas apontaram as armas para baixo e se ajoelharam. O comandante, ou algo parecido, berrava "Sorriam! Sorriam!", e foi apertar a mão de alguns iraquianos, que também se sentaram em frente aos americanos. Um iraquiano gritava para as câmeras: "Cidade, OK! Imã Ali, não!". A questão era permitir ou não a entrada dos americanos nos santuários, para que procurassem soldados iraquianos lá escondidos.

• A briga pelos *fatwas* e o quem-disse-o-quê a respeito do exército invasor, e se é preciso combatê-los ou prestar-lhes ajuda. Todos os imãs aqui e no exterior estão dizendo que nenhum muçulmano deveria ajudar o exército invasor. Mas foi noticiado que al-Khoei** emitiu um *fatwa* dizendo que as pessoas não devem "atrapalhar" os americanos.

SEGUNDA-FEIRA, 7 DE ABRIL DE 2003

11:30 AM (19º dia)

Os americanos chamaram de "uma demonstração de força" e NÃO de invasão antecipada de Bagdá. Bem, foi definitivamente uma grande demonstração para quem a estivesse observando

---

* *O governo iraquiano proibiu o uso de telefones por satélite pertencentes ao sistema de satélite Thuraya (com base nos Emirados Árabes Unidos), que é capaz de enviar uma mensagem de texto informando sua localização precisa. As pessoas receberam a ordem de entregar seus telefones Thuraya para que o governo pudesse identificar transmissões "inimigas" dentro do país. Comandantes dos Estados Unidos também proibiram os jornalistas que acompanhavam suas tropas de usarem os telefones Thuraya.*

** *Abd al-Majid al-Khoei, líder xiita no Iraque, é o secretário-geral da organização islâmica internacional* Fundação al-Khoei.

de uma órbita elevada. Somada aos constantes ruídos dos mísseis voando sobre nossas cabeças e às explosões subseqüentes, outra tempestade de areia decidiu tornar nossa vida ainda mais difícil do que já está. Quero dizer, a sua meleca de nariz sai vermelha, com toda a areia que você inala. Fechar as janelas é loucura. É mais seguro abrir as janelas quando as explosões começam.

Desde que o aeroporto foi tomado, não temos eletricidade e a água não é confiável. Às vezes, você não consegue tirar água de uma torneira mais alta que cinqüenta centímetros. Nós ligamos o gerador por quatro horas durante o dia, mais quatro durante a noite, principalmente para acompanhar as notícias. Hoje, meu pai quis ligar o gerador às oito da manhã para ver as notícias de um ataque ao centro de Bagdá. Ficamos sentados assistindo às mesmas imagens durante duas horas, até que a TV Kuwait exibiu uma filmagem da Fox News mostrando soldados americanos no palácio Al-Sijood. Ficamos totalmente apalermados. Logo em seguida, assistimos a al-Sahaf negando mais uma vez algo que tínhamos visto instantes atrás. Ele continuou insistindo na ausência de tropas americanas em Bagdá, e por alguma razão insistiu na acusação de que a al-Jazeera se tornou "um instrumento da mídia americana". Idiota. A Jazeera tem sido claramente crítica em relação à "invasão" americana (eles insistem em chamá-la assim), e o que faz o ministro da Informação superinteligente? Repele-a mais um pouco.

Não saí de casa nos últimos três dias. Agora somos quinze pessoas no Hotel Pax, embora aqui não seja muito seguro. Todos acham que o próximo deslocamento acontecerá nas partes oeste e sudoeste de Bagdá, e dizem que nós *seremos* a linha de frente. Só me resta esperar que, quando chegar a hora, os americanos não encontrem muita resistência, para não terminarmos no meio do fogo cruzado.

A TV iraquiana ainda está no ar, mas é preciso elevar muito a antena para pegar o sinal. Fiz uma breve busca pelas transmissões de TV que as "forças de coalizão" deveriam estar enviando, mas não consegui encontrá-las. Na BBC, há algumas horas, escutei Rageh Omar dizer que viu um monte de gente comprando antenas. Ele disse que o objetivo disso, pelo que lhe contaram as pessoas, é assistir à transmissão da TV iraquiana — o que não é totalmente verdadeiro. Desde que a guerra começou, um canal de notícias iraniano chamado Al-Alam (O Mundo) começou a transmitir em árabe, e você pode captá-lo com uma boa antena. Ele é mesmo bem informativo, considerando que a única alternativa é ver al-Sahaf nos dizer na TV iraquiana que o exército americano foi esmagado e derrotado.

OK, depois de circular um pouco por Bagdá e encontrar pessoas de diversas partes da cidade (todas fugindo para outra parte), a situação é a seguinte. O avanço não veio do oeste, que é onde fica o aeroporto, mas de outras partes da cidade, de uma direção mais a leste. No bairro de al-Saydia, foi um pandemônio. Ele se transformou numa linha de frente. O que significa que Mahmudia, no subúrbio de Bagdá, e Latifiyah, também tiveram a sua dose. Há uma estrada que chamamos de "rua do aeroporto". Ela percorre todo o caminho de Saydia até o aeroporto, dando uma grande volta ao redor da cidade; todas as áreas adjacentes a essa estrada foram palco de batalhas, incluindo a praça Qahtan. Num instante, atravessaram a parte Karkh de Bagdá. Acho que o governo iraquiano vai se autodestruir com essa humilhação. Com licença, mas onde estava a maldita Guarda Republicana?

Ainda me preocupo com Raed e sua família. G. estará mais seguro, já que agora os ataques acontecem mais nas bordas da cidade do que nas parte centrais.

QUINTA-FEIRA, 10 DE ABRIL DE 2003

3:00 PM (22º dia)

Depois de estar com a casa cheia de gente por um tempo, a sensação agora é de vazio. A maior parte da família decidiu voltar para casa agora. Tivemos alguns dias sensacionais.

4 de abril: Os americanos no aeroporto.

7 de abril: Eles avançam sobre Bagdá.

9 de abril: Tropas na praça Firdaws ("*firdaws*" significa "paraíso"), sem qualquer presença militar iraquiana nas ruas. Eles simplesmente evaporaram — puf! O Grande Número de Desaparecimento. Sapatos e uniformes do exército largados pelas ruas; carros do exército abandonados no meio da rua. Um ato do Todo-Poderoso fez desaparecer todos os membros do exército exatamente no mesmo instante, como num conto de fadas: "... e a carruagem dourada foi transformada de novo em uma abóbora ao toque da meia-noite".

Ontem, perto de seis da tarde, ligamos o gerador de eletricidade para conferir as notícias. Macacos me mordam! Pela madrugada! O que estamos vendo? Iraquianos tentando derrubar a estátua de Saddam na praça Firdaws. O fato de as tropas americanas terem entrado tão fundo na cidade não era tão surpreendente quando aquela turma de pessoas tentando botar aquele troço abaixo. Até aquele momento, todos os parentes e amigos já disseram ter visto muitos soldados americanos na cidade, mesmo antes de 9 de abril. Não apenas nos palácios presidenciais, mas também em vários bairros residenciais. Os noticiários não informam tudo. Mencionaram rapidamente a ponte Saddam, mas não disseram que ela fica bem do lado da Universidade de Bagdá, e a apenas um pulo do principal complexo presidencial.

Vimos ontem, na TV, as imagens dos saques. O canal de notícias iraniano (Al-Alam) mostrou as imagens, e já que esse canal pode ser captado por uma antena normal, todos os que possuíam um gerador de eletricidade receberam a notícia de que a fase ilegal deste ataque chegou a Bagdá. O *farhud* começou em Bagdá.

Farhud. O primeiro foi o *farhud* dos judeus de Bagdá, depois que eles foram expulsos de casa — não me peçam datas. Diana me falou a respeito. Eu nunca soube que a palavra era usada para descrever a pilhagem feita às casas dos judeus iraquianos: *farhud al yahood*. Depois houve um *farhud* organizado no Kuwait — esse foi muito sistemático, organizado pelo Estado. Hoje lhes digo que a História não se repete apenas uma vez, mas volta uma terceira, para acertar você bem no olho.

Ver a sua cidade ser destruída diante dos seus olhos não é uma dor que possa ser descrita ou colocada em palavras. Deixa você azedo (ou seria amargo?). Faz com que algo se rompa por dentro, e você perde qualquer esperança que ainda tivesse. Desmanchada por suas próprias mãos. Feche suas portas. Cerre os olhos. Torça para que as nuvens negras desta feiúra não te atinjam. No momento, apenas aquilo que poderia ser descrito como a prosperidade do governo está sendo pilhado e destruído — propriedade pública, na verdade, e estão destruindo apenas o que pertence a eles. Mas quem dará ouvidos a esse argumento?

Até agora houve muito poucos ataques à propriedade privada. Depósitos do governo repletos de carros — carros importados, para serem distribuídos como "presentes" por Saddam — foram abertos, e os carros são retirados por quem quiser pegar. Lamento, nada de chaves. Terão que resolver esse problema sozinhos.

A certeza que tenho é de que isto poderia ter sido impedido por um estalar de dedos americanos. O Ministério das Relações Interiores se manteve fora de alcance dos saqueadores pela simples presença de alguns carros e soldados do exército americano. Com as portas fechadas, ninguém entrou. No momento, gostaríamos que houvesse um tanque americano na esquina de cada rua.

Histórias de pessoas que possuem um tanque do exército na esquina de casa:

M. mora perto de uma das estradas que entram em Bagdá pelo oeste. O exército americano decidiu colocar um ponto de controle no final da rua onde ele mora. Isso foi no dia 7. Algumas tropas passaram a noite no telhado da casa dele, de dois andares. Assustado demais para dar um pio, ele se manteve no chão e não se mexeu.

De manhã, escutou os soldados quebrarem uma janela e entrarem na casa. Correu para fora e fez barulho suficiente para chamar a atenção deles. Ele fala bem inglês, e pediu aos soldados que não fizessem nada à sua casa. Eles disseram que tinham batido na porta na noite anterior, mas não ouviram resposta e deduziram que não havia ninguém dentro. Na noite anterior, tinham recebido um ataque vindo de trás de um dos carros estacionados na rua, e decidiram assumir uma posição no telhado de uma casa. Ao receber mais tiros, vindos de trás de outro carro, os tanques americanos parados no final da rua simplesmente arrebentaram todos os carros à vista, e mataram um punhado de sujeitos Fedayeen que estavam escondidos no jardim dessas casas.

M. explicou que a maioria das cerca de vinte casas estava vazia — as pessoas foram embora o mais rápido que puderam quando escutaram a notícia do avanço pelo oeste. Ele teve sorte de não levar um tiro quando saiu da casa. Os americanos transferiram o posto de observação para o telhado de outra casa.

Ele veio à minha casa, hoje, para dar um "Olá" com um lenço branco amarrado na antena do carro (é besteira, hoje em dia, dirigir ou mesmo andar por aí sem uma peça de pano branco — "incidentes" ruins demais). Entrou e me contou sobre as fotos que esteve batendo na rua, com os marines e seus tanques. Eles têm se esforçado para serem mais legais, depois de terem transformado a vizinhança num campo de batalha — e as tropas foram convidadas para o almoço por algumas pessoas de lá. Bacana, não é?

SEXTA-FEIRA, 11 DE ABRIL DE 2003

(23º dia)

Na noite passada, por volta das onze da noite, eu e meu irmão desligamos o gerador de eletricidade e subimos as escadas. Minutos mais tarde, houve um estouro enorme bem atrás da nossa casa, seguido de outro e de outro. Tão perto que meu irmão começou a resmungar, absurdamente, "Eles querem nos pegar! Eles querem nos pegar!".

Corremos para o andar de baixo ao som de vidros quebrando e coisas caindo sobre o telhado. Nos amontoamos rapidamente, os nove, na sala segura. Houve vinte estouros no total, e a cada um deles pensávamos que o próximo acertaria a casa em cheio. Isso durou uns vinte minutos. Ninguém ousou se mexer. Alguém do lado de fora gritava: "Civis! Civis! Não atirem!".

Depois de mais trinta minutos sem nada acontecer, saímos para olhar a casa e os vizinhos. Todos estavam na rua. Por alguma razão, não tínhamos tanto vidro espatifado quanto nas casas ao lado, e havia chamas e fumaça vindo da próxima rua. Assustados demais para caminhar no meio da rua naquela noite, esperamos até o dia raiar. Hoje, às sete, saímos para verificar o que aconteceu.

Três casas tinham sido transformadas em entulho, e outras duas foram incendiadas. Por um milagre, as três casas estavam vazias. Os donos tinham saído de Bagdá. As casas incendiadas continuaram queimando a noite inteira, e estão queimando até hoje. Três pessoas ficaram seriamente feridas. Algumas outras, com ferimentos menos graves, foram atendidas por moradores do quarteirão. Vidro estourado por todos os lados. Dois carros pegaram fogo mas, milagrosamente, não explodiram. A cena é indescritível. Todo mundo em estado de choque. Um morador de um ponto mais abaixo na rua perguntou: "O quê? Saddam era hóspede de vocês por aqui?".

Dá pra seguir o rastro dos estilhaços. Ele descreve uma linha reta, atravessando duas ruas. E que tipo de projétil é esse, que estoura em pleno ar e lança grandes estilhaços para todos os lados?

Meu tio mora na rua principal. O que eles viram foi isto: um tanque parado na frente da sua casa, tão perto que eles conseguiam escutar os soldados falando. Ele começou a disparar na direção da nossa casa e voltou. É um milagre que ninguém tenha sido morto.

Raed apareceu. Ele e sua família voltaram para casa hoje. Ele disse que a casa deles está uma bagunça por causa dos bombardeios no bairro de Furat.

QUINTA-FEIRA, 17 DE ABRIL DE 2003

Muita coisa aconteceu nos últimos dias, mas minha cabeça está pesada como uma rocha de chumbo. Época da febre do feno. A vida sexual das palmeiras me leva às lágrimas.

Ainda não consigo me convencer a dormir no andar de cima. Não que algo muito sério tenha acontecido depois daquela noite, mas prefiro dormir debaixo de tantos tetos e paredes quanto possível. Estilhaços do tamanho de um punho atravessam a primeira parede, mas podem ser detidos pela seguinte — vi isso, e aprendi minha lição. E a pergunta de 1 milhão de dólares é, evidentemente, "O que diabo aconteceu?". Bem, Fedayeen sírios/libaneses/iraquianos estavam por perto.

Fedayeen. Virou um palavrão. Sujoimundo. E sempre seguido de uma bateria de abusos verbais. Doentes sírios, libaneses e, é claro, iraquianos que são imbecis o suficiente para acreditar na besteira de "Jennah-sob-os-pés-dos-mártires". Eles querem morrer em nome de Alá, então o que fazem? Eles se colocam diante do "*kafeer*" invasor infiel? Não, não fazem isso, porque são uns cagões. Eles vão se esconder nos bairros civis para disparar um único e inútil projétil de morteiro, ou alguns tiros de Kalashnikov, que rebatem sem efeito nenhum nos veículos blindados. A resposta que recebem a esse único tiro é um inferno de morteiros, ou seja lá o que for, sobre todas as casas da área de onde partiu o tiro. Isso tem acontecido por toda Bagdá, e em muitos lugares as pessoas não tiveram tanta sorte quanto tivemos em nosso quarteirão.

Às vezes, você nem sabe que aqueles cretinos pavorosos vieram passar a noite na sua rua. Por toda Bagdá, pode-se ver o pano negro com o nome das pessoas mortas durante essas coisas. É pior ainda quando os americanos decidem entrar em modo de batalha total pra cima desses Fedayeen, bem ali, no meio das casas. Eu vi o que aconteceu nos distritos de Jamia e Adhamiya. Uma mulher tinha medo de sair de casa muitas horas depois do ataque, porque havia pedaços de um desses Fedayeen no seu gramado.

Agora, sempre que um Fedayeen é avistado ele é perseguido até desaparecer. Às vezes com paus e pedras, se não há armas de fogo. Se eles estiverem no seu bairro, você não conseguirá dormir em paz. Mas que cretinos. Se eles querem morrer, deveriam fazer isso sozinhos, e não levar junto um quarteirão inteiro, mas por alguma razão esse argumento não entra na cabeça deles.

Como se os lunáticos da Síria não fossem suficientes, os próprios iraquianos têm provocado uma boa dose de estragos.

Saqueadores. Como explicar isto? Alguém acredita nos sujeitos que vão à TV dizer "Não, não somos nós — deve ser gente de fora" (eles querem dizer os kuwaitianos, mas têm medo de assumir) para justificar todos os saques que têm ocorrido? Quanta culpa podemos jogar sobre a "destruição sistemática do Iraque por estrangeiros", e quanta sobre os próprios iraquianos? Escutei o seguinte na TV (não sei quem disse): "Se Genghis Khan tingiu o Tigre de azul com a tinta dos manuscritos jogados na água, hoje o céu ficou preto com a fumaça que subia dos livros em chamas".

Tente racionalizar, e você não conseguirá. A mesma massa que pulou para cima e para baixo gritando "Vida longa a Saddam!" agora grita "Obrigado, senhor Bush!", enquanto carrega embora tudo o que pode. Obrigado, mesmo. Não se trata de pessoas recuperando o que é delas, mas de elementos criminosos à solta.

E quão limpas estão as mãos das forças americanas? Eles podem dizer "bem, não pudemos fazer nada" e escapar? Não mesmo. Se eu abro as portas e observo enquanto você rouba, não sou um cúmplice? Eles abriram as portas. Não para a liberdade, mas para o caos, enquanto mantiveram fechado aquilo que buscavam. Decidiram fazer vista grossa. E não apareceram com seus tanques, sistematicamente, até que tudo desaparecesse e nada mais restasse.

Nos afastamos para longe disso. Não há nada que uma voz possa fazer para coibir uma multidão. Oh, e obrigado pelo tanque em frente ao Museu Nacional. E pelo punhado de soldados juntos dele, estirados ao sol, enquanto o saque continuava pela porta dos fundos.

Já que estamos falando em saques, sabem quem foi o maior contrabandista dos últimos anos? Arshad, segurança pessoal de Saddam por muito tempo. Há alguns anos, ele chegou a tentar levar a cabeça do minotauro alado de Nínive para fora do país, mas houve um escândalo e ele precisou voltar aos peixes menores.

Alguns dias depois da divulgação do saque, um oficial de Tikriti ofereceu a G. setenta peças do Museu Nacional. Ele tinha, junto com seu outro amigo de Tikriti, 150 peças, mais algumas outras peças de um período bem mais recente. (Acabou-se descobrindo que elas não eram verdadeiras, e sim cópias — foi isso, pelo menos, que os americanos contaram a G. quando ele mostrou fotos das peças roubadas, mas isso é uma outra história.)

Distante dez minutos a pé do Museu Nacional, o Centro de Artes Saddam agora exibe manchas brancas no lugar da coleção de arte moderna que costumava abrigar. Alguns quadros não foram roubados, e sim dilacerados ou perfurados a bala. Este, sim, é um conceito interessante. Você odeia um quadro? Dê um tiro nele. Que coisa estranha.

Há lugares, hoje em dia, onde você é morto ao ser visto empunhando *e* disparando uma arma de fogo, mas se você estiver atirando em quadros ou explodindo cofres, ninguém liga para as armas. O pior é, com certeza, aquele idiota do al-Zubaidi* e sua suposta Administração Civil. Vocês viram na TV aquelas viaturas e policiais que ele supostamente pôs para trabalhar? Eu os vi na TV, também. Mas ela foi, praticamente, o único lugar em que os vi. Os habitantes dos bairros com tecido social forte tomaram as delegacias de polícia e estão detendo e prendendo os criminosos por conta própria. Polícia? Não me faça rir.

Deprimente demais.

---

* *Muhammed Mohsen al-Zubaidi, ex-exilado iraquiano, proclamou-se prefeito de Bagdá em abril. Foi preso pelas forças americanas e acusado de exercer uma autoridade que não possuía. Al-Zubaidi está associado a Ahmad Chalabi, o líder do Congresso Nacional Iraquiano.*

Vejo Raed e G. dia sim, dia não. G., em mais uma de suas aventuras impossíveis, acabou trabalhando com uma equipe do *Guardian*. Estou muito feliz em poder vê-los novamente. Toda a história da presença americana e do governo iraquiano nos leva a discutir até ficarmos cansados demais para falar. Em geral, Raed termina acusando a mim e G. de porcos pragmáticos, carentes de moral e princípios. Ele quer colar um aviso na minha testa escrito "CUIDADO! UM PRAGMA-PORCO!". Ele fala de forças invasoras e lunáticos iludidos (eu) que acreditam que os Estados Unidos nos ajudarão a construir uma democracia. Mas se há algo sobre o que nós três concordamos, é que se os americanos saírem agora, seremos comidos pelos mulás e imãs loucos. G. decidiu que esta pode ser uma boa hora para vendermos nossas almas ao (Tio Sam) Diabo.

QUARTA-FEIRA, 23 DE ABRIL DE 2003

Ontem, quase morri de sede diante de trinta garrafas de água pura. Tinha 30 mil dinares no bolso, mas não pude comprar uma garrafa que custava 2 mil dinares (2 mil dinares, em si, é um roubo — daria para comprar quatro garrafas por esse preço, mas é a guerra, coisa e tal, o que se pode fazer?). Trinta mil dinares em notas de 10 mil, que agora possuem o estigma de serem roubadas. Não adianta implorar e jurar por tudo que existe de mais sagrado que essas são notas pré-invasão.

A história é a seguinte: o aparato de impressão de dinheiro foi saqueado, como todo o resto. A al-Jazeera mostrou a prensa de notas de 10 mil destruída, e mostrou um iraquiano não identificado (podia ser um dos saqueadores, pelo pouco que sabemos) dizendo que notas de 10 mil impressas (mas não numeradas) foram roubadas, bem como as matrizes de impressão (ou como quer que se chamem — nós as chamamos de *kalisha*). Papel e fitinhas brilhantes também. Segundo a al-Jazeera, o que está no mercado, agora, são as notas impressas acrescidas de números falsificados. Nas ruas, o caos impera. Suas notas de 10 mil dinares não são aceitas nos estabelecimentos comerciais. E tem gente comprando suas notas de 10 mil por 8 mil dinares. E o que diz o sr. Zubaidi, que não sabe porra nenhuma? Seu "consultor financeiro" — outro ladrão assumido, amigo de Al-Chalabi — lhe disse que o Banco Central do Iraque é capaz de cobrir o dinheiro, de modo que não haverá problema. Farsante. Quem é você para dizer qualquer coisa sobre o Banco Central?

Um pequeno parêntese, aqui, antes de voltar às notas de 10 mil. Sabem qual é o novo cetro e a nova coroa deste Estado? Um telefone Thuraya e uma bandeira da Assembléia Nacional do Iraque — o pessoal de Chalabi. Dá o que pensar. Enfim, nada que al-Zubaidi diz pode ser engolido de primeira. Vamos ver o que dizem os americanos. Prefiro prestar atenção no titereiro do que no títere.

Em casa, encontro tio M., que é banqueiro. Na verdade, diretor executivo de um banco. Depois de lhe contar o que aconteceu, ele diz que estiveram se reunindo com os "titereiros", e eles emitirão uma declaração a respeito do problema das notas de 10 mil. Será dirigida mais aos bancos, até que haja um modo de levá-la às ruas, pois ainda não há TV, rádio *nem* eletricidade. Ele ficou falando mal daqueles abutres que tentam ganhar dinheiro fácil e pioram ainda mais as coisas. Tio M., cavalgando seu cavalo da moral elevada, galopando até sumir no horizonte. Na verdade, eu só queria saber o que fazer com minhas notas de 10 mil. Queimá-las? Fazer aviõezinhos de papel? Picar até virar confete? Recebi a resposta que eu queria: "Me entregue as notas. Amanhã, vou trazer notas de 250 dinares pra você". Ele ficou aborrecido comigo, mas eu nunca estive tão feliz por ter gente do banco na minha família.

Nos últimos dias, andei cultivando os mais nocivos pensamentos a respeito de Chalabi, Zubaidi *et al*. Não consigo deixar de ficar murmurando coisas imundas cada vez que um desses nomes é mencionado. Oh, e a bandeira tenebrosa que eles têm.

Quem lhes deu permissão para acampar nos terrenos do Clube Social Mansour *e* do Clube de Caça Iraquiano? O que faço agora com o meu título? Onde encontro outra grande piscina coberta? Não, sério. Qual o problema desses partidos políticos estrangeiros que de repente invadiram Bagdá? Eles não têm respeito pela propriedade privada? Ou, já que estamos na "temporada do saque", eles acham que podem acampar onde bem entendem e — ahã — "libertar" prédios públicos? A PUK (União Patriótica do Curdistão) no prédio dos Consultores Nacionais de Engenharia. O KDP (Partido Democrático do Curdistão) no prédio Mukhabarat, em Mansour. O INC (Congresso Nacional Iraquiano) tomando um centro de recrutamento do exército. Dawa islâmico na biblioteca pública infantil. Outro não-sei-o-quê islâmico ocupando um banco. Fora! Fora! Fora! Libertem seu próprio quintal. Vocês não têm direito de permanecer nesses prédios.

Há apenas um prédio "libertado" que julguei merecedor de aplausos, porque foi apenas simbólico. Na entrada lateral do prédio Mukhabarat central, em Harthiya, você encontrará escrito, em spray vermelho, "Partido Comunista Iraquiano". De uma forma tortuosa, macabra e invertida, este é o centro dos comunistas iraquianos. Aqueles prédios estiveram cheios de membros do Partido Comunista Iraquiano que foram presos, torturados e mortos no local.

A "Rede de Mídia Iraquiana" começou a transmitir ontem. Nada de mais. Aparentemente, estão gravando uma hora e transmitindo-a por 24 horas. Usam a rede principalmente para proclamações das forças de coalizão, ao lado da estação de rádio da coalizão, a "Rádio da Informação". Eles trouxeram o Ahmad al-Rikabi da Rádio Iraque Livre/Rádio Europa Livre. Também ontem, o pessoal da mídia iraquiana (jornalistas e gente do rádio e da TV) estava protestando em frente ao Hotel Meridian, pedindo seus empregos de volta. Aguardem na fila! Todos nós estamos.

Nas últimas semanas, neste grande festival midiático chamado "A Guerra do Iraque", a ironia é que não existe uma única voz iraquiana.

Uma conversa escutada à distância por G. no Hotel Meridian (o centro da mídia iraquiana):

Jornalista do Sexo Feminino 1: Oh querida, como vai? Não vejo você há décadas.
Jornalista do Sexo Feminino 2: Acho que a última vez foi em Cabul.
Jornalista do Sexo Feminino 1: Blá-blá-blá.
Jornalista do Sexo Feminino 2: Blá-blá-blá.
Jornalista do Sexo Feminino 1: Preciso ir correndo agora, vejo você em Pyongyang então, certo?
Jornalista do Sexo Feminino 2: É claro.

O Iraque foi retirado das manchetes. Começou a busca pelo próximo conflito. Se for a Síria, talvez as redes de notícias não precisem gastar muito em custos de viagem.

SÁBADO, 26 DE ABRIL DE 2003

Eu e G. fomos ao Meridian para dar uma conferida. No dia em que fomos ao Meridian, a maioria da mídia estava fechando a conta — se você vai ficar por um longo período, faz mais sentido comprar uma casa só para você.

Depois que saímos do hotel, ficamos em pé por algum tempo observando uma "manifestação" na frente do Meridian. Oficiais do exército iraquiano estavam fazendo alguma coisa no prédio do Clube Alwiyah, e todos estavam vendendo fotocópias em papéis que deviam ser formulários de solicitação de emprego ou algo assim.

Um mercado inteiro emergiu bem ali, na frente dos dois hotéis, o Meridian e o Sheraton. Donos de telefones <u>Thuraya</u>, em pé na frente de seus carros, oferecendo ligações para o exterior a cinco dólares por minuto (elas custam, na verdade, menos de um dólar). Lojas de fotocópias para copiar seja lá o que a coalizão resolveu atirar pra cima do povo hoje. Pessoas com cadeiras dobráveis e caixas de papelão diante de si, se oferecendo para trocar os seus dólares. Não faço idéia do porquê da caixa de papelão — talvez para dar a aparência de um escritório. Vendedores de cigarros, também, e vários sanduíches em oferta, mas comê-los não parece muito seguro. A atmosfera é a de um festival. Só falta música ao vivo e uma barraquinha de cerveja.

Enfim...

G. comeu um sanduíche de falafel e bebemos ZamZam Cola. Bagdá está inundada de ZamZam Cola — batizada em homenagem ao poço "sagrado" em Meca. É um produto iraniano, e o gosto é doce demais. Mas já que se chama ZamZam, deve conter algumas qualidades divinas. Tenho bebido ZamZam Cola já faz um bom tempo. Espero que asas de anjo cresçam qualquer dia desses.

MAIO DE 2003

QUINTA-FEIRA, 1º DE MAIO DE 2003

Primeiro de maio. Trabalhadores do mundo, uni-vos. O Partido Comunista Iraquiano e o Partido dos *Trabalhadores* Comunistas Iraquianos estão cobrindo uma porção de paredes com cartazes vermelhos. Não ouvi dizer que Nadia Abdul Majeed, do Partido dos Trabalhadores Comunistas, esteja em Bagdá. Ainda me ofereço como voluntário, se fizerem algumas mudanças cosméticas no nome do partido. Seus corações estão do lado certo, ao contrário da maioria dos outros partidos, que têm o coração próximo à carteira. Mas "Comunistas"? Vou ficar parecendo um fã da Communards se começar a usar estrelas vermelhas e buttons com o lance do martelo e da foice. Nada contra o sr. Somerville,* mas já passei dessa fase, e de todo modo ninguém conseguiria cantar junto com o falsete dele.

Sa'ad al-Bazaz e seu jornal *Az zaman* lançaram seu ataque a Bagdá. É bastante bom, se comparado aos jornais que diversos partidos estão publicando e distribuindo. O *Az zaman* parece ter dinheiro grande por trás dele, e tem muito pouca publicidade. Há uma seção de cultura ótima, chamada *Alef yaa*. Mas as pessoas lêem qualquer coisa que lhes caia nas mãos.

Com a exceção de um jornal chamado *Novo Iraque* — no momento é um semanário, porque é financiado por um grupo de jornalistas —, são todos uma porcaria. São exatamente iguais aos velhos jornais iraquianos: uma foto do líder do partido X "no meio dos seus", notícias dos grandes feitos daquele partido. Blá-blá-blá. Bom para os vendedores de amendoim na rua — dão ótimos cones de papel.

---

* *Jimmy Somerville, cantor da Communards, banda dos anos 80.*

Sa'ad al-Bazaz é um exemplo de como é besteira dizer "Expulsem todos os baathistas!". Ele era editor de um dos grandes jornais do regime. Saiu do país com a missão de escrever um livro sobre Saddam, ou algo assim, e nunca voltou. Se você vai "desbaathizar" (como Chalabi está chamando), acho que precisaria expulsar al-Bazaz, mas isso seria um erro. O jornal que está saindo no nome dele mostra que ele pode se útil para dar forma à mídia iraquiana. E há muitos como ele. Existem, é claro, atrocidades imperdoáveis cometidas por certo número de baathistas, mas não há necessidade de colocar em prisão domiciliar cada um dos iraquianos que foi do partido. Isso significaria ficar sem professores nas escolas e universidades, e implicaria a demissão de todos os empregados de empresas estatais.

G. me mataria por estar dizendo isso. Ele ainda espera que as massas se levantem. Ele acredita em algo que chama de "os Mulás Vermelhos". O partido islâmico Dawa e o Partido Comunista deveriam formar uma coalizão, diz ele. Tsc tsc, e isso vindo de um cristão. Talvez eu devesse dar a *ele* minhas fitas da Communards.

As pessoas estão aplicando seus próprios filtros, de todo modo. Depois que muitos foram chamados de volta a seus empregos, outros se recusam a trabalhar para certas pessoas que, agora, são baathistas demais para serem toleradas. Um amigo me contou que, quando o ônibus veio buscá-lo para o trabalho, um deles se virou para um dos baathistas que trabalhava lá e disse que, se entrasse no ônibus, arremessariam seus sapatos contra ele e o expulsariam aos chutes. Havia outros membros do partido Baath no ônibus, mas todos sabem quem era a maçã podre. Generalizações, como os planos de desbaathização de Al-Chalabi, não resolvem os problemas.

Há histórias, nas províncias do sul, de "ataques antecipados" feitos por baathistas contra pessoas por quem eles temem ser assassinados.

E os saques prosseguem. Há uma semana, os itens mais em voga para roubo eram as placas dos carros. As pessoas começaram a colocá-las *dentro* dos carros, para ter certeza de que não serão roubadas. Vejam, depois que zilhões de carros foram roubados, muitos deles sem placas, eles precisaram encontrar um modo de fazê-los parecer legalizados, já que alguns carros eram interceptados na rua caso não estivessem numerados. Você pode obter três tipos diferentes de placas. As piores são as placas roubadas da fábrica de placas de numeração, porque não há jeito de arranjar documentos para elas — elas simplesmente não existem, mas são baratas, custam apenas 1500 dinares (a taxa de conversão, hoje em dia, está em 2 mil dinares por um dólar americano). Em segundo lugar estão as placas que você encontra à venda na rua, roubadas de carros estacionados logo ali, mas sem documentação. As melhores são as placas acompanhadas de toda a documentação necessária. Você vai pagar um bocado por elas, mas com sorte vai encontrar documentos para um carro exatamente igual ao que você "libertou" — ninguém olha coisas como número de chassis, na real.

Mas isso já está ultrapassado, agora. Se você é um saqueador arrojado, vai às fábricas de armas ao redor de Bagdá. As balas vazias de canhão que se encontram por lá são itens muito cobiçados — o metal pode ser derretido e reciclado. E há um suprimento interminável dessas balas. Há grandes batalhas sendo travadas ao redor da fábrica *qa'qah* (*al qa3qa3*) toda noite, pelo controle dela. Já há cerca de trinta pessoas mortas e uma série de feridos. As forças de coalizão estão admirando a cena e se mantêm à distância.

Eles agem assim na maioria dos casos. Ficam parados, com um ar entediado, observando os saques. Às vezes, se não for incômodo demais, vão conferir o que está acontecendo — se você pular na frente dos tanques deles gritando "Ali Babá! Ali Babá!". Singelo, não? Encontramos algo em comum nas histórias de *As mil e uma noites*. Todo mundo conhece a história de "Ali Babá e os quarenta ladrões", mas nem todo mundo fala inglês. E assim, com um pouco de sorte, os americanos vão sacar o que Ali Babá está fazendo. Às vezes eles se importam, às vezes não.

Há alguns dias, eu estava caminhando pela rua al-Rasheed quando os americanos pareceram se interessar por uma situação "Ali Babá" — um pouco interessados demais. Dois pequenos veículos blindados estavam descendo a rua, com alguns soldados correndo no seu encalço, apontando as armas para a frente. Os deuses, divertindo-se com outra de suas piadas doentias, me colocaram bem na frente da porta do prédio que os americanos estavam inspecionando, no momento exato em que decidiram entrar. Os dois carros entram muito rápido, um pela frente, outro por trás de mim. Os soldados começam a correr mais rápido. Quase faço xixi nas calças, com minhas mãos para o alto, dizendo "Não atirem! Não atirem!". Eles não atiraram.

No dia seguinte, passei a pé pelo mesmo prédio, e a entrada parecia queimada. Quase uma estatística.

G. também passou por uma destas experiências beirando a morte quando estava de pé ao lado de uma cerca de arame farpado, em algum lugar do norte. Ele estava parado lá quando um homem desceu de um carro, vestindo uma *dishdasha* com as mãos dentro dos bolsos, e caminhou em direção à cerca. Um soldado parado perto de G. começou a murmurar pra si mesmo "Coloque suas mãos para fora dos bolsos" como quem cantarola uma melodia, e apontou a arma para o homem. Felizmente, o homem decide parar de coçar o saco e começa a coçar o nariz. A arma é abaixada.

Aparentemente, alguém decidiu que chegou a hora de o exército dos Estados Unidos fazer um trabalho de relações públicas e enviou soldados pela cidade para uma missão de caminhar-e-conversar. Na rua Ameriyah, há alguns dias, havia quatro tanques estacionados com soldados em grupos de cinco passeando por perto, conversando com donos de lojas e com os vendedores das mercearias. Jaquetas camufladas e armas à frente, mas tentando parecer amistosos. Riam e perguntavam sobre o preço das coisas. Um deles segurava um saco imenso, cheio de balas, e as crianças estavam em cima dele que nem loucas. Compraram garrafas de Pepsi e foram presenteados com pão iraquiano. Vi esta cena em outros lugares, mais tarde.

Um dos lugares mais perigosos para se ficar hoje em dia são os postos de gasolina — acidentes demais. E com todas a longas filas e pessoas aguardando sua vez, o número de vítimas é alto. Tenho evitado as multidões em geral, ultimamente. Ninguém sabe o que pode acontecer.

QUARTA-FEIRA, 7 DE MAIO DE 2003

Um post da Estação Bagdá

Nota: Salam Pax me enviou isto* no início do dia, como um anexo de Word. Depois de semanas de silêncio, tudo está acontecendo de uma vez só: ontem recebi um e-mail do primo dele, contendo o número de Salam no telefone por satélite. Disquei o número. O pai de Salam decidiu brincar de patriarca rabugento e me pediu para ligar de volta "em dois minutos", e foi o que fiz. Salam parece bem. Discutimos o máximo de coisas que foi possível num curto espaço de tempo. Sem mais cerimônias, apresento seus últimos posts. Por favor, desculpem qualquer coisa estranha na formatação. Já me advertiram para não blogar do trabalho, portanto não tenho tempo para limpar nada.

P.S. da Diana: *Antes de concluirmos, eu disse "Salam, só quero dizer uma coisa". E eu disse "Foda-se, Saddam Hussein!" o mais alto que podia, sem perturbar os vizinhos. Veja bem, não tenho nada pessoal contra o sujeito. Na verdade, é difícil para mim odiá-lo tanto porque ele se parece muito com meu querido e falecido tio (na boa, ele poderia ser um daqueles sósias, se não estivesse morto), mas eu só queria esclarecer uma coisa. É o seguinte: agora podemos dizer coisas assim sem medo de ter amigos ou parentes raptados e mortos. E Salam disse: "Todos na rua estão dizendo isso como um mantra, 'Foda-se, Saddam! Foda-se, Saddam! Foda-se, Saddam!...'" (bem, talvez Salam não tenha usado a palavra "mantra", mas vocês sacaram). Acho que não existe jeito de entendermos como é ser iraquiano. Deve ser como ficar num porão durante trinta e cinco anos, e agora estar cambaleando na luz, piscando os olhos, imaginando se o que você vê é real, ou se é um sonho).*
— Diana Moon

---

* *As últimas quinze entradas, de 24 de março a 1º de maio.*

Se você está lendo isto, significa que as coisas se encaminharam como eu esperava, e Diana ou meu primo postaram no blog. Uma das coisas mais engraçadas foi conversar com o meu chefe em Beirute, depois da guerra (A Thuraya deveria fazer um comercial dizendo: "Operação Iraque Livre — trazida até você em parceria com os telefones Thuraya"), e ele me contar que alguém chamado Diana Moon o estava incomodando atrás de um tal de Salam Pax. Nem me lembro de ter dito a ela onde trabalho. Diana, você *é* o sábio oráculo de Gotham.

Hoje, passando pela rua Karada, vi um aviso dizendo ENVIE E RECEBA E-MAIL. PREÇOS ACESSÍ- VEIS. Vou conferir o lugar amanhã. Se o preço for realmente acessível, poderei atualizar o blog a cada semana ou duas.

Em primeiro lugar, me deixem dizer uma coisa. Guerra é uma grande bosta. Nunca se deixe levar pela conversa de que declararam uma guerra em nome da sua liberdade. De algum modo, quando as bombas começam a cair ou você escuta o som de metralhadoras no final da sua rua, você não pensa mais na sua "iminente libertação".

Mas agora estou falando como os motoristas de táxi com quem sempre brigo quando entro num deles.

Além de cobrarem tarifas escandalosas (não se pode culpá-los: o preço da gasolina aumentou dez vezes, *se* você conseguir comprá-la), eles começam a grunhir e resmungar, e em certo ponto dizem algo como "Bem, quando tínhamos Saddam não havia esta confusão toda que está agora". Em geral, essa é a minha deixa para entrar em estado de fúria. Nós iraquianos parecemos ter a memória muito curta, ou simplesmente bloqueamos a lembrança dos tempos ruins. Pergunto a eles quanto tempo levou para termos a eletricidade de volta após a última guerra. Dois anos, para que as coisas ficassem como estão agora, depois de dois meses de guerra. Pergunto a eles como tinha ficado a água. Ruim. Gasolina para o carro? Não havia. Trabalho? Muita gente sentada nas casas de chá da rua. E como tudo voltou? Hussein Kamel* costumava espancar e chicotear as pessoas, literalmente, para realizar a impossível tarefa da reconstrução.

Daí, a pergunta que faz com que se calem: "E então, querido motorista de táxi, gostaria de ter Saddam de volta? Não estamos muito satisfeitos por poder ter, ao menos, a esperança de um novo Iraque? Ou seríamos nós iraquianos apenas um bando de tolos impacientes que não sabem fazer nada melhor do que grunhir e choramingar? Paciência, vocês esperaram trinta e cinco anos por dias como estes, e portanto vamos ao trabalho, em vez de ficar choramingando". Fim da conversa.

A verdade é que, se não fosse pela intervenção, isto nunca teria acontecido. Quando assistíamos à estátua do Saddam sendo derrubada, uma de minhas tias disse que nunca imaginou ver isso enquanto estivesse viva.

MAS...

Guerra. Não importa o resultado, estas coisas deixam para trás um rastro de destruição. Houve dias em que o Crescente Vermelho estava implorando por voluntários para ajudar a carregar os corpos de pessoas mortas para fora da cidade, onde poderiam ser enterrados apropriadamente. Os terrenos dos hospitais viraram cemitérios quando a eletricidade caiu e não havia jeito de conservar os corpos até que alguém viesse identificá-los.

Confesso o pecado de ser um escapista. Quando a realidade machuca, eu a bloqueio — a não ser que ela venha para cima de mim e me atinja. Minha mãe, depois de sair de casa uma única

---

* Hussein Kamel, ex-diretor da Organização Militar de Industrialização do Iraque (no comando do programa de armamentos do Iraque), traiu o partido e foi para a Jordânia em 7 de agosto de 1995. Forneceu documentos sobre os programas armamentistas anteriores do Iraque à UNSCOM. Retornou ao Iraque e foi assassinado em 23 de fevereiro de 1996.

vez após Bagdá ser tomada pelo exército dos Estados Unidos, decidiu que não sairá mais — não até que eu jure que a cidade já parece normal e em ordem. Portanto, acho que a manobra do avestruz é coisa de família.

Até que as coisas estão parecendo em ordem, ultimamente. A vida tem um jeito de seguir em frente. Os sentidos ficam amortecidos, as coisas deixam de chocar. Se há uma coisa na qual você deve acreditar, é que a vida dará um jeito de seguir adiante. Humanos são adaptáveis. Essa é única forma de explicar como uma espécie tão burra se manteve neste planeta sem eliminar a si mesma. Os humanos são muito adaptáveis, tanto fisicamente quanto emocionalmente.

E também confesso que estou sofrendo sintomas massivos de abstinência da internet.

Portanto, aqui está o que deveriam ter sido quinze inclusões no blog, se é que ainda valem alguma coisa.*

SEXTA-FEIRA, 9 DE MAIO DE 2003

Só uma rapidinha, porque o Raed me mata se eu me atrasar.

Agora tenho contato não apenas com alguém que tem acesso a e-mail, mas também tenho acesso a um telefone. E tive, assim, a oportunidade de conversar com Diana. Ela disse que eu falava como um britânico. E Stefan também ligou. Se você tem lido o blog por algum tempo, saberá que ele é a pessoa com quem dividi um flat em Viena durante quatro anos. Ele disse que vai telefonar de novo hoje, e teremos mais tempo para conversar sobre o blog e tudo o mais. Tenho certeza de que uma parte desta "conversa" acabará sendo publicada em algum lugar na Áustria, porque ele tem trabalhado para a agência de notícias austríaca. Se quiserem

---

* Estas inclusões foram devolvidas à sua seqüência cronológica.

saber mais, terão que perguntar a ele, pois não tenho a menor idéia do que ele faz com essas coisas. Ainda não sei o que ele fez com aquela entrevista por e-mail de algumas semanas antes de a guerra começar.

Ontem, depois de enviar o enorme post para Diana, dei uma caminhada pela rua Karada e vi três tanques estacionados em frente a uma sorveteria. Muito surreal. E mais tarde, à noite, quatro dos soldados estacionados na rua al-Ameriyah estavam caminhando de volta, segurando um desses lampiões a querosene que chamamos de *laleh*. Foram adquiridos pelos soldados numa loja rua abaixo porque o gerador deles quebrou, ou algo parecido. Ronda noturna feita com uma luz bem romântica.

Té mais.

:: **salam** 5:57 AM [+] ::

Cinco dólares por uma única hora de navegação! Isso é que é enfiar a faca. Será que eles me deixam pagar por apenas meia hora?

Não estou reclamando. Não teria acreditado em ninguém que me dissesse, uma semana atrás, que eu seria sequer capaz de navegar na internet. Há mais centros como este pipocando aqui e ali, portanto os preços vão baixar. Além disso, fiquei sabendo hoje que uma ONG chamada Communications sans Frontières chegou ao Iraque, e prestará ajuda.

Eles farão, provavelmente, o que a Cruz Vermelha tem feito: um centro em Bagdá, e uma equipe se movimentando pelo Iraque. A Cruz Vermelha tem movimentado seu serviço telefônico (se podemos chamar disso) por Bagdá. Dois dias em cada distrito, e eles dependem do boca-a-boca para espalhar a notícia. Em geral, acabam provocando filas gigantescas e listas de espera, mas todos ficam agradecidos.

Muita gente não tem como contar como está a seus parentes no exterior. Algumas estações de TV árabes (principalmente a al-Jazeera) têm colocado suas câmeras nas ruas e permitido que as pessoas enviem lembranças a seus parentes no exterior — elas dizem que estão passando bem, esperando que eles estejam assistindo naquele instante. Por isso, o que a Cruz Vermelha tem feito, e o que acredito que a Communications sans Frontières acabará fazendo, é muito estimado. A única outra forma de se comunicar com o mundo é adquirindo um telefone Thuraya — muito caro para qualquer padrão (setecentos dólares! Baixou de 1500, há duas semanas, e isso não inclui as tarifas de chamada). Não sei quanto tempo vai levar até que se instale uma rede. Pois a que tínhamos antes foi reduzida a pó.

Hoje tomei uma decisão nada típica de Salam. Deixei Raed me convencer a acompanhá-lo em sua próxima viagem de dois dias para o sul. Sou um pouco covarde. Não estou lidando muito bem com todas as coisas ruins que me cercam em Bagdá. Me desloco todo encolhido pela cidade. E o que ele tem me contado sobre sua última viagem só me dá vontade de escorregar ainda mais fundo para dentro do meu casulo.

No que Raed anda envolvido? Raed tem trabalhado, nas duas últimas semanas, com uma pequena organização que está se autodenominando Campanha pelas Vítimas Inocentes do Conflito (CIVIC) — eles bolaram a sigla antes do nome, não é?* Trata-se de uma pequena equipe de voluntários e semivoluntários (quer dizer, eles estão recebendo um pagamento bem menor do que mereciam por seus esforços) que circula por distritos residenciais, levando formulários e tentando obter o máximo de informações possível a respeito de civis mortos e feridos. Eles também estão coletando registros hospitalares para chegar a uma estimativa do número de vítimas civis. Até agora, eles verificaram cerca de 5 mil feridos e mortos em Bagdá, e estão começando a formar equipes em outras cidades iraquianas.

---

* CIVIC é sigla para Campaign for Innocent Victims in Conflict. (N. do T.)

É para isto que ele quer me arrastar. Iremos a Karbala, Samawah, Nasiriyah, e depois Basra. E voltaremos passando por Kut. Estes nomes devem ser familiares. Eles passaram por maus bocados durante a guerra. Raed já esteve nestes lugares (exceto Kut), e levantou equipes neles. Em Samawah, encontraremos um de nossos amigos da universidade e passaremos a noite na casa dele porque nosso motorista, Abu-Saif, não gosta da idéia de chegar tarde a Nasiriyah e passar a noite lá. Ele também diz que a única parte insegura da viagem será o caminho que passa por Kut. Vocês sabiam que agora temos um *hizbullah* no Iraque? Bem ali em Kut an Amarah. (Vocês sabem o que "*hizbullah*" significa? Significa "facção de Deus", "partido de Alá"). Este *hizbullah* está se intitulando "*hizbullah al Iraqi*" e é antiiraniano. Atravessaremos território do *hizbullah*, e isso deixa Abu-Saif nervoso. Veremos. Sairemos cedo no sábado e devemos estar de volta na segunda. Desejem-nos uma viagem segura.

Os preços de armas no mercado têm aumentado. Em certo momento, você podia comprar uma granada de mão por quinhentos dinares — isso é um quarto de dólar. Uma Kalashnikov custava duzentos dólares, e uma Uzi novinha era um pouco mais que isso. Estas armas estão expostas em estradas dos distritos de Bagdá-al-Jadida e al-Baya, mas as mais baratas de todas podem ser encontradas no distrito de Thawra ["Revolução"]. (Pelo menos costumava se chamar Thawra sob o governo de Saddam. Agora o estão chamando de distrito al-Sadir). É como uma zona militarizada em Thawra. Se você não mora por lá, é melhor nem ir.

Os mercados de rua parecem ter saído de um romance de William Gibson. Pilhas de memória RAM barata (roubada, é claro) estão sendo vendidas ao lado de monitores quebrados e barraquinhas de falafel — e todo tipo de arma está disponível. Brigas começam sem mais nem menos e facas surgem do nada — facas compradas há apenas cinco minutos. Há engenhocas de mira do exército — objetos estranhos com lentes. E pessoas que vendem gabinetes de computador e dizem que são aquecedores elétricos, pois nunca viram um gabinete de computador antes.

Realmente muito surreal. CDs de programas, CDs de filmes e pornografia barata. E um pacote de cinco CDs chamado *Os crimes de Saddam*. Tem coisas de Halabja,* as filmagens que fizeram em 1991 quando esmagaram a revolta pós-guerra e outras coisas sobre Uday. Há um CD inteiro apenas sobre Uday. Ainda não vi nenhum deles. Dizem que contêm cenas medonhas, mas o CD do Uday não é tão suculento quanto se imagina.

De volta às armas. Os preços têm subido porque elas são compradas no mercado em grandes quantidades. Uma das pouquíssimas idéias inteligentes que nossa nova administração americana teve foi pagar aos saqueadores para que entregassem as armas, já que eles querem dinheiro por suas armas roubadas. Fora de Bagdá, dizem que as pessoas estão recebendo um preço fixo por cada peça de armamento que trazem. Em Bagdá, as armas estão sendo compradas do mercado, a preços de rua. Mesmo assim, ninguém vai ao distrito de Thawra.

A administração civil norte-americana no Iraque está sofrendo uma falta de idéias inteligentes. Fico imaginando onde foram parar os meses de "preparação" para um Iraque "pós-Saddam". O que aconteceu com todos aqueles relatórios de cem páginas? Onde está aquele relatório do Dick Cheney? Por que cada questão é tratada como se ninguém nunca tivesse pensado que ela pudesse surgir? E qual é a desse malabarismo de pessoas e idéias sobre como formar o tal "governo interino"? Por que se tem a sensação de que estão empregando a estratégia de "vamos tentar isso, vamos tentar aquilo"? Tentativa e erro em um país inteiro?

Os diversos organismos que foram instalados por aqui não parecem ter muita coordenação entre si. Todos precisamos sentir que estão sendo dados grandes e confiantes passos à frente. Mas não

---

* *Aeronaves iraquianas dispararam armas químicas contra a cidade curda de Halabja em 16 de março de 1988, deixando 5 mil mortos e 7 mil feridos. O ataque aconteceu durante a Guerra Irã-Iraque, quando o Iraque obteve apoio do Ocidente contra o Irã. Após a primeira Guerra do Golfo, uma revolta em Halabja foi brutalmente reprimida pelo governo iraquiano.*

tem sido assim, nem um pouco. E que tal parar com os gestos vazios e sem sentido para focalizar em coisas que são problemas reais? Alguém poderia me dizer o que realmente significa o retorno das crianças às escolas, além de render boas imagens para o noticiário das seis?

As escolas foram saqueadas. Há escolas que ainda abrigam bombas de fragmentação jogadas pelos Fedayeen, quando eles ainda estavam lá. Ninguém se deu ao trabalho de limpar a bagunça antes de divulgar a chamada na "Rádio da Informação" para que todos os estudantes voltassem às escolas. Que tal resolver o apuro causado pelo desaparecimento repentino dos centros de distribuição de alimentos? Que tal devolver a velha forma aos hospitais? Que tal garantir a segurança de quem anda pela rua?

Quero dizer que há milhões de assuntos mais urgentes para a reunião diária destes comitês do que o retorno das crianças a escolas inseguras.

Sim, sim. Eu sei. Paciência. Deus precisou de sete dias pra terminar sua obra, e tudo o mais.

Estou vivendo nos meus fones de ouvido. É o melhor lugar para se estar, hoje em dia.

:: salam 11:47 AM [+] ::

Estou checando os meus e-mails e limpando as caixas postais. Podem parar de importunar a Diana com mensagens. Só espero que ela não esteja muito chateada comigo.

:: salam 12:06 PM [+] ::

SEGUNDA-FEIRA, 19 DE MAIO DE 2003

O pessoal do Electronic Iraq e do al-Muajaha concordaram gentilmente em hospedar as imagens deste post, e publicaremos o post no site deles também. Avisei a eles que possuo muitas imagens e, como diz o ditado árabe, *Wa qad u'thira man anthar* [Não culpe alguém que já lhe deu um aviso]. Não tive mesmo nenhuma outra escolha, os caras do lugar de internet queriam cobrar 66 mil dinares para enviar 1,2 mega de imagens. Isso dá cerca de cinqüenta dólares, pela cotação de hoje. Vocês deviam ver a reação das pessoas quando eles informam quanto cobram. Devido à valorização do dinar, mesmo os ricaços estrangeiros acham caro demais e começam a pechinchar. Compramos tempo de acesso à internet como se compram tomates, agora: "Olha, seu eu gastar mais meia hora, vocês baixam a taxa para 3 mil dinares?".

Três dias no sul do Iraque. Uma corrida rápida de Bagdá a Basra, e de volta a Bagdá. Já que estou apenas de carona, não cheguei a ter influência sobre aonde ir ou o que ver. Raed precisava checar as equipes da CIVIC (vocês podem conferir o site, iraqvictimsfund.org — mas fui informado pela Marla* de que ele não é muito informativo, até o momento). Raed tem equipes em algumas cidades, e precisou formar novas equipes em outras. Os únicos locais no Iraque que ainda apresentam algum tipo de estrutura administrativa depois do caos são os hospitais. Encontramos as equipes em diversos hospitais e centros médicos.

Muitas fotos para bater, e muitas pessoas com quem conversar. Estávamos nos dirigindo ao sul ao mesmo tempo em que al-Hakiem (o líder do SCIRI)** estava fazendo sua viagem a Bagdá. Cruzamos nossos caminhos em sua passagem por Samawah. Em Basra, descobri a *melhor* sorveteria de todo o Iraque — o melhor sorvete mesmo, e muito barato. Também recebi um "dedo médio" de um soldado britânico enquanto tentava bater fotos do (ex) Hotel Sheraton de Basra, que foi queimado. Fiquei muito triste por esta foto, em particular, não ter saído muito boa. Teria sido ótima: meio soldado pendurado para fora de um veículo militar, mostrando o dedo pra mim. Isto sim, é um souvenir para se trazer de Basra.

---

* Marla Ruzicka, a coordenadora do projeto, que trabalhou com a Global Exchange para pressionar o governo dos Estados Unidos a estabelecer um fundo para as famílias afegãs atingidas na Operação Liberdade Infinita.

** Muhammed Said Bakir al-Hakiem é o líder do Conselho Supremo pela Revolução Islâmica no Iraque (SCIRI).

*

O Hospital Saddam em Najaf agora mudou seu nome para Hospital Sadir. Um ícone se vai, outro vem. Retorno da viagem a Basra temendo seriamente que possamos nos tornar uma espécie de clone do Irã. Se alguém fosse às ruas agora e decidisse defender eleições, acabaríamos com algo mais assustador do que o Irã de Khomeini.

O que parecia, a princípio, uma parada gay sobre rodas com bandeiras cor-de-rosa revelou ser um comitê de boas-vindas a al-Hakiem, perto de Samawah. Não me pergunte por que bandeiras cor-de-rosa — não consegui descobrir. A cor da bandeira da SCIRI é vermelha, mas tudo o que se via eram bandeiras cor-de-rosa.

Vi umas pichações em inglês em uma parede: CIDADÃOS DO NOBRE LAR NAJAF EXIGEM O RETORNO DE SEU FILHO DEVOTO, SUA EMINÊNCIA, O GRANDE MILAGRE DE DEUS, MUHAMED BAKER AL-HAKIEM. G. esteve em Najaf quando "o grande milagre de Deus" fez seu discurso e chorou. Excelentes efeitos melodramáticos. Entendam, al-Hakiem está sendo acusado de não estar presente aqui, passando pelo que outros partidos xiitas passaram (ou seja, o partido islâmico Dawa e as pessoas ao redor de al-Sadir). Aparentemente, suas lágrimas exerceram o efeito desejado sobre as massas. Infelizmente, Raed estava com pressa demais para permanecer lá um tempo e ver como ficou Najaf durante a chegada do "grande milagre de Deus".

*

Uma das maiores surpresas ao chegarmos a Karbala foi descobrir que Raed tinha uma garota em sua equipe local da CIVIC. Ela enviara seu irmão para perguntar se uma mulher poderia participar. Ela anota num caderno os casos dos quais gostaria que a CIVIC tratasse o mais rápido possível. Ela nos contou sobre um-Khudair, uma mãe de trinta anos com seis filhos. Seu marido tinha cinquenta anos, mas ele morreu quando sua casa foi bombardeada. A casa foi destruída. Um-Khudair está morando agora num quarto de um *khan* (prédios semelhantes a hotéis, administrados por mesquitas). Ela está grávida, também. Sabah, a garota na equipe da CIVIC, tentou fazer Raed prometer que fará algo, mas na verdade ele não pode prometer nada. Não há nada pior do que dar falsas esperanças a pessoas nesta situação, e lembramos às equipes de nunca fazer promessas às pessoas que entrevistam. No momento, a CIVIC pode apenas coletar informações e, em casos extremos, repassar as informações a organizações que detêm os fundos e os meios para prestar auxílio.

Após a reunião, eles insistem em ir à cidade e comprar bebidas (suco) para a gente. Sabah não nos acompanha, mas pergunta a Raed se pode tirar uma foto com ele.

Fico meio indeciso sobre o lugar dos sucos, portanto optamos por bebidas gaseificadas em lata. Kufa-Cola. Refrigerantes iraquianos xiitas (Kufa é uma cidade com uma importante mesquita xiita). Se é bom? Eu acho que "o grande milagre de Deus", al-Hakiem, bebe *apenas* refrigerantes Kufa-Cola.

Enquanto tomamos nossas cocas abençoadas, Riyadh, um dos voluntários mais velhos, nos conta a respeito de um campo de treinamento militar onde famílias se abrigaram depois que suas casas foram bombardeadas, ou depois que foram incapazes de pagar o aluguel dos últimos dois meses, durante os quais o país ficou estagnado. Sendo isto uma das coisas que a CIVIC está investigando, Raed decide dar uma olhada.

*

No acampamento, conhecemos Saif al-Deen, um nome imenso para um pequeno garoto que tem um problema com os "S" (se você perguntar, ele dirá que seu nome é "Thaif"), e Ibrahim, com seu irmãozinho. Saif al-Deem ["Espada da Fé"] e sua família se mudaram para o acampamento quando seu pai, um soldado do exército iraquiano, não pôde pagar o aluguel dos últimos dois meses: dez dólares por mês.

Há, no total, oito famílias no acampamento. Elas dizem que foram transferidas de outros lugares. Ocuparam diversos locais da cidade, até que chegaram ao acampamento no subúrbio. Quando perguntamos quem os havia transferido dos locais anteriores, eles responderam que foram, em geral, os novos partidos políticos. Estes prédios NÃO foram doados a tais partidos pelas "forças de coalizão". Os americanos presentes aqui decidiram não lidar com esta situação, por hora. Acho que quando os ministérios e outras instituições públicas voltarem a funcionar, eles pedirão suas propriedades de volta. Não entendo por que o partido Dawa deveria tomar o lugar da biblioteca pública. Mas enfim, os novos desabrigados e os partidos estão competindo pela ocupação dos prédios públicos.

O problema neste que visitamos era que o centro de treinamento está cheio de munição. E algo que foi atirado no acampamento por um helicóptero mas não explodiu. As crianças correm pelos cantos nos mostrando onde estão as granadas e outras coisas. Não adianta colocar avisos (entregues às organizações pelas forças de coalizão, para serem colocados nos locais onde objetos não explodiram — principalmente bombas de fragmentação), porque ninguém neste lugar sabe ler ou escrever. A única coisa que se pode fazer é pedir às famílias que moram perto dos fundos do acampamento para se afastarem das áreas onde está a munição. Eles nos dizem que é apenas munição de treinamento, e por isso não é perigosa. E eles não vão sair deste lugar, porque não têm mais para onde ir.

Também fomos dar uma olhada em uma vizinhança onde o exército iraquiano tentou esconder veículos blindados que, mais tarde, foram atacados por mísseis de helicópteros. Em muitos casos, os soldados e civis foram alertados por folhetos lançados do ar; em alguns casos, isso não aconteceu. Ninguém ficou ferido aqui, porque eles haviam abandonado a área depois que o exército iraquiano posicionou quatro veículos nas ruas, mas algumas casas foram severamente danificadas. As famílias se mudaram de volta e consertaram o que podia ser consertado.

Chega de Karbala. Próxima parada, Najaf, e depois Diwaniya.

*

Chegamos ao Hospital Geral Saddam, em Diwaniya, depois de passar pela região de Shamia. Cenas das típicas áreas rurais iraquianas: casas de barro e palmeiras. E então, de repente, você vê o posto de controle de Shamia.

O centro médico de Shamia teve 44 mortes de civis em uma única noite — todos cometeram o mesmo erro, se aproximando do posto de controle num dia em que o exército americano estava de mau humor. O povo que vive lá nos contou que foi durante um dos dias de tempestade de areia. Qualquer coisa que se aproximasse do posto de controle era alvejada sem discriminação. Um dos carros estava transportando o caixão de uma mulher falecida para o cemitério. Todos os quatro passageiros morreram.

Foram dias duros, não apenas para os civis, mas também para as "forças de coalizão". Foi nestes dias que o número de ataques suicidas aumentou e, depois daquela mulher que matou um monte de soldados americanos num destes ataques, eles mudaram as regras de combate (é assim que se chama?). Era impossível para um iraquiano aproximar-se de uma área contendo tropas americanas sem enfrentar uma chance de 50% de ser baleado, apenas porque seus bolsos tinham uma aparência suspeita.

No hospital de Diwaniya, Raed precisou procurar pessoas dispostas a serem voluntárias, e eu procurei também.

O exército dos Estados Unidos estava ajudando o hospital a trazer de volta máquinas de raio X e outras coisas que foram armazenadas em outros lugares para garantir que não fossem saqueadas. Depois eles permaneceram ali por um tempo, tiraram fotos e deixaram as crianças cutucarem seus grandes bíceps. "Senhor forte".

Pelo sul, havia presença militar em todos os hospitais onde estivemos. Em Kut havia a FIF (Forças Iraquianas Livres — a milícia do Chalabi): pessoas com uniformes exatamente iguais aos dos americanos, mas com pequenos distintivos dizendo FIF. Não estão em boa posição na minha lista. Sim, eu não gosto do Chalabi. Me processe.

Todos sentem-se mais seguros com a presença militar, ao ponto de a faculdade de medicina em Basra ser a única com aulas e comparecimento regulares porque fica no mesmo complexo do hospital da cidade, cuja segurança está sendo garantida pelas forças britânicas. A alguns metros dali, alguém estava empilhando caixas de "ajuda humanitária" em uma carroça e empurrando-a para fora do hospital.

Não há absolutamente nenhum método de distribuição. A ajuda que está chegando é catada por qualquer um e vendida no mercado. É possível comprar a caixa inteira por 16 mil dinares (um pouco mais de 16 dólares, pela cotação de hoje). Ou você pode comprar apenas aquilo de que gosta. Todo mundo está comprando os chocolates, e deixando de lado o arroz e o açúcar. Essa cena se repetiu por toda parte — em Basra, estas caixas estavam na rua. Já mencionei que as caixas vieram do Kuwait? Há outras dos Emirados e da Arábia Saudita no mercado. A água acaba sendo vendida separadamente: mil dinares por garrafa. Uma família necessitada deveria receber uma caixa e doze garrafas de água.

Diwaniya não foi tão legal. Por alguma razão, foi difícil encontrar o mesmo entusiasmo que vi em Karbala e Najaf. De qualquer modo, foi formada uma equipe da CIVIC. A próxima parada é Samawah, onde passaremos a noite.

*

Enquanto checávamos a equipe em Samavah, um dos voluntários nos contou que eles não foram capazes de percorrer a cidade porque todos estavam muito abalados com as covas coletivas encontradas nos limites da cidade. Muitos dos que foram enterrados lá eram de Samawah. Pelo menos, eles podem agradecer o fato de que os mortos ainda estavam com suas identidades e puderam ser identificados. Era possível ver fotos xerocadas dos executados por toda a cidade.

Fato medonho: durante a revolta que se seguiu à primeira Guerra do Golfo, os capangas de Saddam, com o objetivo de resolver tudo rapidamente, colocavam pessoas em caminhões, e então elas eram levadas aos limites da cidade e enterradas vivas. É nessas covas coletivas que você descobrirá que as pessoas ainda têm suas identidades: completamente vestidas, apenas com as mãos amarradas. Em cada vitrine de loja, em cada parede, os rostos olham de volta para você. Esta não foi uma das grandes covas coletivas encontradas. Havia cerca de cinqüenta corpos.

Cansado demais para querer dar uma volta pela cidade. Amanhã vamos a Nasiriyah, espera-se um número muito grande de vítimas por lá, e a CIVIC ainda não possui uma equipe no local.

*

O número oficial em Nasiriyah (ou seja, oriundo de hospitais e centros médicos da região) é de cerca de mil mortes civis e 3 mil feridos. Nasiriyah não é muito grande. Com estes números, ela deve ter enfrentado dias terríveis. Vamos rapidamente ao hospital de Nasiriyah e reunimos uma equipe. Para nosso espanto, temos muitas garotas querendo ser voluntárias, embora tenhamos explicado que isso envolverá muita bateção de porta em porta, o que em geral afasta as voluntárias para outros lugares. Elas somente pediram para receber distritos na parte central da cidade, devido à situação instável da segurança.

Enquanto conversávamos com elas sobre o que devem fazer, o nome "Jessica"* surge. Aseel, uma das voluntárias, conta que este foi o hospital onde Jessica foi mantida em cativeiro. Os dois principais hospitais desta cidade foram transformados em centros de comando. Um deles continha Fedayeen em seu interior e foi bombardeado até cair pelos americanos, e Ali Hassan Al-Majeed manteve posição por algum tempo no outro, antes de se mover para outro lugar.

---

* A soldado Jessica Lynch, de dezenove anos, foi seriamente ferida em uma emboscada em Nasiriyah no dia 23 de março de 2003. Ela sobreviveu devido ao auxílio médico dos iraquianos. Uma semana mais tarde, seu dramático resgate pelas forças dos Estados Unidos foi alvo de cobertura mundial.

Quando as forças americanas vieram resgatar Jessica, "Ali, o Químico" já tinha ido embora. Eles pediram para o gerente do hospital e alguns médicos vestirem roupas civis e saírem o mais rápido que pudessem. O hospital não foi danificado.

Estamos aguardando para ver o que a pesquisa revelará. Raed está considerando, inclusive, aumentar o número da equipe para 25, devido ao grande número de vítimas relatado. Em geral, elas chegam a 25% a mais do que o número informado pelos hospitais. Mil mortes é realmente um número alto para um lugar como Nasiriyah.

Ficamos lá tempo demais conversando com a equipe, e acabamos nos atrasando para o encontro com a equipe de Basra.

*

Basra é linda. Temos alguns problemas com os hotéis. Todos os lugares cobram preços abusivos, pois estão abarrotados de estrangeiros e gente dos jornais. Encontramos um lugar onde pagamos 30 mil dinares por uma noite — comparado a 3 mil dinares em Nasiriyah (estrangeiros pagam o dobro). Mas come-se muito bem e há uma excelente sorveteria chamada Kima. Não, não é merchandising. Peça o *ananas-azbari* e tenha uma surpresa prazerosa. Tem pedacinhos congelados de abacaxi. Bloqueie os pensamentos sobre o cólera e aproveite.

A água é um pequeno problema. O povo em Basra está dependente da água purificada pelas indústrias petroquímicas ou das pessoas que montaram negócios para fornecer água limpa — eles chamam de água OR (purificação por osmose reversa). É claro que é necessário pagar por ela. Agora há instalações de purificação doadas por países do Golfo, mas ainda assim você precisa entrar numa fila para obtê-las, ou comprar água OR na rua — o preço dela baixou desde que as instalações de purificação começaram a funcionar. Tudo isso acontece dentro da cidade. Fora de Basra? Não queira saber.

A polícia tem muito mais sorte em Basra do que em Bagdá: ela recebe proteção militar. Mas o que não recebe proteção é qualquer loja que venda álcool. Houve ataques em cinco estabelecimentos que vendem bebidas alcoólicas, e todos nos estabelecimentos foram mortos. Ninguém vai lhe vender uma cerveja nas ruas de Basra, de jeito nenhum. Algumas áreas em Bagdá foram palco de ataques semelhantes, mas ninguém entrou em pânico ainda. É apenas uma questão de tempo. No *khutba* de sua oração da sexta-feira, Al-Fartoosi disse que as "mulheres desinibidas", os cinemas da rua Sadoon que exibem filmes imorais (os filmes são tão pecaminosos quanto um vídeo da Britney Spears: barriguinhas e beijos cenográficos) e qualquer pessoa que venda álcool terão uma semana para limpar sua barra, ou "outros métodos" serão usados para impedi-los de espalhar a perversão.

Em Basra, deparamos com cerca de cem túmulos na beira da estrada, iniciando onde deveria estar o calçamento. Foram pessoas mortas nos estágios iniciais da guerra, quando enterrá-las num local apropriado era perigoso demais. O pedaço de terra livre mais próximo era usado. Os mais recentes têm data de 16 de abril. Os que não possuem placas com o nome são de pessoas que não puderam ser identificadas. Havia outro cemitério improvisado perto da ponte Dyala, em Bagdá. Havia algumas pessoas de Basra e arredores enterradas lá, perto da ponte. Nós anotamos os nomes e entregamos a umas pessoas que estavam no cemitério de Basra, para que expusessem-nos nas mesquitas. Talvez a informação chegue às suas famílias.

Em outras partes de Basra, o partido islâmico Dawa tinha longas listas de nomes penduradas nas portas de seus centros de operações. Os nomes de membros do partido Dawa que foram mortos e executados pelo Baath. Cenas como esta se repetem em todas as cidades. Quando as listas foram expostas em Karbala (não apenas do Dawa, mas de centenas de pessoas mortas durante a revolta de 1991), viu-se a cidade inteira entrando no tradicional funeral de três dias. Havia 240 nomes: homens, mulheres e crianças — famílias de vinte ou mais, de uma vez só.

O restante do tempo foi gasto no nosso caríssimo hotel. Saímos apenas para uma curta caminhada em al-Ashar, ao longo do rio. A guerra com o Irã mal havia acabado quando Saddam resolveu homenagear seus oficiais com um imenso projeto de monumentos em al-Ashar. Os trinta oficiais escolhidos por ele ganharam estátuas feitas de bronze, em escala maior que a real, todas apontando para o leste: Irã. Hoje todos os oficiais foram derrubados de seus pódios. Resta apenas um: Adnan Khairullah, primo de Saddam por parte de mãe. Ele foi assassinado por Saddam quando estava ficando um pouco popular demais entre suas tropas, no cargo de ministro da Defesa. Os outros foram derrubados, cortados em pedaços e tiveram seu metal vendido no mercado.

Na manhã seguinte, acordamos com o som de uma patrulha do exército britânico. Corremos para o hospital geral de Basra e encontramos a equipe CIVIC de Basra — todos os voluntários são estudantes de medicina. A essa altura, estou desconcentrado demais por tudo o que vimos até agora para poder escutar e participar das discussões. Raed continua, como um daqueles coelhinhos da Duracell.

Quando estivemos em Nasiriyah, alguém fez uma piada sobre Saddam e o dinheiro que estamos usando. Assel respondeu: "Ah! Agora você encontrou sua voz, então?".

Sim, estamos todos encontrando nossas vozes agora. De repente, todo mundo tem uma opinião. Todos acham que deveriam estar envolvidos. Conversar com todos os voluntários nas cidades em que estivemos foi realmente um grande incentivo. Houve um artigo publicado antes da guerra — escrito por Makiya, acho, mas não estou certo — dizendo que os iraquianos ficaram despolitizados depois de todo esse tempo. Não dá pra pensar o mesmo depois de caminhar pelas ruas nos últimos dias. As pessoas com quem lidamos têm a minha idade, ou menos. Não somos apáticos diante da política deste país. A Universidade de Bagdá será um lugar interessante para se freqüentar por agora.

:: salam 1:59 PM [+] ::

QUINTA-FEIRA, 22 DE MAIO DE 2003

Boas novas: tem algum iraquiano lendo isto? Espalhe a notícia. Se você possui família, parentes ou amigos em Bagdá e o telefone deles começa com 555, 556 ou 557, você pode ligar para eles de qualquer local onde estiver. Chamada internacional normal. Um inventivo engenheiro de comunicações iraquiano instalou uma parabólica no alto da estação telefônica de Dawoodi e configurou uma série de cabines de telefone para realizarem chamadas para o exterior. Mais barato do que os tubarões da Thuraya. Eles têm faixas no prédio da estação de Dawoodi dizendo COMUNICAÇÃO COM O MUNDO EXTERIOR POSSÍVEL AQUI.

O efeito colateral positivo é que, quando não há muito tráfego, as chamadas são direcionadas para o telefone da sua casa normalmente, caso ele esteja no alcance daquela estação. Ele está deixando o distrito sudoeste de Bagdá muito feliz. Enfim. Se você é um iraquiano, ou conhece um, passe a notícia adiante. Comecem a discar.

Atualização: a estação de Dawoodi foi conectada às estações das áreas de Bagdá-al-Jadeeda, Amin e Zayoona. São os números que começam com 77X. Acho que vocês poderiam experimentar qualquer número dentro de Bagdá que não comece com 541 ou 542. Não podemos ligar para vocês de nossas casas, mas vocês podem ligar para a gente.

O dinar iraquiano está no maior passeio de montanha-russa de todos os tempos: 2 mil dinares por dólar hoje; 950 amanhã; 1350 dez horas mais tarde. E depois baixa de novo. Não há explicação lógica, ou ao menos uma explicação que um néscio como eu possa compreender.

Se vocês fossem *eu*, estariam conhecendo pessoas muito interessantes ultimamente. Tive uma conversa muito comprida com o mark do www.boar.com, que fez uma viagem de dois dias pelo Iraque. Nos encontramos depois que ele saqueou um dos palácios presidenciais. Ele tinha uma chaleira de aço inoxidável debaixo da camiseta quando entrou no hotel, onde devíamos nos encontrar. Dã! *Amerikaan* amador! Escolha alguma coisa que possa passar por ouro ou algo assim, pelo menos.

Não me pergunte como nos conhecemos. Pura coincidência. Ficamos sentados lá por cerca de duas horas, conversando sem parar. Estranhamente, era um sujeito sem muitas engenhocas. Ele tinha apenas uma câmera digital moderninha, e me mostrou fotos tiradas dentro do palácio, incluindo a inevitável foto de um banheiro. Todos têm uma fixação por banheiros. As primeiras imagens que divulgaram de um dos palácios tinham fotos de banheiros um tanto insignificantes. Aposto que haverá um especial sobre "Os banheiros de Saddam" em algum programa, muito em breve. Enfim. Grande sujeito. O Mark, não Saddam.

Um dia antes, vendi minha alma ao diabo. Conversei com Rory, do *Guardian*. Olha, ele me pagou um belo almoço num lugar com ar-condicionado e muita gente do exterior. Foi divertido conversar com ele, mas quando Raed me viu depois da "conversa" disse que eu parecia ter sido violentado. Há um pouquinho de culpa, portanto. Mas deixei a culpa de lado com o ar condicionado gelado. Sim, meu preço é baixo assim. Eu venderia meus pais por uma boa garrafa de vinho.

Sabe quanto você pagaria por uma pizza antes do início do Ataque dos Caras da Mídia II? 2500 dinares — um pouco mais de um dólar. Sabe quanto custa agora? 6 mil dinares — um pouco menos de seis dólares. Além disso, a taxa de câmbio está totalmente esculhambada, e o mercado de imóveis está ficando bizarro. Você pode seguir a trilha dos estrangeiros pelo preço das coisas em um determinado distrito. Rory não me comprou aquela pizza de 6 mil dinares, é claro. Isto teria sido barato *demais*. Ele pagou três dólares a mais.

Quer dizer que o governo interino iraquiano tomou no rabo. *Quelle surprise!!*

Nenhum deles me emocionava muito, mesmo, e assim podemos culpar os americanos por arruinar o nosso futuro. Eles estiveram envolvidos na gênese desta confusão em que estamos agora. Eles deveriam assumir a responsabilidade de nos ajudar a endireitar as coisas agora. Ummm, vamos dizer desta forma, para que ninguém se emputeça: por favorzinho, com açúcar por cima, não partam agora nem deixem os *mullah* birutas me pregarem num poste e me abandonarem no sol para que eu pense sobre os meus "pecados"!

Adiar a transmissão do governo aos iraquianos é uma "coisa boa". Dá tempo a todo mundo para pensar e esfriar os ânimos. Patrulhas do exército dos Estados Unidos trabalhando junto com patrulhas policiais iraquianas é uma "coisa muito boa". Outra "coisa boa" é a atitude tomada em relação às milícias. Estão havendo agora conversas sérias com a PUK e a KDP sobre o Peshmergah, e também com a FIF (Forças Iraquianas Livres — que nome pretensioso para um punhado de amadores que terminaram roubando carros em Bagdá). Os membros da FIF estão dizendo agora que não têm nada a ver com a INC do Chalabi (sim, claro, e meu nome é Mickey Mouse), apenas para que a INC não receba uma palmada na bunda.

Anotação particular: Eu deveria pensar seriamente em fazer um cover iraquiano de "Smack my bitch up", do Prodigy. Eu daria o nome de "Smack the INC up".* O vídeo teria um sósia do Chalabi nadando pelado nos dólares que roubou do Petra Bank.

Um novo partido político foi adicionado aos cem que já temos, e acabo de perceber que outro desapareceu. Agora temos algo que se chama Frente Liberal Democrática, enquanto os Intelectuais Iraquianos Não-sei-quê abandonaram o espetáculo depois que seu líder, Bustam, foi preso pelos americanos. Ele foi solto, mas nunca mais se ouviu um pio deles. Bustam é um personagem com diversos pontos de interrogação flutuando sobre a cabeça, como moscas sobre a merda. Ele deve ter decidido que é melhor fazer as malas até que o fedor desapareça.

Onde estão aqueles livros *Democracia para iniciantes* que pedi para vocês trazerem?

---

* *O título da música do grupo inglês Prodigy significa algo como "Estapear a minha vadia". (N. do T.)*

Vou te contar, a vida hoje em dia é como observar as coisas num caleidoscópio: sempre que você a muda de posição, vê algo interessante.

Uma rápida atualização sobre o trabalho de Raed com a CIVIC. Nasiriyah está pior do que eles imaginavam: 1500 formulários de vítimas preenchidos em menos de uma semana. O grupo de lá foi expandido para 25 pessoas. Os voluntários encontram todo tipo de reação. Em pequenas comunidades, onde as pessoas ainda não tinham visto ninguém lhes perguntando como estão e se está tudo OK, os voluntários estão sendo tratados como deuses locais e salvadores. Em outros lugares, foram acusados de ser Wahabis. Isso é muito ruim. Ser acusado de ser um extremista sunita em uma área xiita faz tão mal para a saúde, hoje em dia, quanto uma bala na cabeça — se estou citando o Ice Cube ao contrário, ele se transforma em Cube Ice? Em outras áreas, as equipes CIVIC foram acusadas de conspiradoras no plano ocidental-sionista de aniquilação do islã. (OK, foi apenas um cara que disse isso, e provavelmente sua cabeça não dispunha de todos os parafusos.)

Raed disse que a viagem desta semana foi mais desencorajadora do que a da semana anterior. Algo explodiu na estação elétrica de Nasiriyah, e esta estação alimenta a maioria das regiões do sul, exceto Basra. A rede está caída entre Karbala e Diwaniya. Nasiriyah não tem nenhuma água potável, e as pessoas estão bebendo água não tratada de rio — dá para imaginar onde isto vai terminar. A uma hora e meia estrada abaixo fica Basra, onde a água OR já é mais do que eles precisam, mas ninguém está levando tanques de água a Nasiriyah.

O tipo de "ajuda humanitária" que está chegando às províncias do sul transforma a situação numa comédia de humor negro. O hospital de Nasiriyah recebeu vinte caixas — seis delas continham apenas xampu.

Precisa de uma transfusão de sangue? Tome um pouco de xampu, o cheirinho é bom.

Outras quatro ou cinco estavam cheias de linha de sutura vencida. Em Basra, os caminhões de "ajuda humanitária" que chegam da Arábia Saudita carregam engradados de Pepsi em seu interior. A ala pediátrica de lá está ficando sem remédio para conter uma febre, mas Pepsi, isso eles têm. Se isto estivesse em um filme, seria hilário.

A CIVIC também está tentando trabalhar junto com a <u>Human Rights Watch</u> e a <u>Handicap</u>. Como a CIVIC já possui a rede de jovens iraquianos por todo o lugar, a chegada do auxílio até onde ele é necessário será um pouco mais eficiente.

Olha, eu tive uma longa conversa com diversas pessoas sobre o que a CIVIC está realizando, a origem do dinheiro e tudo o mais. Nem mesmo Raed — que tem visto com muito entusiasmo tudo o que a Marla está tentando fazer, e que de fato *fez* no Afeganistão com a <u>Global Exchange</u>* — tem muita certeza sobre como a Marla garantirá os fundos para o trabalho imenso que eles querem realizar. Eu a vi hoje, e ela me disse que receberão uma doação — mas de quem?

A razão pela qual finalmente decidimos que isto é bom e válido é que nenhuma outra organização demonstrou nenhum interesse, até agora, em checar o número de vítimas civis desta guerra. A administração dos Estados Unidos em Bagdá recusou-se categoricamente a fazer isso. Os membros da CIVIC (isto significa Marla e Raed, mais 150 voluntários) são, pelo menos no momento, as únicas pessoas a quem você pode perguntar sobre vítimas civis — e mais tarde, quem sabe, depois que a informação tiver sido coletada, algo mais significativo poderá ser realizado com ela, mais do que uma estatística num papel.

Uma noticiazinha interessante antes que eu termine este post.

A CIA está contatando agentes do Mukhabarat para uma possível cooperação. Juro que não estou inventando isto. Oficialmente, há algo chamado de lista negra — e uma lista cinza, e uma lista da cor que você preferir —, mas o que está acontecendo por trás dos panos é que eles querem pegar três grupos distintos.

---

* *Global Exchange, organização de direitos humanos sediada em San Francisco.*

Os agentes que se envolveram em trabalho relacionado com os Estados Unidos serão sacudidos para revelar qualquer coisa que saibam, e provavelmente irão a julgamento por diversos crimes.

O pessoal envolvido em trabalhos relacionados à Rússia será chamado seletivamente para conceder entrevistas.

E o pessoal cuja especialidade era o Irã, estes são bem-vindos, convidados a fazer a gentileza de contatar seus colegas e a embarcar no trem da alegria, caso tenham interesse.

Desculpe, mas isto é simplesmente errado. Mukhabarat? Você não recebia sua carteirinha do Mukhabarat a não ser que eles soubessem que você é um louco doente que cortaria a garganta da própria mãe para subir na escada do partido. Ou será que o "plano de desbaathificação" de Bremer* não inclui sujeitos do serviço secreto?

Então, a CIA está no meu rastro agora? Eles precisariam esperar na fila, atrás da INC, FIF, Hawza e todos os outros partidos islâmicos do Iraque.

:: salam 2:45 PM [+] ::

SEXTA-FEIRA, 23 DE MAIO DE 2003

Beira da piscina no Hotel Hamra — onde todo jornalista gostaria de ter um quarto reservado. Se permanecessem sentados ali por tempo suficiente, eles poderiam simplesmente esquecer que havia uma guerra acontecendo fora das cercas do hotel. Jennifer Lopez guinchando dos alto-

---

* Diplomata de carreira e veterano especialista antiterrorismo, L. Paul Bremer III assumiu o comando como chefe da administração civil pós-guerra do Iraque em 12 de maio de 2003. Ele substituiu o general norte-americano aposentado Jay Garner, cujo período como administrador interino do Iraque foi marcado por brigas internas entre os militares dos Estados Unidos e o Departamento de Estado.

falantes e cervejas geladas a cinco dólares com hambúrgueres e saladas superfaturadas. "Por favor, afaste de mim estes relatórios do ICG, prefiro trabalhar no meu bronzeado." Coisas deste tipo. Eles entram carregando câmeras, equipamento de som ou grandes pastas com uma cruz vermelha em cima. Minutos depois, estão bebericando uma cerveja e vestindo o mínimo de roupa possível.

Raed simplesmente se recusou a sair da água, ele ficou me dizendo que no instante em que sair pelas portas do hotel, estarei de volta a Bagdá: sem eletricidade, filas nos postos de gasolina, preços tão quentes quanto o clima e uma vida que, parece, nunca voltará ao normal. Seria impossível definir "normal" agora, de qualquer modo. Já viu como um peixe fica trocando de lado quando é trazido para fora d'água? A sensação em Bagdá é esta, nos últimos tempos. Você nem tem certeza se o que vai dizer poderá lhe render um olho roxo.

Eu não nado. Fiquei sentado lendo um exemplar emprestado da revista *New Yorker*. Um artigo sobre o novo filme dos X-Men. Todos os sistemas em piloto automático. Torci muito para que acontecesse algo que me impedisse de ir embora. Mas há coisas a fazer, gente para encontrar, a vida segue em frente.

Me envolvi marginalmente em algo que teve a ver com 24 pizzas e o dobro de soldados americanos. Não devia estar contando isto pra vocês, provavelmente ouvirão outra pessoa falar a respeito, mas foi incrível. As caras que eles fizeram quando o carro parou e alguém perguntou se eles eram os caras que tinham pedido a pizza de pepperoni.

É difícil — uma faca de dois gumes. Por um lado, eles são o exército dos Estados Unidos, invasor/libertador (escolha o que prefere), armas grandes, sons estranhos saindo de suas bocas. Do outro lado tem uma pessoa que, em muitos casos, é mais jovem do que eu, em um país que ela nunca elegeria como um destino. Mas ele usa esse uniforme, a arma grande e um daqueles óculos muito, muito escuros, que impedem que vejamos seus olhos. Difícil.

A piscina do Hamra é mais fácil.

O Banco Central Iraquiano deve abrir em 31 de maio. Os bancos devem fazer o mesmo no dia seguinte. Alguém disse que, nos primeiros dias, os bancos trocarão as notas de 10 mil dinares por dólares — um gesto demonstrando que as notas são reais, na tentativa de reverter sua desvalorização. Sua nota de 10 mil ainda vale 7 mil dinares — *se* encontrar alguém disposto a comprá-la de você.

Há uma outra história estranha que escutei a respeito do dinar iraquiano. Acontece principalmente nos postos de gasolina, que são os locais com maior receita hoje em dia. Depois que o dia termina e eles querem fechar, um carro do exército dos Estados Unidos vem e troca os dinares iraquianos por dólares americanos de acordo com a cotação do dia, e os dinares iraquianos são queimados ali mesmo. Ouvi esta história três vezes, em situações diferentes.

Não é tão surreal quanto parece. Saddam imprimiu mais dinares iraquianos do que o sistema pode suportar. Com muitos dinares no mercado, o valor cai e o valor real fica distorcido. Se as queimas estão ocorrendo, então eles estão diminuindo a quantidade de papel (dinares) que está no mercado, criando uma demanda e puxando o valor do dinar para cima, portanto não se trata de uma "coisa ruim". Não vejo razão para ficar tão alarmado quanto as pessoas que me contaram a história estavam.

Conhece a expressão "psicologia de gabinete"? Bem, eu sou o melhor "analista financeiro de gabinete" que você encontrará deste lado da rede.

Falando sobre a rede, fico imaginando quem será o primeiro a usar ".iq" em sua URL. Não era usado pelos iraquianos nos tempos de Saddam.

:: salam 10:41 AM [+] ::

SEGUNDA-FEIRA, 26 DE MAIO DE 2003

Os preços da internet estão ficando mais salgados. Agora pagamos oito dólares por uma hora. Capitalismo! Pff.

Há alguns dias, alguém no <u>al-Muajaha</u> (antes que você comece a se perguntar, o "Salam" que trabalha no Muajaha não sou eu) foi nas ruas perguntar "Onde está Saddam?". A melhor resposta que ele recebeu veio de uma criança de dez anos: "Saddam está morto. Ele morreu há cinco anos".

Bem, isso explica a confusão.

<u>Aqui está o link para a CIVIC</u>. Devo colocar ele no trequinho de links à esquerda. Tente ignorar a citação do senador Patrick Leahy. Ela me dá nos nervos, mas ainda assim acho que o trabalho que estão fazendo é importante.

:: **salam** 11:06 AM [+] ::

SEXTA-FEIRA, 30 DE MAIO DE 2003

Preciso muito me livrar de algo que está entalado.

Recebi um e-mail. Depois de jogar tudo e mais a pia da cozinha para cima de mim, eles perguntam: "Como vão seus pais? Ah sim, seus pais. Salam, as pessoas estão querendo saber".

Eles estão muito bem, na verdade, obrigado. Meu pai foi convidado para um jantar informal oferecido por Garner* em sua segunda semana em Bagdá. Ele também conheceu alguns assis-

---

* *O general norte-americano aposentado Jay Garner (um velho amigo do secretário de Defesa dos Estados Unidos, Donald Rumsfeld) foi indicado para levar a cabo uma administração interina pós-guerra no Iraque. Como diretor do novo Escritório de Reconstrução e Assistência Humanitária para o Iraque do Pentágono ele foi, efetivamente, o governador de fato do Iraque no seu período imediatamente posterior à guerra, embora respondes-*

tentes de Bodine, e se encontrou com assistentes de Bremer algumas vezes. Sem mencionar muitos dos militares de alto escalão no sul do Iraque.

Sério, sem brincadeiras aqui.

Deixe eu fazer uma sugestão. Não pense, nem mesmo por um segundo, que você sabe quem sou, ou quem são meus pais, porque lê o blog. E você não tem, definitivamente, o direito de ser desrespeitoso. Nem tudo o que acontece nesta casa vai parar no blog, portanto vá brincar de Agatha Christie em algum outro lugar.

Minha mãe, uma socióloga que teve muita satisfação em seguir carreira no Ministério da Educação, decidiu abandonar essa carreira quando precisou escolher entre sair do emprego ou tornar-se membro do partido Baath. Ela se tornou dona-de-casa. Meu pai, um economista muito bem-sucedido, fez a mesma decisão, e tornou-se um agricultor.

Você está desrespeitando as pessoas que colocaram o primeiro exemplar de *1984*, do George Orwell, em minhas mãos — uma leitura pesada para um garoto de catorze anos com péssimo inglês. Mas aquele livro banido iniciou um processo e me deu o impulso para começar a olhar o mundo em que vivo de um jeito diferente.

Vá atirar asneiras em cima de outra pessoa.

Eu contei a vocês que meu pai concordou em atuar como mediador no processo de rendição entre uma série de oficiais do governo iraquiano e a administração americana aqui presente? Ele é um homem com julgamento moral sólido, e as pessoas escutam seus conselhos. Gente da administração americana e muitos dos novos partidos políticos solicitaram sua consultoria.

---

se ao comandande de guerra dos Estados Unidos, general Tommy Franks, que possuía autoridade total. Os esforços de reconstrução sob o exercício de Garner foram criticados como ineficientes. Os serviços de água, luz e segurança permaneciam intermitentes um mês após a invasão ao Iraque liderada pelos americanos.

Contei a vocês sobre a vez em que os auxiliares de Bremer perguntaram a ele qual a diferença entre um xeique tribal e o xeique de uma mesquita? Eles atravessam milhares de quilômetros para nos governar e então fazem perguntas deste tipo.

Já contei sobre o otimismo infinito do meu pai sobre o que os americanos podem alcançar por aqui, caso dêem tempo a eles? Ele é muito menos cético do que eu. Tivemos muitas discussões calorosas desde o surgimento dos americanos no nosso teatro de eventos.

Você vê, há muitas coisas sobre as quais não falei — e não vejo obrigação nenhuma de fazê-lo. Vocês todos se escondem por trás dos nomes de seus blogs, e mantêm certos pedaços de suas vidas em sigilo.

Eu acho que as coisas que foram ditas no e-mail acima e em outros sites passaram do limite. Há mais.

> Parece que seus escritos se dedicam a provar dois pontos, primeiro minimizando a contribuição americana na remoção de Saddam, e depois provando as coisas terríveis que os Estados Unidos fizeram para se livrar de Saddam, de modo a dar uma impressão de que não valeu a pena.

Vamos ao primeiro. Não há como "minimizar" a contribuição dos Estados Unidos na remoção de Saddam. Os Estados Unidos declararam uma porra duma guerra! Como é possível "minimizar" uma guerra? Eu já disse isto antes: se não fosse pela intervenção dos Estados Unidos, o Iraque veria Saddam ser sucedido por seus filhos até o fim dos tempos. Mas me desculpem se eu não fui lá fora jogar flores nos mísseis que se aproximavam. Quanto ao segundo ponto, não acho que alguém tenha o direito de soltar bombas de fragmentação em áreas civis e depois recusar-se a limpar a bagunça.

Enfim.

Não entendo muito bem por que, entre os 26 milhões de iraquianos, eu devo explicar tudo claramente. Vocês estão acompanhando as notícias? Não percebem o espectro de reações que as pessoas têm à presença americana no Iraque?

Estive em uma coletiva de imprensa da ORHA* outro dia (entrei com alguém que *tinha* um crachá de imprensa), e o cara lá em cima do pódio disse, em resposta a uma pergunta, que as pessoas que tiveram bons encontros com as forças de coalizão provavelmente estão dizendo que a situação melhorou, enquanto aqueles que passaram por situações ruins estão dizendo que as coisas estão piorando.

Ainda é cedo demais para qualquer julgamento. Não sinto que tenho a obrigação de dizer que tudo está às mil maravilhas.

O Iraque já não é o buraco negro que costumava ser, e há zilhões de jornalistas aqui fazendo um trabalho melhor do que jamais poderei fazer — eles têm um crachá de imprensa e sabem como lidar com a coisa.

E quanto à pergunta "por que você não está documentando os crimes de Saddam": vocês não percebem que este não é o tipo de coisa que deve ser discutida levemente num blog como este? E que história é esta de "documentar"? Eu, o pequenino, indefeso Salam, documentando coisas que aconteceram durante trinta anos? Me desculpem por furar o balão de vocês, mas tudo o que posso fazer é contar o que está acontecendo nas ruas, e se vocês acham que os jornalistas estão fazendo um trabalho melhor neste sentido, talvez devessem ler o que eles escrevem. Um dia, como no Afeganistão, esses jornalistas ficarão entediados e escreverão sobre a Síria ou o Irã. O Iraque estará fora do radar da sua mídia. Fora do alcance da vista, fora do pensamento. Sorte de vocês, pois têm esta opção. Eu preciso viver isto.

:: salam 10:44 AM [+] ::

---

* *O Escritório de Reconstrução e Assistência Humanitária: uma equipe de duzentas pessoas, incluindo ex-militares dos Estados Unidos e outros integrantes de agências governamentais, trabalhadores humanitários e especialistas iraquianos.*

JUNHO DE 2003

DOMINGO, 1º DE JUNHO DE 2003

Ya Alá, tenha piedade de nossas almas. O antigo centro estatal de internet, no distrito de Adil, foi tomado por anarquistas e eles estão oferecendo acesso GRATUITO à internet! Você só precisa discar um número — nada de senha, nada de configurações especiais. Alguém ouviu falar sobre alguém que já tenha feito *isso*?

Há cerca de uma semana, correu um rumor de que o centro de Adil instalara uma antena parabólica e usaria antigas instalações que pertenciam ao governo iraquiano para fornecer o serviço. Uruklink.net está de volta. As pessoas que trabalhavam lá abriram o centro há quatro dias. Você pode usar uma hora de internet por apenas 2 mil dinares. Tomem isso, seus tubarões gananciosos! O centro está muito bem equipado. Eles reuniram trinta de seus melhores computadores e possuem uma conexão muito boa. (OK, trinta computadores numa cidade de 5 milhões de pessoas não é nada, mas é um começo.) Eles têm até proteção militar. O pessoal que trabalha lá descolou alguns soldados do posto de controle mais próximo para darem uma olhada — o oficial perguntou se haveria problema caso seus homens checassem seus e-mails, coisa e tal. A reação dos primeiros caras que entraram foi um "Uau!" muito impressionado.

Ontem eles colocaram um pedaço de papel dizendo: TEMOS A ALEGRIA DE ANUNCIAR QUE VOCÊ PODE OBTER ACESSO GRATUITO À INTERNET DISCANDO ESTE NÚMERO. Um papelzinho de nada no quadro de avisos. A rede de telefone não está operando integralmente, alguns distritos não têm nada de telefone mas, como escrevi antes, muitas estações que não foram destruídas ou saqueadas foram conectadas umas às outras. Você precisará discar por uma hora para conseguir, mas funciona. Eu experimentei.

Nem um milhão de coisas ruins poderia ter tirado o sorriso que apareceu na minha cara quando li aquela notinha.

Bagdá também receberá sua primeira rede GSM* em cerca de duas semanas. Alguns milhares de linhas, para começar, principalmente para as ONGs e a administração. Acho que a MCI** fará a instalação.

A Rádio SAWA*** deverá tocar "Connected", do Stereo MC, o tempo inteiro.

:: **salam 2:39 PM** [+] ::

TERÇA-FEIRA, 3 DE JUNHO DE 2003

E eu estava imaginando quando ele descobriria, e se ficaria irritado porque não lhe contei nada. Acho que ele não está:

"Como sei que o famoso blogueiro de Bagdá existe? Ele trabalhou para mim."****

---

*A GSM Association é uma das principais atuantes na indústria global de comunicação sem fio. A comunidade operadora de telefones móveis fornece serviços a 850 milhões de consumidores em 197 países e regiões ao redor do mundo (71% do mercado mundial de telefonia móvel).

** MCI é uma rede global de comunicações e líder mundial na prestação de serviços a multinacionais, escritórios governamentais e consumidores residenciais nos Estados Unidos.

*** A Rádio SAWA é um serviço da US International Broadcasting, operada e fundada pelo Broadcasting Board of Governors (BBG), uma agência do governo dos Estados Unidos. Um de seus princípios diretores é que a comunicação por rádio com os povos do Oriente Médio, em árabe, serve aos interesses de longo prazo dos Estados Unidos. A Rádio SAWA transmite 24 horas por dia, sete dias por semana, em freqüências FM por todo o Oriente Médio.

**** Texto publicado na Slate, intitulado "Salam Pax é real" (2 de junho de 2003), por Peter Maass.

Ele usa termos como "rechonchudo" e "querubínico" pra me descrever. Ugh. E o que há de errado em dizer "trequinho" o tempo todo?

:: salam 9:22 AM [+] ::

QUARTA-FEIRA, 4 DE JUNHO DE 2003

Coluna do *Guardian**

Há vagas: precisa-se de presidente — fluente em inglês, terá apenas poderes limitados. Bônus generosos. Isto apareceu na primeira página do jornal *Ahrar*. Outro novo semanário. Os jornais estão saindo pelas nossas orelhas, ultimamente. Há duas perguntas que ninguém consegue responder: quantos partidos políticos existem hoje no Iraque? E quantos jornais são impressos semanalmente? A maioria destes jornais consiste em duas ou quatro páginas de propaganda partidária, sem licenças ou controvérsias. Apenas imprima. Estou pensando em criar o meu próprio: *Pax Notícias — Todos os rumores, o tempo inteiro.*

Na primeira página do jornal *Ahrar* você também encontrará uma foto e uma coluna do fundador e editor-chefe. Quando o jornaleiro percebeu o modo como eu estava encarando a foto, ele disse "Sim, é o cara que vende *Znood-al-sit* (um popular doce iraquiano)". De confeitos a notícias, a guerra provoca efeitos estranhos nas pessoas.

Comprei cinco jornais por 1750 dinares — cerca de 1,50 dólar. Me senti comprando o famoso pão de Bab-al-agha: quente, crocante e barato. Quando percebeu como eu estava feliz com os meus jornais, o jornaleiro perguntou se eu queria levar um de graça. O paraíso dos jornais! Acontece que ninguém está comprando nenhum exemplar do jornal publicado pelo Partido

---

* *No dia 4 de junho, Salam Pax começou a escrever uma coluna quinzenal para o* Guardian*. Esta é a primeira coluna, intitulada "Blogueiro de Bagdá".*

dos Trabalhadores Comunistas Iraquianos — ele só queria descarregar um para cima de mim. Bem, eu paguei pelo jornal Hazwa, então por que não levar o comunista de graça?

Embora o Ministério da Informação tenha sido desmantelado e cerca de 2 mil empregados tenham ido para a rua, a indústria da mídia — se podemos chamar assim — está indo muito bem. Além de todos os jornais, agora temos um canal de TV e rádio. Eles fazem parte daquilo que nossos tutores americanos chamaram de Rede de Mídia Iraquiana. Meu favorito entre os programas de TV que eles exibem é um velho desenho japonês (aqui é chamado de *Adnan wa Lina*). É sobre que acontece depois da uma Terceira Guerra, com o caos reinando sobre a Terra. Uma má escolha para a programação infantil, se querem minha opinião. Algumas cidades possuem suas próprias estações locais, e há dois canais de TV curdos. Mas o BBC World Service matou de uma vez só um dos passatempos favoritos dos iraquianos: procurar a recepção perfeita. O serviço árabe da BBC começou a transmitir em FM aqui, e simplesmente não é a mesma coisa quando você não consegue escutar a estática.

A equipe do Ministério da Informação está recebendo cinqüenta dólares como um salário final: muitos gritos raivosos e dedos apontando para as câmeras da al-Jazeera. Outros trabalhadores civis tiveram mais sorte — o pessoal da área elétrica foi pago pelo novo esquema salarial sugerido pela administração do Bremer (varia de 100 mil a 500 mil dinares: entre cem e quinhentos dólares. O pessoal dos cargos mais baixos ganhou um aumento, e o pessoal do topo teve o creme retirado de sua torta) e, como num passe de mágica, os trabalhadores da eletricidade começaram a se esforçar um pouco mais e a situação melhorou.

A gasolina ainda é um problema. Mas se você dirigir quinze minutos para longe de Bagdá, encontrará donos de postos de combustível que implorariam para você parar e abastecer. Lá no sul do Iraque você encontra gasolina kuwaitiana, mas Bagdá está uma confusão. Há rumores de que as cotas de gasolina entregues aos postos daqui estão sendo compradas e contrabandeadas para o Irã ou a Turquia. Não espanta muito. Carros saqueados estavam sendo contrabandeados pela mesma rota — no meio de Bagdá, havia um estacionamento onde os carros saqueados estavam sendo leiloados para serem levados para o norte. A mídia ocidental levou três semanas para descobrir isso.

Mas a principal preocupação das pessoas em todas as cidades iraquianas ainda é com a segurança. Você escuta histórias sobre roubos à luz do dia em ruas cheias de gente. O mais novo método consiste em trazer uma criança junto, fazê-la pular para dentro de uma janela aberta e começar a gritar. Quatro brutamontes aparecerão em seguida, acusando você de tentar abusar da criança — aí eles dão uns chutes em você e levam o carro. Enquanto isso, os transeuntes dirigirão olhares muito mal-intencionados a você, seu molestador de crianças, você mesmo. Você terá sorte se eles não puxarem uma arma.

Na verdade, as forças de coalizão estão caindo com tudo sobre as pessoas que apanham em posse de armas de fogo. As revistas em carros estão mais freqüentes, e caso eles encontrem uma arma de fogo, algemam você, colocam um saco na sua cabeça e — aqui vem a questão: e o quê? Ainda não temos leis. Há algumas semanas, foi dito que eles só podem manter alguém preso por 24 horas. Agora dizem que as prisões masculinas, femininas e juvenis foram abertas. Não quero ser um alarmista e passar a impressão de que ninguém sai para as ruas. Pelo contrário, mais vários estabelecimentos comerciais abriram. Na rua Karada, onde fica a maioria das lojas de aparelhos eletrônicos, a mercadoria é exposta nas ruas (TVs de catorze polegadas parecem ser muito populares); as escolas estão abertas e as provas estão marcadas para julho. O congestionamento de trânsito no portão da Universidade de Bagdá é diferente de tudo o que você já viu. Os estabelecimentos de comida barata em Harthiya abriram de novo, e estão cheios de garotos e garotas. Dirigir pelas ruas de Bagdá durante o dia é um pesadelo, devido à quantidade de carros. Mas tudo isso termina lá pelas sete da noite, quando começa a escurecer.

O problema é que os esforços para tornar Bagdá mais segura estão sendo muito dificultados pelos incidentes mais recentes em Fallujah,* Heet** e Bagdá.

Fiquei sabendo hoje que uma das divisões de infantaria está retornando ao modo de combate. A presença militar aumentou nas ruas, e os soldados não parecem tão calmos quanto estavam há uma semana. A al-Jazeera e a Arabiya exibem iraquianos raivosos dizendo coisas sobre as promessas não cumpridas pelos Estados Unidos e a ausência de qualquer sinal de prosperidade. Os iraquianos são um povo muito impaciente. Como se poderia esclarecer a essas pessoas que, a não ser que eles se acalmem e demonstrem cooperação, ninguém verá prosperidade alguma? Não quero mesmo ver este país cair no círculo vicioso ocupante/ocupado. Sei que não verei.

Enquanto conversava com um taxista muito eloqüente, dia desses, ele começou a acusar a mídia de não dar chance para alguém como Al-Sistani*** mostrar um outro lado, não militante, do Hawza. Ele me contou sobre o *khutba* de uma oração de sexta-feira no qual o imã disse a todos para cooperarem com os americanos: "Eles se livraram de Saddam, e deveriam receber uma chance de provar suas boas intenções". Ele me convidou para comparecer e escutar o

---

* *No dia 27 de maio, agressores desconhecidos atacaram uma unidade do exército dos Estados Unidos na cidade iraquiana de Fallujah, matando um soldado americano e ferindo outros sete. Os agressores utilizaram granadas com propulsão a foguete e armas de fogo de pequeno porte contra as tropas americanas. Acredita-se que eles dispararam de uma mesquita da cidade. Dois dos agressores foram mortos. Antes disso, no dia 30 de abril, dezoito iraquianos foram mortos quando as forças americanas abriram fogo durante um protesto contra a presença dos Estados Unidos. Os soldados disseram que responderam depois de terem recebido tiros da multidão.*

** *No dia 30 de maio, na cidade ocidental de Heet, multidões fizeram um arrastão na estação de polícia, apedrejaram veículos blindados e incendiaram carros da polícia. Os residentes afirmaram que os problemas tiveram início quando a polícia supostamente auxiliou tropas americanas a revistarem casas em busca de armas.*

*** *Um importante clérigo xiita.*

khutba na próxima sexta. Talvez, talvez. Meu amigo G. podia estar certo, no fim das contas, quando tentava me convencer de que a frase "imãs moderados no Hawza" não é um oximoro.

DOMINGO, 8 DE JUNHO DE 2003

Leia o novo blog de G.:

> Então, após oito longas horas... os americanos se foram, confiscando seis balas de metralhadoras antiaéreas pesadas de mais de quarenta casas. Os iraquianos estavam falando com fúria a respeito de americanos revistando nossas mulheres, confiscando nossas armas de proteção e roubando nossas pobres galinhas.

Vou indo. Estou com preguiça demais para escrever qualquer coisa nos últimos dias. Está quente demais. Não faço idéia de como todos aqueles estrangeiros conseguem suportar o calor.

:: **salam** 11:30 AM [+] ::

QUINTA-FEIRA, 12 DE JUNHO DE 2003

O rei voltou.* Bem, o "pretendente" está aqui — um deles. Acho que há três esperançados. Leia "Em Bagdá, passando um bom dia de herdeiro".**

Ele é o primeiro dos candidatos reais a aterrissar em Bagdá. E rapaz, que recepção interessante ele recebeu. Foi uma confusão digna da realeza. Vocês já devem ter ouvido falar que

---

* Em 10 de junho Sherif Ali bin Hussein, herdeiro do efêmero e já extinto trono iraquiano, aterrissou no aeroporto internacional de Bagdá após 45 anos de exílio em Londres. Líderes tribais se reuniram no mausoléu do cemitério real para vê-lo prestar homenagem a seus antecessores reais.

** Artigo de Sharon Waxman (11 de junho de 2003) no Washington Post.

ele veio no primeiro vôo fretado civil, carregado com jornalistas da "ajuda humanitária" e suas malas. Sua primeira parada foi o cemitério real, onde deveria fazer um discurso e encontrar "seu" povo. Ele saiu do carro e, imediatamente, aconteceu-lhe o tradicional número do carneiro-sacrificado-aos-seus-pés. Depois disso, mais ovelhas receberam o tratamento sacrificial, junto com algumas galinhas — e a carne começou a ser distribuída aos "pobres". Houve um momento em que a multidão reunida para pegar a carne ficou maior do que a multidão que o aplaudia. E houve, é claro, o jovem valente que abriu caminho, agarrou uma galinha e saiu correndo. Todos foram atrás dele: "Quem se importa com o que o rei está dizendo? Sigam a carne!".

Enfim, ele entrou e foi instantaneamente cercado pela imprensa, uma cena para se admirar. Agora sei claramente como é uma "foda grupal". Foi quente. O mausoléu é apertado e não tem janelas, e havia aquela horda de jornalistas enlouquecidos querendo uma foto especial. Você podia ver o sujeito (desculpe, o Sharrif Ali) resmungando entre os dentes: "Que diabo estou fazendo aqui?". De algum modo, a Al-Arabiya entrou na câmara de sepultamento com ele e descolou uma entrevista rapidinha ali mesmo, para desgosto dos fotógrafos. E daí o repórter da Arabiya correu para fora da sala gritando: "Onde está meu câmera? Onde está meu câmera?". Oh, foi hilário. Sharrif Ali deveria fazer um discurso para os nobres, xeiques e tipinhos realeza-instantânea que estavam sentados no jardim. O engraçado é que ninguém viu quando ele saiu e ficou parado no pódio. Estava envolto por câmeras e repórteres. Duas pessoas me pediram para apontá-lo no meio de todos.

Ele suava. Estava muito quente e o colocaram bem ali, debaixo do sol chamuscante. Ele tinha um sorriso pregado na cara e um pequenino ventilador a pilha apontado para seu pescoço, segurado por um dos seus. Você já tentou parecer digno enquanto veste um terno preto debaixo de um sol chamuscante? Não funciona. No momento em que a pequena gota de suor começar a descer pelo arco do seu nariz, começarei a rir.

Depois de alguns versos do Corão e uns gritos de boas-vindas, chegamos ao discurso. Eu estava aguardando o momento em que ele abriria a boca — o olhar na cara das pessoas quando percebessem que ele fala árabe mal e porcamente. Ele tem aquele sotaque engraçadinho que os estrangeiros têm quando falam árabe. OK, não foi tão ruim assim, mas ele fala estranho, seu árabe soa forçado.

Um discurso bem desinteressante. Ele desceu ao ponto de pescar aplausos com os recursos mais óbvios: melhores salários, fim das filas pela gasolina, blá-blá-blá. A parte boa foi que ele não recebeu a ovação que esperava.

Próxima parada: coletiva de imprensa em uma mansão IMENSA, na beira do rio. Mais multidões da mídia, mais bobagens. Não há paixão suficiente ali para inspirar um camundongo.

Abandonamos a coletiva de imprensa quinze minutos depois do início. Bem na saída do salão, onde a mídia tentava arrancar qualquer coisa de Sharrif Ali, vimos um homem enorme gritando com um dos assistentes de sua realeza. Ele estava dizendo isto: "Olha, você me pediu para levar as pessoas de carro por aí e eu aceitei. Me prometeram almoço, então por que agora não me deixam entrar?". Ele estava falando sobre o banquete que estavam preparando. Foi um dia divertido, foi mesmo.

O que todos se perguntam é como estes sujeitos que não foram sequer capazes de organizar uma coletiva de imprensa conseguirão governar um país. E já posso prever as reações diante das pessoas que vão querer ser chamadas de príncipes e princesas.

:: salam 1:01 PM [+] ::

SEGUNDA-FEIRA, 16 DE JUNHO DE 2003

Você passeia desocupado ao longo do rio na rua abu-Nawas, admirando a vista. Você pára ao chegar na parte onde estão os palácios e dá uma olhada (antes da guerra, você só passaria correndo por aquela parte). Do outro lado da rua há uma série de belas casas antigas, em estilo colonial. Tijolo à vista. Muito discretas, tudo tem a cor da areia. Então, de repente, tudo treme: a casa do *New York Times* em Bagdá. Dê uma olhada.

Não havia um programa da MTV chamado *Na Real* — aquele com cinco desconhecidos morando juntos? Eles tinham casas nas cores mais berrantes. Agora temos uma assim em Bagdá. Alguém se interessa em fazer um episódio do *Na Real* sobre a casa do *New York Times* aqui? Já temos a casa espalhafatosa e os desconhecidos — só falta uma câmera.

:: salam 11:23 PM [+] ::

QUARTA-FEIRA, 18 DE JUNHO DE 2003

História de guerra assustadora nº 2 (sendo que a nº 1 foi quando nosso bairro foi atingido por vinte projéteis de um tanque na estrada principal de Ameriya):

Ontem eu estava tentando pegar um táxi às dez e meia da noite (o que já é uma coisa estúpida e burra de se fazer — o toque de recolher ainda é às onze), então um carro pára e negociamos uma tarifa de 2 mil dinares. No instante em que sento no carro, ele começa a xingar e amaldiçoar "eles". De repente, ele pára no meio de uma frase, se vira pra mim e pergunta "Você é muçulmano?". Ele tem uma barba no estilo muçulmano, está irritado e eu definitivamente não quero entrar em uma discussão teológica com ele.

"Sim, *alhamdulillah*, sou muçulmano."

"Você está trabalhando com 'eles'?"

Oh, meu bem, isto não está seguindo um bom rumo.

"Não! Claro que não. Por que eu deveria?"

Pausa.

"Então você acha que eles encontrarão uma granada se eu escondê-la debaixo do painel?"

Merda-merda-merda!

"Escute, eu acho que você deveria tomar cuidado. Eles possuem equipamento capaz de detectar estas coisas. Você não deveria mesmo carregar uma granada de mão por aí."

"Ahá! Então você sabe que equipamento eles usam?"

Porra.

"Não, não! Eu disse que eles *podem* possuir este tipo de equipamento."

Bem naquele momento, passamos por uma patrulha dos Estados Unidos. Um Humvee e alguns soldados a pé. O taxista diminui e olha intensamente para eles. Eles estão do meu lado, e ele se inclina por cima de mim para olhar pela janela. Neste momento começo a imaginar se serei morto pela explosão que esse louco da porra produzirá quando jogar a granada ou pelos tiros de retaliação.

Ele decide gritar alguma coisa e vai embora zunindo.

Acho que estive dentro de um carro com um suicida-maluco-da-porra ontem à noite. Quis perguntar por que ele esconderia uma granada no seu carro, mas estava com muito, muito medo. Ele poderia decidir simplesmente enfiar a granada na minha garganta — porque é *halal** matar aqueles que são agentes do ocupante infiel.

O que você faz quando está dentro do carro com alguém que pergunta sobre o melhor local para esconder uma granada de mão?

---

* *Justo.*

Vocês poderão dizer, agora, que ele é integrante daquele movimento que se autodenomina al-Auda [o retorno] e está planejando ataques aqui e ali — gostaria que as pessoas parassem de chamá-los de "esporádicos", mas já chegaremos lá. O que torna este cara ainda mais perigoso é que ele não pertence ao plano subterrâneo dos baathistas para retornar ao poder. Ele é um daqueles lunáticos que levaram a sério a chamada para a *jihad** proclamada pelo imã da mesquita de abu-Hanifa. E estas pessoas são manipuladas muito facilmente pelas mãos do Auda. De qualquer modo, esse rumor do Auda exige uma confirmação séria, porque não vi nada — faixas ou pichações — citando, de fato, seu nome.

Voltando aos "ataques esporádicos".

Considere os acontecimentos do vilarejo de Mushaheda: "Nove soldados dos Estados Unidos são feridos lutando contra milícias iraquianas".** Um comboio atravessa o vilarejo e é atacado. RPGs*** ou Kalashnikovs são disparadas. É noite, e a visibilidade está muito baixa. Em retaliação e autodefesa, o comboio começa a atirar para a esquerda e para a direita, ao longo da estrada, pelos próximos quilômetros (quer dizer, isso se eles não decidiram parar e assumir posição de ataque — veja o que aconteceu em Hir).****

---

* Jihad: guerra santa empreendida pelos muçulmanos contra infiéis.

** Artigo do New York Times (16 de junho de 2003), por Neela Banerjee.

*** Granadas com propulsão a foguete.

**** "Violência e morte aumentam à medida que os Estados Unidos se espalham pelo Iraque" (14 de junho de 2003), por Patrick E. Tyler no New York Times. No dia 12 de junho, no vilarejo de Hir, um grupo de seguidores de Hussein disparou uma granada com propulsão a foguete contra um tanque M1-A1 em um comboio de veículos do esquadrão da Sétima Cavalaria Armada. Os soldados responderam ao fogo e mataram dois iraquianos. Naquela noite, um veículo blindado de transporte de unidades retornou a Hir e abriu fogo. Um agricultor de 73 anos, três de seus filhos e um neto morreram no ataque ao vilarejo. De manhã, segundo os habitantes, oficiais militares entraram dirigindo no vilarejo e se desculparam pelo ataque, alegando que fora "um erro".

Agora, quando você vai perguntar ao povo do vilarejo, distrito ou bairro sobre os ataques, eles dizem que os agressores eram forasteiros — não pertencentes à região.

Pense nisto por um instante. Se eu quisesse instigar sentimentos antiamericanos em uma vizinhança que, até agora, era indiferente em relação aos americanos, qual seria a melhor coisa a fazer?

Eu encontraria uma maneira de levar os americanos a fazerem coisas ruins naquela vizinhança. Atirar indiscriminadamente contra casas e lojas, por exemplo.

> Sabaa Kalifa Makhmoud, 26, acabara de limpar seu ônibus azul e branco no lado oposto ao do comboio americano na rua, e mal tinha saído do veículo quando os soldados começaram a atirar em resposta ao ataque. Uma de suas filhas, que ainda engatinhava, também estava do lado de fora, e ele a recolheu e correu para dentro de sua casa. O tiroteio estourou duas janelas do seu ônibus e deixou um buraco rasgado em uma das cortinas.*

Forcem os americanos a fazer revistas de casa em casa: amarrar homens, colocar sacos em suas cabeças e assustar todas as crianças.

Isto levaria o seu medidor-de-americanos da posição "Não tô nem aí" para a posição "O que diabo eles pensam que estão fazendo?".

Dê uma olhada nos ataques da semana passada e nas conseqüências dele. Este tipo de coisa se repete e cresce como uma bola de neve, de pequenas reclamações até conclamações de *jihad* — bem como aconteceu no distrito de Adhamiya, perto da mesquita de abu-Hanifa, depois que o confronto entre soldados americanos e iraquianos terminou com dois iraquianos mortos.

---

* *Do artigo de Neela Banerjee no* New York Times.

O que mais?

Há rumores de que algumas torres de eletricidade de alta tensão foram sabotadas no norte. A eletricidade piorou. Recebemos cinco horas diárias de eletricidade no meu bairro — estava muito melhor uma semana atrás. As pessoas começaram a resmungar novamente sobre as promessas feitas e não cumpridas pelos americanos.

Mais?

Três minas antitanque explodiram nas ruas de Bagdá. A primeira explodiu debaixo de um caminhão que fazia parte de um comboio do exército. Um soldado ficou ferido.

As outras duas explodiram ontem. A primeira numa passagem subterrânea bem no meio da praça Tahrir, em Bagdá. Ela explodiu debaixo de um táxi. Ninguém morreu, mas duas pessoas ficaram feridas. A segunda explodiu no distrito de Ghazalia, matando uma garota e ferindo a mãe dela. Esta segunda mina foi colocada na rua depois que o ponto de controle americano saiu de lá, e as pessoas de lá estão dizendo que a mina foi deixada por americanos, o que é uma tremenda besteira.

Desculpem, estou atirando pra tudo que é lado e nunca fui muito bom em formular teorias, mas espero que isto esteja fazendo algum sentido. O que eu quero dizer é que estes ataques podem ser esporádicos e desorganizados, mas eles fazem o que os baathistas querem fazer: criar uma situação difícil demais para que os americanos realizem algo de bom, cumpram suas promessas ou modifiquem o sentimento das pessoas. Aumentando o calor de um verão que já está quente demais.

:: **salam** 9:59 AM [+] ::

QUARTA-FEIRA, 18 DE JUNHO DE 2003

Coluna do *Guardian**

Universidades: terreno fértil para a insatisfação? Estudantes: revolucionários por natureza? Bem, não nesta cidade. Passei horas das mais frustrantes na Universidade de Bagdá.

Olhem para Bagdá. Hoje em dia, a cidade é um festival de faixas e slogans. A minha favorita é uma faixa do partido da Monarquia Democrática Iraquiana (não confundir com a Monarquia Constitucional Iraquiana), que diz em inglês: "*MONARCHY IS RELAXXATION*" [MONARQUIA É RELAXXAMENTO]. Soa como um anúncio de laxante. Era de se esperar que a diversidade de opiniões estivesse refletida na universidade. Eu esperava discussões calorosas e debates políticos estudantis. Nunca tivemos isso, mas agora ninguém nos impede de dizer o que pensamos. Mas o que foi realmente surpreendente é que não se vê nada dentro do complexo da universidade em Bab-al-Muadham — nem mesmo as faixas políticas comuns dizendo HAWZA SALVARÁ A SUA ALMA e O INC AMA VOCÊ.

E que tal os estudantes? Bem, a maioria deles não está nem aí. Sentei com dez estudantes durante uma hora, debaixo de uma árvore na rua principal do complexo universitário, e tudo o que obtive deles foi um "ÃhnHã, bem... eu não sei" coletivo. E os partidos políticos não parecem muito interessados em chamar a atenção destas pessoas. Com a exceção de um: o Hawza (a organização xiita) está indo para cima deles de uma maneira muito interessante.

No campus de Jadriah (engenharia, ciências e ciências políticas) há um único desses esquemas tipo união estudantil que tomou o lugar da antiga união estudantil baathista. Você entra, encontra um punhado de estudantes (todos homens) e eles falam sobre seus esforços para ajudar os estudantes, para atuar como mediadores entre eles e os funcionários da universidade,

---

* Esta é a segunda coluna quinzenal de Salam Pax para o Guardian.

para providenciar uma clínica estudantil gratuita. Tudo parecia muito bom e bonito, até que G. decidiu perguntar-lhes sobre suas preferências políticas pessoais. Acontece que eles são todos gente do Hawza — e a clínica também é financiada pelo Hawza.

Vamos até o local onde costumava ficar o nosso "mural livre" (o local onde a união estudantil baathista colocava seus avisos) e os únicos avisos colocados ali são do Hawza. A única publicação estudantil, que se chama, assim como o conselho de estudantes, *Grupo Estudantil Livre*, também está sendo publicada por eles. Olha, não tenho nada contra a ajuda que eles estão prestando, mas do jeito que eles estão fazendo as coisas tem-se a impressão de que estão eliminando — cedo demais — as outras escolhas.

Conversei com um dos caras no grupo que não parecia tão emocionado com o aspecto religioso do trabalho de seus amigos. Quando lhe perguntei "Então, em quem você acha que votaria?", ele respondeu que não queria entrar nesse assunto, porque poderia criar problemas. Aquilo me fez entrar em modo superirritado. Decidi me levantar e declarar que sou um comunista ateu — e se fosse para eu ter medo de dizer isso lá, eles não deveriam escolher para si um nome que contém a palavra "livre".

O único raio de sol foi um grupo de estudantes e professores na faculdade de artes que decidiu iniciar uma campanha de esclarecimento, com debates políticos e mesas de discussão.

Falei com algumas mulheres que estavam preparando a primeira reunião e pareceu bem interessante, porque elas tinham uma *muhajaba** que pensava que a educação religiosa é essencial para a compreensão da política, e outra que era obviamente mais liberal. Ali, pelo menos, havia alguma variedade. Os estudantes da faculdade de artes parecem menos letárgicos do que os engenheiros. Alguns dias antes, eles tiveram um pequeno confronto com os soldados america-

---

* *Uma mulher que veste a roupa* hijab *tradicional.*

nos que costumavam ir ao campus em patrulhas a pé. Cerca de cinqüenta estudantes ficaram parados na frente deles pedindo que não entrassem no campus com suas armas de fogo, uma vez que revistas em busca de armas já estavam sendo realizadas nos portões.

Em geral, as universidades estão entre os locais mais seguros de Bagdá. Muitas das garotas com quem conversei encaram sua ida diária à faculdade como o único passeio do dia. Algumas costumavam dirigir seus próprios carros até a faculdade — agora não fazem mais isso. Uma das estudantes de engenharia me disse, inclusive, que mudou sua maneira de se vestir depois de ser abordada por um estudante que queria lhe dizer algo a respeito de suas roupas. Ele perguntou se ela não temia "os americanos". Ela respondeu que não fazia idéia do que ele estava falando mas, no dia seguinte, usou uma saia mais comprida, e disse que não vestirá calças porque não quer outro desses esquisitões lhe dizendo o que vestir ou o que temer.

QUINTA-FEIRA, 26 DE JUNHO DE 2003

Na verdade, tivemos uns dias péssimos. Se vocês tivessem conversado comigo há uma semana, eu teria dito que estava muito otimista — talvez não otimista, mas pelo menos eu tinha esperança. Agora só consigo pensar em duas coisas.

Uma delas é algo que minha mãe disse enquanto assistia às notícias. Era algo relativo aos mais recentes ataques às "forças de coalizão" e às suas retaliações. Ela disse que sempre quis saber como o povo de Beirute e Jerusalém conseguia dar um jeito de viver em cidades que são, praticamente, zonas militares. Ela disse que sabe, agora, como é viver numa cidade onde a visão de um tanque e postos de controle militares exigindo que você saia do seu carro para revistar suas malas torna-se uma coisa "normal". Quando você liga a TV e só espera não ter que assistir a mais imagens de pessoas atirando umas nas outras.

A outra coisa foi algo que um conhecido do exterior disse depois de passar algum tempo na cidade, em um dia especialmente agitado. Ele entrou, atirou seu chapéu no chão e disse bem alto: "Quero informar a meus amigos iraquianos que seu país está condenado". Não faço idéia do que motivou aquilo, mas a frase ficou presa na minha mente.

Os últimos dias foram repletos de acontecimentos, e gostaria de ter postado coisas diariamente, pois agora não sei por onde começar. Vamos voltar alguns dias. Logo antes da administração de Bremer decidir que não poderia atrasar a questão das tropas dispensadas em mais um dia sequer.

O protesto em frente à Autoridade Provisória da Coalizão (CPA):* "Tropas dos Estados Unidos matam dois iraquianos durante protesto".**

Foi um dia péssimo, para começar, e as coisas saíram de controle muito depressa. Por volta das nove, o povo do lado de fora do palácio de Bremer. Naquela manhã, se você tivesse guiado, na direção da entrada do palácio, um carro perecendo conter pessoal da mídia dentro dele, o povo teria cercado o carro e batido com sapatos contra o pára-brisa. A reação à mídia naquele dia foi, em geral, muito ruim.

> Victor Caivano, fotógrafo da AP,*** disse que os manifestantes atiraram pedras nos soldados e nos repórteres, que foram forçados a retroceder.****

Um câmera iraquiano trabalhando para a Reuters (se não me engano) foi atingido gravemente na cabeça e precisou ser resgatado por soldados americanos. E foi ficando cada vez mais agi-

---

* *A missão declarada da CPA é auxiliar o povo iraquiano a reconstruir o Iraque. Ver <cpa-iraq.org>.*

** *Artigo no site da* ABC News. *Tropas dos Estados Unidos abriram fogo durante protestos com arremesso de pedras em Bagdá, matando dois protestantes.*

*** *Associated Press.*

**** *Do website do* Guardian*: "Tropas dos Estados Unidos ferem dois iraquianos em protesto" (18 de junho de 2003), por Arthur Max.*

tado. Quando cheguei lá, os tiros já haviam sido disparados e havia sangue na camisa de alguns manifestantes, mas a grande massa já tinha se dispersado. A maioria foi embora após alguns tiros de alerta para o alto, disparados por um pequeno comboio que se aproximava — e então tudo começou a dar errado. Pedras estavam sendo jogadas contra os jornalistas e o exército americano, e alguém naquele comboio tomou a decisão de apontar uma arma para a multidão, e não para o alto. Quatro tiros foram disparados, um par deles atingindo letalmente dois iraquianos (eles foram levados para dentro pelo exército americano presente no portão, e ambos morreram lá), e mais duas pessoas foram feridas. Um iraquiano foi preso.

Eu realmente acredito que a decisão de atirar foi equivocada. Eles disparam tiros de alerta, então por que a decisão de atirar para matar? Havia uma multidão muito raivosa, que ficou ainda mais enfurecida após os tiros. Não nos diz muita coisa sobre a habilidade americana em controlar e lidar com multidões. Bremer, ao perceber que a situação dos militares desempregados está chegando a um estágio crítico (ninguém quer militares treinados decidindo que você é o inimigo), decidiu começar a pagar-lhes salários e dar início a uma pequena tropa, algo em torno de 40 mil soldados. O que está bem, por mim. Quem precisa de tropas? Basta um punhado deles, vestindo uniformes bonitinhos, marchando na parada do Dia da Libertação.

Desde aquele incidente, até hoje, as coisas só estão caindo mais fundo para dentro do poço. As "forças de coalizão" não se sentem seguras, e nós tampouco. Você pode ver a desconfiança em seus olhos e na maneira como seguram aquelas armas enormes apontando para você, quando você se aproxima de um posto de controle. E se alguma vez você passar de carro por um comboio, não olhe pela janela — eles apontam as armas para você: miram bem entre seus olhos.

Algumas regiões estão melhores do que outras. Em alguns distritos, você ainda encontra alguns soldados americanos parecendo estar relaxados, caminhando por aí e conversando com as pessoas. Com crianças em seus tanques, ou comprando frango assado em um restaurante. Eles mostram o lado mais nervoso quando estão se deslocando ou parados em postos de controle.

Não os culpo. Odiaria estar na mesma situação que eles. Eu esperei que o dia em que eles circulariam por Bagdá em trajes civis, passeando por nossos mercados e se misturando às pessoas, estivesse mais próximo do que está agora.

Tive a oportunidade de ir a algumas bases e conversar com as pessoas de lá. A que me proporcionou a maior diversão foi uma base no sul de Bagdá, onde um soldado veio na minha direção com uma Coca-Cola na mão e disse "*Shlonak?*" ("Como vai?", em dialeto iraquiano). Acontece que ele nasceu no Iraque e partiu para os Estados Unidos lá por 1985. Esta é sua primeira vez em Bagdá desde então. Foi ótimo conversar com ele. Ele veio junto com o exército, como tradutor. Me contou sobre os piores dias em Samawah, e sobre não ter muita certeza de estar feliz com o retorno. Ele não teve o que se pode chamar de uma recepção calorosa — especialmente nas últimas semanas, durante as revistas em busca de armas.

Lembram do cara sobre quem G. estava falando, o tradutor? Era o mesmo cara! Eu não sabia disso até contar a G. em que local o encontrei. Ele é mesmo um ótimo sujeito, muito falador e divertido. É uma pena que alguns iraquianos o tenham recebido mal porque ele está ajudando o "invasor infiel".

:: salam 1:42 AM [+] ::

Que cidade insana. Simplesmente não consigo imaginar uma cidade com tanto metal explosivo espalhado por aí. A última na seqüência de histórias que só poderiam ter ocorrido em Bagdá é uma explosão na rua Karadah, bem ao lado da estrada principal.

Um fotógrafo caminha por aquela estrada e vê alguém deitado na rua com um monte de sangue ao redor e uma perna faltando. Ninguém quer chegar perto dele. O sujeito tinha uma granada de mão no bolso, o idiota. E de algum modo o detonador é acionado — bum! — tchau-tchau, perna. O engraçado é que havia algumas pessoas em volta do sujeito, olhando ao redor de um jeito muito nervoso.

Ninguém lhe dizia o que estava acontecendo. Até que você encontrasse o dono de loja simpático que conhece todo mundo. Ele disse que, na verdade, a explosão ocorreu numa casa de chá mais adiante, onde muitos tipinhos mal-encarados se encontram. E a granada de mão do sujeito explodiu naquela casa de chá, mas seus "amigos" estavam tão ansiosos para que ninguém entrasse lá, bisbilhotasse e encontrasse Deus sabe o quê, que limparam o local rapidinho, arrastaram o sujeito para o outro extremo da rua e o deixaram ali.

Por que ele teria uma granada de mão no bolso? Bem, diversas razões. Não creio que ele fosse um Fedayeen, como aquele taxista que encontrei há alguns dias. Acontece que esta é a arma predileta para roubos a residências — você não pode dizer "não" a um homem com uma granada de mão, pode?

:: salam 6:56 AM [+] ::

SÁBADO, 28 DE JUNHO DE 2003

Vou embora para Basra, por alguns dias. Nada de blog. Nada de e-mail.

Enquanto isso, dê uma olhada no fotolog de G.

:: salam 8:36 AM [+] ::

LINKS CITADOS

NOTA DOS EDITORES: *Os links citados por Salam Pax, destacados no texto pelo nome ou por uma palavra ou expressão <u>sublinhada</u>, estavam no ar durante a guerra do Iraque, mas podem ser removidos a qualquer momento.*

A <u>CNN</u>.com tem um deles em seu site: <www.cnn.com/2002/WORLD/meast/10/28/us.iraq.leaflets/index.html>

<u>ABC</u> News: <abcnews.go.com>

<u>ABC</u> News Online: <www.abc.net.au/news>

Adnan: <adnan.org>

<u>Al, do Culpepper Log</u>: <www.morethings.com/log/>

Alef yaa: <www.alefyaa.com>

Ali bin Sharif Al Hussein: <www.meib.org/images/f_hussein_sharif.jpg>

al-Muajaha: <www.almuajaha.com>

Amnesty International: <www.web.amnesty.org>

Aqui está o link para a CIVIC: <iraqvictimsfund.org>

Arabic News.com: <www.arabicnews.com>

Az zaman: <www.azzaman.net>

<u>BBC</u> News: <news.bbc.co.uk>

bela foto: <www.meib.org/images/9911_inc.jpg>

blee bloo blar: "*blee bloo blar BLOG: Fat. Hairy. Gay. Atheist. Radioactive. Liberal. Whiner* [Gordo. Peludo. Gay. Ateu. Radioativo. Liberal. Chorão]", em <johnkusch.com/johnkuschdotcom/blog>

blog-cabulário: <www.samizdata.net/blog/glossary.html>

BlogTree: <blogtree.com>

Carta aberta a um cidadão iraquiano: <www.morethings.com.log/>

CASI: <casi.org.uk>

CNN: <www.cnn.com>.

Conselho das Relações Exteriores (CFR): <www.cfr.org>

CSmonitor.com: <www.csmonitor.com/2003/0305/p01s04-woiq.html>

Dê uma olhada: <salampax.footpages.com/?entry=445>

De volta ao Iraque 2.0: <www.back-to-iraq.com>

Diana: <letterfromgotham.blogspot.com>

dossiê: link para o website do Ministério britânico das Relações Exteriores: <http://www.fco.gov.uk/Files/kfile/hrdossier.pdf>

Electronic Iraq: <www.electroniciraq.net>

Esse post no Sudden Nothing: <vaspider.surreally.net/suddennothing/archives/001828.html#001828>

Este blog ganhou o segundo prêmio em design de blogs: <gapp.blogspot.com>

Eve Tushnet: <eve-tushnet.blogspot.com>

FILIE-SE!: <www.baath-party.org>

fotolog de G: <geeinbaghdad.fotopages.com>

Fundação al-Khoei: <www.al-khoei.org>

Global Exchange: <www.globalexchange.org>

Googlefight: <www.googlefight.com>

Gotham: <www.letterfromgotham.blogspot.com>

Handicap: <www.handicap-international.org>

Human Rights Watch: <www.hrw.org>

Imshin: <www.imshin.blogspot.com>

International Herald Tribune: <www.iht.com>

Iraque: Primeiro tomaremos Bagdá: <pandavox.blogspot.com>

Iraquiano Maluco: <www.wackyiraqi.com/home/>

Istikan *chai, dear?*: <www.mydevweb.com/images/gapp_logo.jpg>

Já que meu disfarce foi descoberto pelo Unqualified Offerings: <www.highclearing.com/uoarchives/week_2003_01_12.html#004187>

Jason: <shellen.com>

Kashei: <www.alarmingnews.com>, site mantido por Kashei e Peter

Le Monde: <www.lemonde.fr>

Letter from Gotham: <www.letterfromgotham.blogspot.com>

Lisha: <www.vaspider.surreally.net/suddennothing>

Livejournal: <www.livejournal.com>

Los Angeles Times: <www.latimes.com>

Movimento pela Monarquia Constitucional: <www.iraqcmm.org>

Nawal El Zoughbi: <www.3oyoon.com/newal1.htm>

New Musical Express: <http://www.nme.com/news/102988.htm>

o novo blog de G: <geeinbaghdad.blogspot.com>

Olha só: <un.org/depts/oip>

oráculo de Gotham: <www.letterfromgotham.blogspot.com>

outro artigo interessante: <www.cfr.org/publication.php?id=5288.xml>

palavras carinhosas: <www.haloscan.com/comments.php?user=jonnaomi&comment=86452382#111>

poema: de <www.morethings.com/log/>

"Princípios orientadores para a política pós-conflito no Iraque": <www.cfr.org/pdf/Iraq_TF.pdf>

Projeto Getrude Bell: <www.gerty.ncl.ac.uk/home>

Reuters: <reuters.com>

ScrappleFace: <www.scrappleface.com>

Sensible Erection: <www.sensibleerection.com>

Shiapundit: <www.shiapundit.blogspot.com>

Sudden Nothing: <http://vaspider.surreally.net/suddennothing>

The Designers Republic: <www.thedesignersrepublic.com>

The Economist: <www.economist.com>

The Guardian: <www.guardian.co.uk>

The Head Heeb: "The Head Heeb: Derrubando 4 mil anos de ícones": <headheeb.blogspot.com>

The New Republic: <ssl.com>

The New York Times: <www.nytimes.com>

The Observer: ver <www.guardian.co.uk>

The Sacred Narghile: <www.techism.com/narghile>

The Washington Post: <www.washingtonpost.com>

Thuraya: <www.thuraya.com>

trechos de áudio aqui: <www.erykahbadu.com> e <www.amrdiab.net>

Uma tarde com Saddam: link para The Pointless Linkage Project [Projeto dos Links sem Sentido]: <pointlesslinkage.blogspot.com/2003_03_09_pointlesslinkage_archive.html#90576946>

UNHCR: <www.unhcr.ch>

Unqualified Offerings ("Paz agora! Socialismo nunca!"): <www.highclearing.com>

urso: link para "So you want to be an A-list bear?", em <www.torque.net-bill/alist/abear01.htm>

Uruklink.net: <www.uruklink.net>

VOA News: <www.voanews.com>

você escreveu: <www.haloscan.com/comments.php?user=jonnaomi&comment=86452382#117>

weblogs persas: <topweblogs.com/Winners_22.asp>

Wired.com: <www.wired.com>

ESTA OBRA FOI COMPOSTA POR TÂNIA MARIA DOS SANTOS
EM AGARAMOND E IMPRESSA PELA GEOGRÁFICA
EM OFSETE SOBRE PAPEL PÓLEN SOFT DA COMPANHIA
SUZANO PARA A EDITORA SCHWARCZ EM DEZEMBRO DE 2003